Peter Bührer

Schweizer Spezialitäten

Alte Original-Kochrezepte

Mit 32 Farbtafeln und 41 Abbildungen

Albert Müller Verlag
Rüschlikon-Zürich · Stuttgart · Wien

Farbfotos von Kreativ- und Presseküche Arthur Weidmann AG, Bellevue au Lac, Sursee/LU, Schweiz.

© Albert Müller Verlag AG, Rüschlikon-Zürich, 1986. – Nachdruck, auch einzelner Teile, verboten. Alle Nebenrechte vom Verlag vorbehalten, insbesondere die Übersetzungsrechte, die Filmrechte, das Abdrucksrecht für Zeitungen und Zeitschriften, das Recht zur Gestaltung und Verbreitung von gekürzten Ausgaben und Lizenzausgaben, Hörspielen, Funk- und Fernsehsendungen sowie das Recht zur photo- und klangmechanischen Wiedergabe durch jedes bekannte, aber auch durch heute noch unbekannte Verfahren. – ISBN 3-275-00889-7. – 1/8-86.

Für meine Eltern Doris und Paul Bührer

Inhaltsverzeichnis

Zum Geleit 9
Dank 10
Vorwort 11

Die Schweiz – Ein kurzer Blick auf das Land 13

Die Schweizer Küche 16

Was aß Wilhelm Tell? – Die Kost der Alten Eidgenossen 17
Heidis Speisezettel – Ländliche und bürgerliche Küche im 19. Jh. ... 20
Alte Originalrezepte – Ihre Herkunft und ihre Veränderung 26
Essen und Trinken zu Festen und Bräuchen 35

Die Rezepte der Kantone 49

Zürich 54
Bern 59
Luzern 68
Uri 74
Schwyz 79
Unterwalden 84
Glarus 89
Zug 95
Freiburg 100
Solothurn 105
Basel 109
Schaffhausen 115
Appenzell 120
St. Gallen 126
Graubünden 132
Aargau 139
Thurgau 144
Tessin 150
Waadt 157
Wallis 162
Neuenburg 167
Genf 171
Jura 175

Kulinarische Exkurse

Rösti: jedem seine eigene 179
Fondue nach Wahl 181
Brot 184
Birchermüesli 191
Süße Kuchen und Wähen 192
Eingemachtes 194
Getränke 199
Schokolade 207
Schweizer Wein 213
Was ißt der Schweizer Soldat? 216
Einfache Grundrezepte 218

Anhang

Kleines Schweizer Sprachbrevier 219
Benützte und weiterführende Literatur 220
Verzeichnis der Abbildungen im Text 222
Die Gerichte nach Rezeptgruppen 223
Die Gerichte alphabetisch 226

Zum Geleit

Mit Freuden schreibe ich das Geleitwort für dieses interessante und einzigartige Werk über die Schweizer Spezialitäten.

Der Autor des Buches, Peter Bührer, ist ein strebsamer und intelligenter junger Mann, der, so scheint es mir, das Kochen im Blut hat. Peter hat sich das Ziel gesetzt – wie im Buch «Spargel – einfach Spitze» und jetzt in «Schweizer Spezialitäten» – sein eigenes Wissen durch theoretische und praktische Nachforschungen zu erweitern und diese Kenntnisse dann an den Leser weiterzugeben.

Da ich in Altdorf, Uri, geboren bin, war ich gespannt, als mir das Manuskript vor einiger Zeit vom Verleger zugesandt wurde, ob dann auch die Urner Rezepte «Rispor» (Reis und Lauch) und «Häfelichabis» (Schaffleisch und Kohl) im Buch vorhanden sind. Zu meiner Freude fand ich beide Originalrezepte. Heute noch stehen diese Gerichte von Zeit zu Zeit auf der Speisekarte im Weißen Haus. Ferner habe ich viele, für mich neue Informationen gelesen; so wußte ich beispielsweise nicht, daß die antike Technik der Hartkäse-Produktion im 16. Jahrhundert wiederentdeckt wurde, und so könnte ich noch viele andere Beispiele aufführen.

Dieses Buch richtet sich an alle, die Interesse am Kochen haben und ihr kulinarisches Wissen erweitern wollen, sowie an die Hausfrau, den Hobbykoch und bestimmt auch an den Berufskoch und seine Vorgesetzten, und überhaupt an alle, die die Kunst, gut zu leben, erfahren und erweitern wollen.

Henry Haller
Chef de cuisine
The White House, Washington

Dank

Zahlreichen Personen und Institutionen bin ich zu Dank verpflichtet. Ohne deren ideelle und tätige Unterstützung hätte dieses Buch nicht erscheinen können. So danke ich meinem Großonkel *Emil M. Bührer,* der selbst ein begnadeter Büchermacher ist; er hat mich dazu motiviert, nie aufzugeben. *Harry Schraemli,* der den ersten Anstoß zu diesem Buch gab und zusammen mit seiner Frau viel Zeit und Mühe aufbrachte; sein Haus stand mir allzeit offen, und seine kulinarische Fachbibliothek stellte er mir selbstlos zur Verfügung. *Agnes Amberg,* meiner Patronne, die ich sehr bewundere; sie stand mir in allen praktischen Fragen beratend zur Seite. Ich danke auch *John Geissler* von der Schweizerischen Verkehrszentrale, der mir viele Unterlagen überließ; *Beat Gerber,* meinem Freund und Arbeitskollegen, für die wertvollen Tips und Ratschläge; *Arthur Weidmann* und seinen Mitarbeitern, ganz besonders *Ruth Küng,* welche meine Intentionen für die Bildgestaltung perfekt umsetzten und keine Mühe scheuten, die Menüs stilgerecht zu präsentieren; *René Kramer* für seine Hilfe bei der Suche nach Rezepten in der Südschweiz. Und ich danke meinem Verleger *Dr. Bernhard Recher,* der sich von der Buchidee begeistern ließ, und seinen Lektoren *Yvonne Vafi* und *Kurt Knobel,* welche dafür sorgten, daß aus der Idee schließlich ein Buch wurde.

Viel uneigennützige Unterstützung erfuhr ich von den Bibliothekaren und Mitarbeitern der Zentralbibliothek Zürich, des Archivs der Neuen Zürcher Zeitung, der Agrosuisse, der Schweizer Käseunion sowie den Berufsverbänden. Alte Rezepte und weitere Unterlagen stellten mir *Dr. Werner Vogler,* Stiftsarchivar in St. Gallen, *Pater Urban Hodel* im Kloster Engelberg und *Pater Joachim Salzgeber* im Kloster Einsiedeln zur Verfügung. Und last but not least hat sich mein väterlicher Freund und Mentor *Henry Haller,* Küchenchef im Weißen Haus zu Washington, bereit gefunden, meinem Buch ein Geleitwort mitzugeben. Ihnen allen und den vielen hier nicht Genannten danke ich von Herzen.

P. B.

Vorwort

Weshalb noch ein Kochbuch über die Schweizer Spezialitätenküche? Die Frage ist einerseits berechtigt, gibt es doch einige gute Bücher zu diesem Thema; andererseits habe ich mich schon als Kochlehrling für die echten, originalen Rezepte berühmter Schweizer Gerichte interessiert und dabei festgestellt, daß diese selten in ihrer ursprünglichen Form überliefert sind. Bei meinen Recherchen in Archiven und Bibliotheken fiel mir auf, daß es in manchen Fällen «*das Originalrezept*» gar nicht gibt. Typische Beispiele dafür sind so verschiedene Dinge wie «Züri Gschnätzlets» und «Basler Brunsli»; von beiden gibt es mehrere Varianten wirklich alter Originalrezepte. Und das trifft auch auf andere Gerichte zu.

In vielen Restaurants werden die Spezialitäten der Schweizer Küche angeboten; jedoch selten nach altem Rezept zubereitet. Das ist schade, denn das Besondere mancher Speise geht gerade dadurch verloren, daß sie in vereinfachter Weise für den schnellen und problemlosen Service gekocht wird. Damit wird das delikate «Züri-Gschnätzlete» zum gewöhnlichen geschnetzelten Kalbfleisch an Rahmsauce.

Auch manche Kochbücher machen diesbezüglich weitgehende Konzessionen, indem sie nur eine «moderne», für die schnelle und leichte Küche konzipierte Version des Rezepts einer alten Schweizer Spezialität anbieten. Dies mag da und dort angebracht sein, hat sich doch unser Geschmack im Laufe der Zeit verändert. Häufig aber geht damit ein Verlust von Information, von Tradition und Eßkultur einher, dem ich mit dem vorliegenden Buch entgegenwirken möchte.

Die meisten alten Schweizer Gerichte sind rustikal, einfach und währschaft. Viele Eintöpfe sind darunter, bis zum 18. Jahrhundert vor allem auf Gemüsebasis, häufig mit Fleischzugabe. Der berühmte «Spatz», ein Standardmenü der Schweizer Armee, geht auf jene Zeit zurück. Zu Beginn des 19. Jahrhunderts setzte sich die Kartoffel auch in der bürgerlichen Küche durch, und etwas später folgten die Teigwaren. Zahlreiche Eintopfgerichte, vor allem Gratins, basieren auf diesen beiden Grundnahrungsmitteln. Käse, Milch, Rahm und Glarner Schabziger als Zugaben machen aus diesen Speisen vollwertige Menüs, besonders wenn als Beilage dazu ein Kompott oder ein Salat gereicht wird.

Viele Rezepte fand ich auf meinen Reisen durch Schweizer Klöster, Stadtarchive und Bibliotheken. Besondere Unterstützung gewährte mir Harry Schraemli, der mir sein Kochbucharchiv öffnete und mich in jeder Beziehung förderte.

Die Auswahl der Rezepte erfolgte nach verschiedenen Gesichtspunkten. Einerseits galt es die breite Vielfalt der traditionellen Schweizer Küche zu dokumentieren, andererseits wurden sowohl Originalität als auch Realisierbarkeit berücksichtigt. Und natürlich durften einige berühmte Spezialitäten der verschiedenen Regionen nicht vergessen werden, sind es doch gerade «Berner Platte», «Basler Mehlsuppe», «Luzerner Chügelipastete», «Tessiner Risotto» und viele andere, die in der ganzen Schweiz auf mancher Speisekarte zu finden sind. Wen würde es nicht wundern, wie diese Gerichte «ursprünglich» zubereitet wurden? Bei vielen Rezepten werden Varianten angegeben, wie man die Speisen verfeinern oder dem heutigen Geschmack anpassen kann, dies als kleines Zugeständnis an all jene Benützer, die unseren Ahnen nicht so ganz über den Weg trauen. Manche Leserinnen und Leser aber werden entdecken, daß die Alte Schweizer Küche in unserem Zeitalter der Schnellimbiß-Verpflegung eine echte Alternative und vor allem eine originelle Abwechslung bietet – wenn's auch manchmal etwas mehr Zeit und Mühe kostet.

Wallisellen, im Sommer 1986　　　　　　　　　　　　　　　　　　*Peter Bührer*

Die Schweiz – Ein kurzer Blick auf das Land

Die Schweiz ist ein kleines Land
Ihre Flächenausdehnung ist nicht ganz so groß wie jene des deutschen Bundeslandes Niedersachsen und entspricht zusammengenommen kaum den beiden amerikanischen Bundesstaaten New Hamsphire und Vermont. Und trotz dieser Kleinheit ist die Schweiz noch einmal aufgeteilt in 26 selbständige Kantone, die nicht nur Verwaltungsbezirke sind, sondern sich als «souveräne» Staaten verstehen. Fast jeder Schweizer fühlt sich zunächst als Bürger seines Heimatkantons: Er ist Walliser oder Berner, Schaffhauser oder Glarner, Appenzeller oder Genfer. So gibt es denn keinen schweizerischen Nationalismus als Grundlage der politischen Einheit, sondern der Zusammenhalt des Staates Schweiz basiert auf dem freien Willen seiner Bürger.

Die Schweiz ist ein großes Land
Zur Verteidigung ihres kleinen Territoriums gebietet sie über die stärkste Landarmee in Europa (rund 700 000 Mann). Einige der größten Wirtschaftsunter-

nehmen der Welt haben ihren Sitz in der Schweiz. – Groß ist auch die geographische und kulturelle Vielfalt des Landes. Die Hälfte des Staatsgebietes wird von den Alpen bedeckt, dem mächtigsten Gebirge Europas; dessen höchste Erhebung, der Montblanc, erreicht über 4800 Meter, und der höchste Gipfel der Schweiz, die Dufourspitze, mehr als 4600 Meter. Zu den imposantesten von ewigem Schnee und Eis bedeckten Viertausendern des Wallis zählen auch das weltberühmte Matterhorn, der Dom und das Weißhorn. Der ganz im Süden der Alpen gelegene Kanton Tessin dagegen ist vom mediterranen Klima geprägt und heißt auch «die Sonnenstube der Schweiz». Im Mittelland nördlich der Alpen liegen die großen städtischen und industriellen Zentren zwischen Genfersee und Bodensee.

Vier offiziell anerkannte Landessprachen werden in der Schweiz gesprochen: Deutsch, Französisch, Italienisch und Rätoromanisch. In all diesen Sprachen werden Bücher, Zeitungen und Zeitschriften veröffentlicht. In keinem Land gibt es mehr Zeitungen als in der Schweiz im Verhältnis zur Bevölkerungszahl. Und die meisten Schweizer können sich in einer zweiten Landessprache verständigen; viele sprechen auch Englisch.

Die Schweiz ist ein armes Land

Es gibt keine natürlichen Rohstoffvorkommen außer Salz, die sich abzubauen lohnen. Die geographische Struktur des Landes bietet zwar viele landschaftliche Reize, verunmöglicht aber gleichzeitig eine großflächige agrarwirtschaftliche Nutzung. Nur die Hälfte der für die Ernährung der Bevölkerung notwendigen Lebensmittel kann im Lande selbst erzeugt werden. So mußten in früheren Jahrhunderten Zehntausende von jungen Schweizern im Ausland sich eine Arbeit suchen. Viele leisteten Dienst als Berufssoldaten an den europäischen Fürstenhöfen, vor allem in Frankreich, Spanien, Neapel und Preußen. (Noch heute besteht die päpstliche Garde ausschließlich aus Schweizern.) Wenn die alten Soldaten später in ihre Heimat zurückkehrten, brachten sie nicht nur Geld und Beutestücke mit, sondern auch Sitten und Gebräuche aus den fremden Kulturen, darunter oft bisher in der Schweiz unbekannte Eß- und Trinkgewohnheiten.

Im 18. und 19. Jahrhundert wanderten viele Schweizerfamilien aus, um den mißlichen wirtschaftlichen Verhältnissen in der Heimat zu entfliehen. Ihr Ziel waren zunächst die umliegenden europäischen Länder, aber auch Mähren und Rußland. Nach 1800 siedelten sich Tausende von Schweizern in Brasilien und in den Vereinigten Staaten von Nordamerika an. New Bern in North Carolina und New Glarus in Wisconsin sind heute noch bestehende Städte, die von Schweizer Auswanderern gegründet worden sind.

Die Schweiz ist ein reiches Land

Mit dem Beginn der Industrialisierung in der Mitte des letzten Jahrhunderts änderte sich die wirtschaftliche und soziale Lage in der Schweiz sehr schnell. Die Schweizer waren gewohnt, für ihren Erfolg hart zu arbeiten, und so entstanden rasch moderne Textil- und Maschinenfabriken sowie ein dichtes Eisenbahnnetz. Die Probleme des Rohstoffmangels und des kargen Bodens fanden ihre Lösung darin, daß die Schweizer sich auf die hochwertige Veredelung der Naturprodukte spezialisierten und die mit großer Arbeitsleistung gefertigten Industriegüter auf dem Weltmarkt anboten. Auch heute noch führen die Schweizer die Arbeitszeitstatistik der westlichen Industrieländer an; sie wissen, daß ihr neuer Reichtum allein von ihrem Fleiß abhängig ist. Und so stehen sie auch an der Spitze der Weltrangliste des Brutto-Sozialprodukts je Einwohner, zusammen mit einigen kleinen erdölexportierenden Staaten, aber erst mit Abstand gefolgt von den USA.

Der Aufbau der Industrie und des Verkehrsnetzes erforderte viel mehr Arbeitskräfte, als in der Schweiz zur Verfügung standen. Deutsche und Italiener, später auch Spanier, Jugoslawen, Türken kommen seit 100 Jahren in die Schweiz und finden hier Arbeit. Von den 6,5 Mio. Einwohnern des Landes sind rund 1 Mio. Ausländer (15%). Auch ihnen ist ein Teil des schweizerischen Wohlstandes zu verdanken.

Glück hatte die Schweiz, daß sie nicht in die zwei verheerenden Weltkriege hineingezogen wurde und als eine Insel des Friedens überdauerte. Der letzte Krieg fand 1847 auf Schweizer Boden statt und war ein Bürgerkrieg, der nach drei Wochen beendet war. Der Sieg der liberal-fortschrittlichen Kantone führte zur Bildung des stärker zentralisierten Bundesstaates 1848 und zum Aufbau der modernen Demokratie mit Volksrechten, wie sie nirgendwo sonst in der Welt vorhanden sind. Diese Neugestaltung des Staates war gleichzeitig die Voraussetzung für den wirtschaftlichen Aufschwung. Bis 1900 entstanden die mächtigsten Unternehmungen der Uhren-, Maschinen- und Textilindustrie sowie alle heute noch existierenden Großbanken.

Die kaum unterbrochene Kontinuität der Entwicklung und die zunehmende Teilhabe der Arbeiterschaft am sich vergrößernden Wohlstand bewirkten die Stabilität der politischen Verhältnisse. So wurde die Schweiz zu einem der beliebtesten Länder für Kapitalanleger, aber auch für politisch Verfolgte, für ausländische Studenten und Touristen.

Schweizer im Ausland und Ausländer in der Schweiz haben seit dem ausgehenden Mittelalter die Lebenshaltung, die Sitten und Gebräuche beeinflußt und verändert. Dies gilt nicht zuletzt für die schweizerische Eßkultur und damit für die Schweizer Küche, deren abwechslungsreiche Vielfalt die Entwicklung wiedergibt.

Die Schweizer Küche

Kaum ein Land bietet seinem Besucher eine so vielseitige und auf hohem Standard zubereitete Kost an wie die Schweiz. Selbst einfache Landgasthöfe erstaunen den Gast mit einer reichen Palette von wechselnden Menüs. Dies hat alte Tradition, denn seit 2000 Jahren ist die Schweiz das wichtigste Durchreiseland in Europa. Schon die Römer zogen über die Alpenpässe nach Norden an den Rhein; sie wollten in ihren germanischen Kolonien den gewohnten Lebensstandard nicht missen und brachten Obstbäume, Reben und Gemüse mit, die bisher nördlich der Alpen nicht kultiviert wurden. Nach dem Untergang des Römischen Reiches übernahmen es die Klöster, die Kenntnisse einer fortgeschrittenen Agrikultur weiterzuvermitteln. Die Mönche liebten gutes Essen, und so blieben über Jahrhunderte antike Eß- und Trinksitten erhalten, und in mancher Klosterbibliothek finden sich Rezepte, die auf römische Originale zurückgehen. In den Klöstern wurden auch die Köche ausgebildet, die später auf den Burgen der Ritter und in den Herrenhäusern der Städte ihren Dienst versahen. Der erste Schweizer Küchenmeister, der über seine engere Heimat hinaus Berühmtheit erlangte, war *Heinzelin von Zürich;* um 1290 übte er seine Kochkunst am Hofe des Grafen Albrecht von Hohenzollern in Süddeutschland aus. Rezepte sind von ihm jedoch keine überliefert.

Was aß Wilhelm Tell? – Die Kost der Alten Eidgenossen

Wilhelm Tell ist wohl bis heute der berühmteste Schweizer geblieben. Er lebte um 1300 in Uri am Gotthardpaß, und wie die meisten Bürger dieses ältesten Schweizer Kantons war er Bauer und Jäger. Nicht nur die Urner, auch die übrigen Bewohner der Alpentäler waren im 13. und 14. Jahrhundert keine Viehzüchter und Hirten. Zwar besaßen viele Familien einige wenige Stück Vieh, doch dienten Kühe und Ziegen in erster Linie der Milchgewinnung, und geschlachtet wurden einzig die alten Tiere. Wildbret kam nur an wenigen Festtagen wie Hochzeit und Taufe auf den Tisch; die mit der Armbrust oder durch Fallenstellen erlegten Gemsen, Rehe und Murmeltiere boten häufig die einzige Möglichkeit, etwas Geld zu verdienen. So können wir also davon ausgehen, daß Wilhelm Tell und seine Zeitgenossen in den Bergen sich weitgehend vegetarisch ernährten.

Neueste Forschungen zeigen auf, daß die Alten Eidgenossen die frühe germanische Landwirtschaft weiterpflegten. Sowohl in den Alpentälern wie auch im Mittelland wurden vorwiegend Gerste, Hirse und Hafer angebaut, die je nach Lage bis auf eine Höhe von 2000 Meter gediehen. Das tägliche Grundnahrungsmittel war ein *Getreidebrei* («Müesli»), der aus ungemahlenen, gekochten Körnern, Wasser oder Milch und Salz zubereitet wurde. Dazu gab es je nach Jahreszeit frische Gemüse wie Kohl, Rüben oder Bohnen und frisches oder getrocknetes Obst. Nüsse, Wurzeln, Beeren und Wildgemüse, von den Frauen und Kindern gesammelt, ergänzten den Speisezettel.

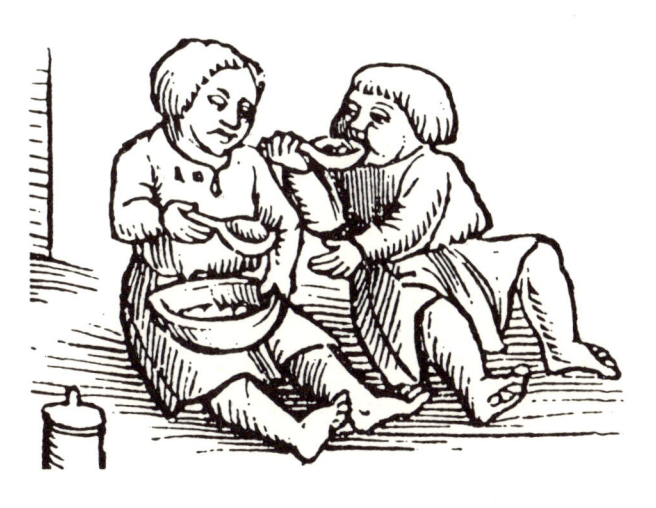

Die Bauern des 13. Jahrhunderts produzierten die Nahrungsmittel und auch die meisten Gebrauchsgegenstände für den eigenen Bedarf. Viele größere Höfe, sicher alle Talgemeinschaften, waren weitgehend autark. Nur Salz und Roheisen mußten «importiert» werden. Diese kleinräumig alpine Bedarfdeckungswirtschaft des Mittelalters konnte die Städte im Unterland wie Zürich, Bern, Basel nicht mit Lebensmitteln versorgen, so daß diese auf Gewinnung eines eigenen agrarischen Hinterlandes und auf den Handel angewiesen waren. Es zeigt sich denn auch, daß schon zur Zeit Wilhelm Tells die sozio-ökonomische Struktur des Alpengebiets eine gänzlich andere war als jene der schweizerischen Städte. Ein Zeugnis dafür ist die anonyme Sammlung von 96 Rezepten einer Zürcher Hausfrau aus dem 14. Jahrhundert. Sie enthält hauptsächlich Anleitungen für die Zubereitung von Fleischfüllungen, Saucen und Fischgerichten. Die benötigten Zutaten wären Wilhelm Tell nicht nur ganz fremd vorgekommen, er hätte sie auch nicht bezahlen können: Ingwer, Pfeffer, Zucker u. a. – Eines der Rezepte, in heutiger Sprache, sei hier wiedergegeben:

> «Mache einen schönen derben Teig (gesalzener Kuchenteig). – Verquirle einige Eier, gib geriebenen Käse und fein geschnittenen gekochten Speck dazu. (Teig auf ca. 3 mm auswallen und in Vierecke schneiden.) Gib die Käsemasse auf den Teig, forme Krapfen (Croissants), und backe sie in Butter oder Schmalz. Serviere sie warm.»

Ist dies nicht bereits ein frühes Käse-/Speck-Wähen Rezept? Oder der Vorläufer der heute so beliebten Quiche? Auffallend ist, daß bei allen Anleitungen dieser Sammlung die Mengenangaben fehlen; offenbar dienten die Rezepte nur als Gedächtnisstütze, und die Mengen mußten der stets wechselnden Personenzahl dieser städtischen Großhaushalte angepaßt werden.

Kurz nach 1300 leitete eine mehrjährige Schlechtwetterperiode eine Klimaveränderung in ganz Europa ein. In den Alpen sank die Fruchtbarkeitsgrenze für den Ackerbau tiefer und tiefer, und die Bauern in den Bergen begannen umzustellen auf Viehwirtschaft. Es entwickelte sich nicht nur ein reger Viehhandel, sondern in zunehmendem Maße konnten auch Butter, Käse und Ziger exportiert werden, vor allem in die Städte Oberitaliens. Die einstigen Berggüter der Bauern wurden zu Alpweiden umfunktioniert, und immer mehr Bauern siedelten sich in den fruchtbaren Tälern und im voralpinen Mittelland an. Große Waldgebiete wurden gerodet, aber es entstanden vornehmlich weitere Viehweiden auch im Flachland, und der Ackerbau verkümmerte zusehends, so daß das meiste Getreide aus Frankreich und Osteuropa eingeführt werden mußte.

Im 16. Jahrhundert wurde eine antike Technik der Käseherstellung wiederentdeckt: die Produktion von Hartkäse mit Hilfe des Labfermentes aus dem Kälbermagen. Diese «Käserevolution» brachte vielen Schweizer Bauern, die über genug Weideland und Vieh verfügten, einen bescheidenen Wohlstand, denn der neue Käse wurde rasch sehr begehrt in ganz Europa. Seine jahrelange Haltbarkeit machte ihn zum idealen Reiseproviant sowohl für herumziehende Soldaten und Armeen wie auch für Schiffsreisende. Käse wurde zum Standardlebensmittel in der Schweiz; zusammen mit Milch und Quark bildete er für den größten Teil der Bevölkerung die Ernährungsbasis bis ins 18. Jahrhundert hinein. Bis heute spielt der Käse eine zentrale Rolle in der Schweizer Küche. Kaum ein Auflauf, ein Gratin mit Gemüse, Teigwaren oder Kartoffeln, ein Soufflé, eine Wähe, die nicht mit Käse zubereitet werden.

Tausende von Kleinbauern konnten aber an dem neuen Wohlstand nicht teilhaben. Noch immer aßen sie ihr «Müesli», tranken Wasser oder Wein, der etwa viermal weniger kostete als Milch. Erst eine zweite «Agrarrevolution» Anfang des 18. Jahrhunderts bewirkte eine weitere Verbesserung der Ernährungslage: der Anbau der Kartoffel. Neben den Milchprodukten ist die Kartoffel wahrscheinlich das wichtigste Basislebensmittel der Schweizer. In ungezählten Formen und Varianten werden die «Erdäpfel» (oder «Härdöpfel») zubereitet, und eine eigentlich schweizerische Kreation ist das Nationalgericht «Rösti» (ihr ist in diesem Buch ein eigenes Kapitel gewidmet). Diese Wurzelknolle gedeiht auch in höheren Berglagen und in armen Böden; ihre Kultivierung erfordert wenig Arbeitsaufwand, und sie läßt sich lange lagern. So wurde die Kartoffel vor 200 Jahren zur täglichen Hauptnahrung aller Stände, aber noch bis weit ins 19. Jahrhundert hinein bestimmte der Rhythmus von gutem und schlechtem Wetter, hohem Ertrag und Mißernte, Wohlergehen und Hungersnot den Lebenszyklus des größten Teils der Schweizer Bevölkerung.

Heidis Speisezettel – Ländliche und bürgerliche Küche im 19. Jahrhundert

Im Jahr 1800 ernährte sich ein Handwerker in Zürich an den Werktagen von Käse, Brot und Wein. Er nahm damit täglich nur etwa 2250 Kalorien zu sich, was nach heutigen Maßstäben für einen körperlich Arbeitenden als zu wenig gilt. Dies führte Prof. Walter Hauser (ETH) anläßlich eines Symposiums über «Medizin und Ernährung» im Frühjahr 1986 aus. Er meinte weiter, die Ernährung unserer Vorfahren sei ungenügend und einseitig gewesen, und was heute oft als Tugend hingestellt werde, sei aus der Not geboren worden. Die Alten Eidgenossen hätten ihre hochgepriesene Tatkraft nicht einer gesunden Ernährung zu verdanken gehabt. Anläßlich von Festen habe man übermäßig viel gegessen und getrunken. Zwischen den festlichen Anlässen hätten die Leute aber jeweils wieder hungern müssen.

Als Landkind hatte Heidi auch im 19. Jahrhundert noch eine Ernährung, die auf Milch und Milchprodukten basierte. Häufig gab es gekochte Kartoffeln («Gschwellti»; Pellkartoffeln) zum Mittagessen, manchmal mit einem Stück Käse dazu. Das Abendessen bestand oft nur aus Milch, Äpfeln und Nüssen. Die einfachen Bauern kochten Früchte und Beeren ohne Zucker zu einem dicken Mus ein; Zwetschgen, Pflaumen, Birnen und Äpfel wurden gedörrt und im Winter als Beilage zu allen Mahlzeiten genommen. In vielen Landgegenden gab es noch immer das mittelalterliche Hafer- und Erbsenmus, jeweils mit Saisongemüsen angereichert. Das Landbrot bestand aus Dinkel, Roggen, Ackerbohnen und Wicken, denn nach wie vor wurde in der Schweiz wenig Getreide angebaut. Die richtige «Heidi» hatte wahrscheinlich nie ein Stück Getreidebrot gesehen, bevor sie in die Stadt kam; Brot war doppelt so teuer wie Fleisch, und schon dieses war rar auf dem Tisch der einfachen Leute.

Der Fenz *(eine Sennenspeise)*

2 EL   Mehl
1   Ei
4 dl   lauwarme Molke (Käsewasser)
        nach Belieben Salz und Zucker

Diese Zutaten werden zu einem Teig verrührt. 150 g Butter bei kleiner Hitze aufkochen. Die Molkenmasse langsam unter fleißigem Rühren einlaufen lassen, Pfanne vom Feuer nehmen und zugedeckt etwa 3 Minuten stehen lassen. Eventuell nachwürzen mit Salz oder Zucker und servieren.

Hafersuppe

2 – 4 EL	Hafergrütze
½ – 1 l	Fleischbouillon
1 – 2	geschälte rohe Kartoffeln
20 – 50 g	Butter
20 – 50 g	geriebener Käse (Gruyère; Parmesan; Sbrinz)
	Muskatnuß

Die Hafergrütze mit wenig Butter unter stetigem Rühren leicht rösten, dann mit der Bouillon ablöschen und zugedeckt bei kleiner Hitze etwa 1 Stunde leicht kochen lassen.
½ Stunde vor dem Anrichten die Kartoffeln in dünne Scheiben schneiden und der Suppe zugeben.
Die Butter zusammen mit dem geriebenen Käse und frisch geraffelter Muskatnuß in die Anrichteschüssel geben, die Suppe darübergießen, kurz umrühren und servieren.
(Ohne Butter- und Käsezugabe eignet sich die Suppe sehr gut als Mahlzeit für Rekonvaleszente nach Magen- und Darmerkrankungen.)

Unterländer Grießbrei

150 g	Grieß
2,5 dl	Milch
2,5 dl	Wasser
50 g	Butter
	Salz, Pfeffer

Die Wasser-/Milchmischung aufkochen lassen, Salz dazugeben und den Grieß unter stetem Rühren beifügen. Langsam bei kleiner Hitze zu einem Brei kochen. Nach Belieben mit Salz und Pfeffer würzen, Butter dazugeben und den Brei in einer vorgewärmten Schüssel anrichten.
Diese einfache Art des Grießbreis eignet sich gut als Mahlzeit für Kleinkinder (Achtung: wenig würzen!).

Varianten
– Zuerst eine feingehackte Zwiebel mit etwas Butter in der Pfanne golden rösten, dann die Wasser-/Milchmischung dazugeben und den Brei wie angegeben fertig kochen. Vor dem Anrichten geriebenen Käse unter die Masse ziehen.
– Den Brei ca. 2 cm dick auf einem Kuchenblech ausstreichen, erkalten lassen und dann mit einem Messer viereckige Stücke ausschneiden (oder mit einem Glas runde Scheiben ausstechen). Diese in der Bratpfanne in Butter goldbraun braten und als Beilage zu einem Fleischgericht servieren.

– Statt 150 g Grieß nehme man *180 g Mais,* übrige Zutaten, Varianten und Zubereitung dieselben. Ausgezeichnet zu einem geschnetzelten Rindfleisch oder Braten mit dunkler Sauce.

Wer es gerne etwas «feiner» hätte, nimmt anstelle von Wasser jeweils ebenfalls Milch.

Dies sind nur einige Beispiele aus der einfachen Küche des 19. Jahrhunderts, von Heidis Speisezettel also. Mit etwas Phantasie lassen sich diese Grundmahlzeiten weiter variieren, zum Beispiel:

Süßer Grießauflauf

Man kocht den Brei wie angegeben, nimmt aber nur 5 dl Milch (statt Wasser). Anstelle von Salz und Pfeffer gibt man einige Eßlöffel Zucker und einen Teelöffel Vanillezucker (oder das ausgekratzte Mark eines Vanillestengels) dazu. Den Brei etwas abkühlen lassen, dann 2 – 4 Eigelb und eine Handvoll Rosinen darunterziehen, alles in eine feuerfeste Form geben.

Die 2 – 4 Eiweiß steif schlagen, etwas Zucker zugeben und über dem Brei gleichmäßig verteilen. Nun die Form bei halber Oberhitze/voller Unterhitze in den vorgewärmten Ofen geben und backen, bis der Eiweißdeckel eine goldbraune Farbe angenommen hat.

Dazu serviert man ein kaltes oder warmes Früchtekompott je nach Saison (die etwas säuerlichen Zwetschgen eignen sich besonders gut).

Die vorhin als Varianten erwähnten Grießschnitten kennt man, leicht modifiziert, in der italienischen Küche als „Gnocchi". Sowohl die ausgestochenen Grieß- als auch die Maisschnitten lassen sich im Ofen überbacken (mit geriebenem Käse bestreut) und sind eine ausgezeichnete Beilage zu einem Fleischgericht anstelle von Teigwaren, Reis oder Kartoffeln. –

Die Schweizer Dichter des letzten Jahrhunderts haben uns zahlreiche Hinweise auf damalige Eßgewohnheiten gegeben. In der Exposition seiner Novelle «Pankraz, der Schmoller» schreibt *Gottfried Keller:* «[Der Verstorbene] hinterließ seiner Witwe ein kleines baufälliges Häuschen, einen Kartoffelacker vor dem Tore und zwei Kinder, einen Sohn und eine Tochter. Mit dem Spinnrocken verdiente sie Milch und Butter, um die Kartoffeln zu kochen, die sie pflanzte (...) Die Mutter kochte (...) jeden Mittag einen dicken Kartoffelbrei, über welchen sie eine fette Milch oder eine Brühe von schöner brauner Butter goß. Diesen Kartoffelbrei aßen sie alle zusammen aus der Schüssel mit ihren Blechlöffeln, indem jeder vor sich eine Vertiefung in das feste Kartoffelgebirge hineingrub. Das Söhnlein, welches bei aller Seltsamkeit in Eßangelegenheiten einen strengen Sinn für militärische Regelmäßigkeit beurkundete und streng darauf hielt, daß jeder nicht mehr noch weniger nahm, als was ihm zukomme, sah stets darauf, daß die Milch oder die gelbe Butter, welche am Rande der Schüssel umherfloß, gleichmäßig in die abgeteilten Gruben laufe; das Schwesterchen hingegen, welches viel harmloser war, suchte, sobald ihre Quellen versiegt waren, durch allerhand künstliche Stollen und Abzugsgräben die wohlschmeckenden Bächlein auf ihre Seite zu leiten, und wie sehr sich auch der Bruder dem widersetzte und ebenso künstliche Dämme aufbaute und überall verstopfte, wo sich ein verdächtiges Loch zeigen wollte, so wußte sie doch immer wieder eine geheime Ader des Breies zu eröffnen oder langte kurzweg in offenem Friedensbruch mit ihrem Löffel und mit lachenden Augen in des Bruders gefüllte Grube. Alsdann warf er den Löffel weg, lamentierte und schmollte, bis die gute Mutter die Schüssel zur Seite neigte und ihre eigene Brühe voll in das Labyrinth der Kanäle und Dämme ihrer Kinder strömen ließ.»

Kartoffelstock

　　ca. 5　Kartoffeln pro Person
　ca. 6 dl　Milch (für 4 Personen)
　　　　　Wasser
　　　　　Salz, Muskat, weißer Pfeffer

Die rohen Kartoffeln schälen, in Würfel schneiden und in eine Pfanne geben; die Milch und gleichviel Wasser dazugeben, so daß die Kartoffeln gerade bedeckt sind. Salzen und bei mäßiger Hitze weichkochen. Anschließend samt der restlichen Flüssigkeit in der Pfanne mit dem Stößel zerdrücken (oder durch ein Lochsieb passieren). Mit Muskat, eventuell noch etwas Salz und einer Prise weißem Pfeffer würzen.

Verfeinern läßt sich der Kartoffelstock auf verschiedenste Weise:
– wie die Mutter von Pankraz es tat, mit heißer Milch oder zerlassener Butter;
– vor dem Anrichten ein Eigelb oder geschlagenes Eiweiß darunterziehen;
– Rahm zugeben und auf der noch warmen Herdplatte gut umrühren.

Der wortgewaltige Prediger und Dichter *Jeremias Gotthelf* aus dem Berner Emmental gibt in seinen Werken zahlreiche und ausführliche Beschreibungen der Eßgewohnheiten im 19. Jahrhundert. In «Jakobs Wanderungen» wird die Reise eines deutschen Handwerksgesellen durch die Schweiz erzählt. Jakob gelangt schließlich auch ins Berner Oberland, wo er in Meiringen Arbeit findet und bald durch seinen Appetit auf Brot auffällt. Der Meister sieht sich veranlaßt, den jungen Mann über die hiesigen Sitten und Gebräuche aufzuklären: «Jakob komme aus dem Waadtlande, dort seien die geborenen Brotfresser zu Hause, und so ein rechter Waadtländer, besonders wenn er radikal sei, stoße Bissen Brot ins Maul, von denen die kleinsten pfündig seien. Hier im Oberland sei es anders, hier sei Brotessen eine Luxussache. Seine Mutter habe oft erzählt, zu ihrer Zeit habe des Sonntags eine Frau auf dem Kirchhofe Brot feilgeboten, und wer Kranke und Alte zu Hause gehabt, habe ihnen als Leckerbissen ein Brot heimgebracht, in der Woche wäre nirgends Brot zu kaufen gewesen im ganzen Tale. Hier baue man nicht Korn oder nur unbedeutend; Mehl oder Brot müßten von Thun her eingeführt werden und kosteten viel. Jetzt sei es freilich etwas anders, Brot sei die ganze Woche durch zu haben, doch wolle er nicht dafür stehen, daß wenn so ein recht weitmäuliger Waadtländer Patriot am Sonntag ins Tal käme, derselbe bis am Samstag alles Brot alleine essen möchte, was selbe Woche im Tal zu Winterszeit gebacken wird. ‹Der Oberländer hält sich hauptsächlich an das, was von der Kuh kömmt, an Milch, Käs, Zieger, und zum fetten Käs, wenn er ihn hat, ißt er als Brot magern Käs, hat nebenbei Ziegen- und anderes Fleisch und Kartoffel, mit denen er aber sparsam umgehen muß. Überhaupt essen wir hier oben eben nicht, daß die Kartoffeln uns zur Haut aus gucken wie denen da unten. Darum sind wir aber auch nicht so dumm wie sie, so wie mit Blei und Lehm ausgestopft, sondern ein heiter, gescheut Völklein und balbieren über den Löffel zehnmal so einen dicken Erdäpfelbauch, ehe er es einmal merkt.›»

Alte Originalrezepte – Ihre Herkunft und ihre Veränderung

Die in diesem Buch enthaltenen Rezepte sind, mit wenigen Ausnahmen, mehr als hundert Jahre alt. Zwei Gruppen von Quellen hat der Verfasser hauptsächlich benützt für die vorliegende Auswahl, nämlich die Überlieferungen der schweizerischen Klosterküche und bürgerliche Kochbücher vorwiegend des 18. und 19. Jahrhunderts.

Schweizer Klosterküche. Der Speisezettel der Klöster war abhängig von den Einkünften, welche sie von den ihnen abgabepflichtigen Bauern erzielten. Urkunden aus dem 13. Jahrhundert belegen, daß das Kloster St. Gallen über 5000 Käse im Jahr als Zinsleistung bezog, ferner Getreide, Fische, Rinder, Kühe, Schafe, Schweine und Hühner. Die Menge der Abgaben überstieg bei weitem den notwendigen Eigenbedarf, so daß das Kloster mit einem Teil der landwirtschaftlichen Produkte Handel treiben konnte. Die nach der Benediktinerregel lebenden St. Galler Mönche folgten seit dem Spätmittelalter einem immerwährenden Speiseplan, der auf saisonale Gegebenheiten und religiöse Erfordernisse abgestellt war. Am Sonntag, Dienstag, Donnerstag gab es Fleisch und ein Stück Käse als Hauptspeise zum Mittagessen (in der Fastenzeit jedoch Gemüse, vor allem Bohnen); am Montag, Mittwoch und Samstag erhielten die Mönche zwei Stück Käse, und am Freitag gab es frischen, gepökelten oder getrockneten Fisch. Zum Abendessen wurde am Samstag und Sonntag Käse, am Montag und Mittwoch Fleisch, am Dienstag und Donnerstag Eier und am Freitag wiederum Fisch gereicht. Zu trinken gab es, je nach Angebot, Milch, Bier, Wein oder auch nur Wasser. Brot gehörte zu jeder Hauptmahlzeit. Der Fleischverzehr wechselte im Jahreslauf: von St. Ulrich (4. Juli) bis St. Dionys (3. Oktober) aß man Schafffleisch, dann bis zum Andreastag am 30. November Rindfleisch und wieder bis zum 4. Juli Schweinefleisch. Auch der Käsekonsum war geregelt; so gab es vom Sonntag nach St. Pankraz (12. Mai) bis zum Sonntag nach der Gallusoktav (Ende Oktober) frischen Käse (weißen Ziger), während dem Rest des Jahres Lagerkäse. Und ab dem 7. Oktober durfte jeweils der neue Wein ausgeschenkt werden. Während den Fastenzeiten mußte nicht nur auf Fleisch, sondern grundsätzlich auf alle Produkte von warmblütigen Tieren verzichtet werden (also auch auf Milch, Butter, Käse, Eier).

Um 1480 stellte der St. Galler Abt *Ulrich Rösch* für den Hof Wil eine Küchenordnung auf. Da er selbst seine Laufbahn im Kloster als Küchenjunge begonnen hatte, kannte er sich in allen diesbezüglichen Belangen aus. Neben einem detaillierten Pflichtenheft für den Küchenmeister enthält dieses Dokument auch einen genauen Speiseplan für die einzelnen Wochentage, wobei der Abt jeweils mehrere Alternativen angibt und Wert auf Abwechslung in der Speisefolge legt. Normalerweise bestand ein Mittagsmenü aus drei Gängen, zum Beispiel an Sonntagen:

– Voressen aus Innereien (Eingeweide)
   oder
   Leber- und Blutwürste vom Schwein
   oder
   Hirn, mit Eiern gekocht
– Schafffleisch mit gelbem Erbsenmus
   oder
   Braten mit Gemüse von Haferkernen, Grützmehl oder Brotbrei
– Getrocknetes Fleisch mit Kraut und Rüben

Hatte der Abt Gäste, kam noch ein vierter Gang dazu:
– Huhn in gelber Brühe
   oder
   ein Wildbret-Pfeffer
   oder
   ein Pfeffer aus geräucherter Zunge

Am Sonntagabend wurden zwei Gänge serviert, zum Beispiel:
– Erbsenbrühe mit Geflügel
   oder
   Fleischbrühe und Kalbfleisch
– Braten mit Apfelmus oder Haferkernen *oder* Innereien mit einem Pfeffer

Auffallend an den klösterlichen Speisezetteln ist das fast vollständige Fehlen von Süßspeisen und Desserts; dafür gibt es fast jeden Tag ein- oder zweimal «Müesli»: In Abt Ulrichs Küchenordnung finden wir Grützmüslein, Haferkernmüslein, Apfelmüslein, Gerstenmüslein, Müslein von gebrochenem Weizen, Hirsemüslein, Brotmüslein. Eine bedeutende Rolle spielten in der Klosterküche die Innereien, auch Hirn und Euter, die in der heutigen Küche weniger Anklang finden.

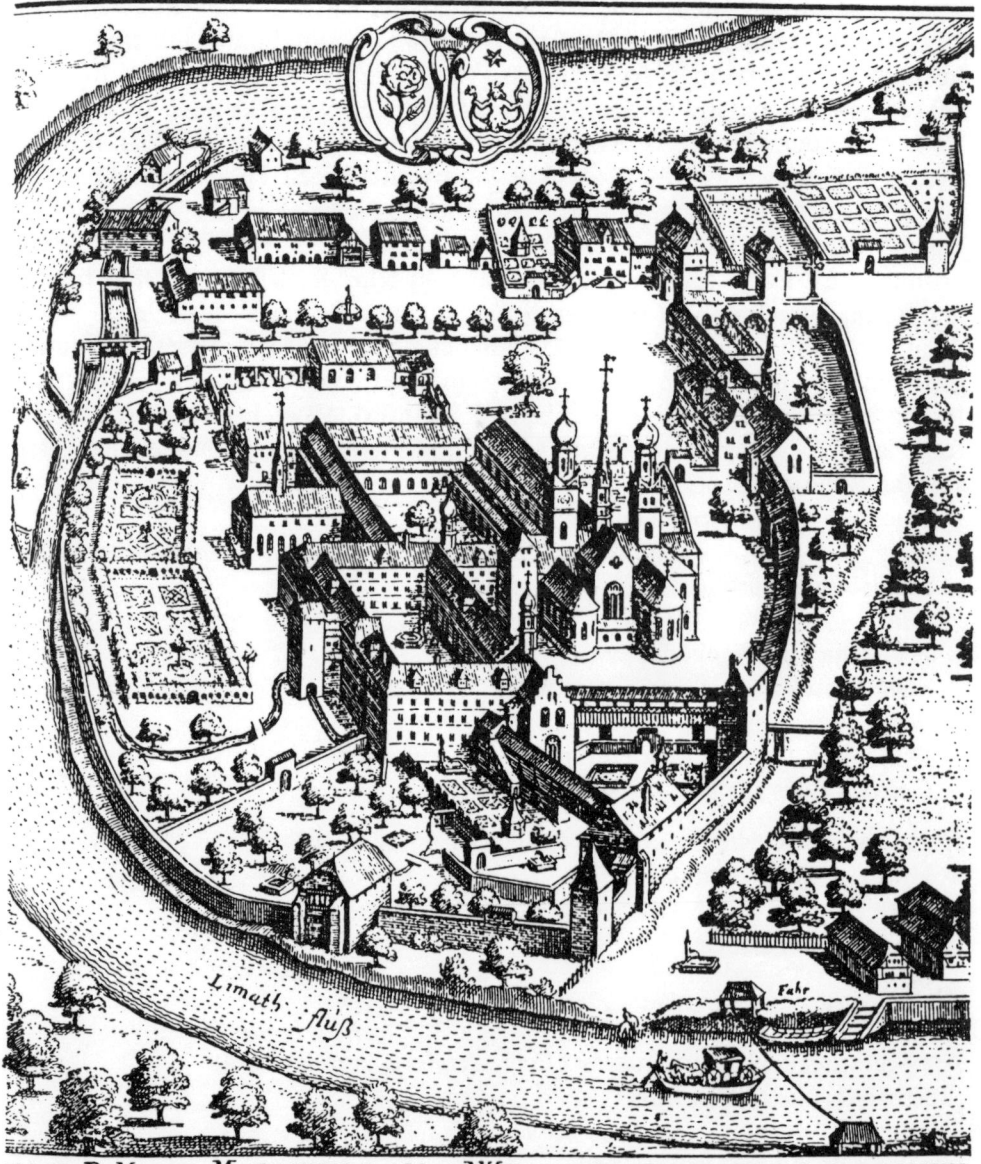

NAST B. MARIÆ MARISTELLÆ ALIAS WETTINGEN. FVNDATVM A°. MCCXXVII

In der ganzen Schweiz übten die Klöster eine fast unbeschränkte Gastfreundschaft. Die Klosterküchen hatten deshalb ständig für eine größere Anzahl von Menschen, mitunter für ganze Massen zu kochen. So heißt es in einem Bericht von 1431, daß das Kloster Muri im Aargau durch seine Hospitalität seinen ganzen Wohlstand eingebüßt habe; an einem einzigen Tage seien 500 Scheffel Weizen (1 bayr. Scheffel = 259,4 Liter) zum Backen gebraucht worden! 1442 klagte das Kloster Königsfelden beim Konzil in Basel, es müsse täglich 100 Fremde beherbergen. Das Hôtel Dieu zu Villeneuve in der französischen Schweiz verteilte an Spitzentagen über 600 Pfund Brot an die Durchreisenden; häufig wurden dort gegen hundert Kranke von einem Priester und mehreren Spitalbrüdern versorgt und verpflegt.

Die Künste der Klosterküchen verbreiteten sich im ganzen Lande und fanden Eingang in die adligen und bürgerlichen Haushalte. St. Gallen war die eigentliche Hochschule der Kochkunst bis ins späte Mittelalter, und viele andere Klosterküchen eiferten den Ostschweizern nach und wurden so die kulinarischen Bahnbrecher in der Schweiz.

Rezepte aus den Klosterküchen von St. Gallen und Engelberg:

Klötzchen von Leber *(Leberknödel)*

2 Pfund Weißbrot in warme Milch einlegen. Von einem Ochs oder einer Kuh mittlerer Größe nimmt man die Leber und schneidet die Adern reichlich weg.

Leber und Weißbrot fein verwiegen und zusammenmischen.

12 Löffel Butter zergehen lassen und mit 14 zerschlagenen Eiern vermengen.

In einer großen Schüssel 2 Pfund Weißmehl, Salz, Pfeffer, Muskat gut vermengen, verwiegte Lebermasse und Eier dazugeben, zu einem Teig vermengen und Kugeln formen. Diese gibt man in siedende Fleischbrühe und bereitet währenddessen eine Zwiebelschweitze.

Nach kurzer Kochzeit die Klötzchen mit dem Schaumlöffel aus der Brühe heben, gut abtropfen lassen und mit der Zwiebelschweitze übergießen.

Reissuppe

Für 15 Personen wasche man ein Pfund Reis, damit der Magazingeruch verschwindet, und koche ihn in genügend Fleischbrühe mit Muskat.

Erbsensuppe

Ein Pfund gelbe Erbsen weicht man in reinlichem Wasser ein, einen Tag bevor man sie braucht. Den andern Morgen stellt man sie mit in Klötzchen geschnittenem Sellerie, Kartoffel und Lauch aufs Feuer und läßt sie kochen. Man röstet zwei geschnittene Zwiebeln in einem Viertelpfund Butter zur gelben Farbe und gibt sie vor dem

Anrichten zur Brühe. Mit Muskat, Salz und etwas Grünem (Petersilie, Selleriekraut) würzen und die Suppe über in Butter gebackene Brotscheiben gießen und servieren.

Braune Mehlsuppe

Man gibt in eine Pfanne Butter und soviel Mehl dazu, als man braucht. Dieses röste man schön braun und gieße Fleischbrühe dazu. Kümmel und etwas Salz beigeben, und die Suppe durch eine Schaumkelle in die Schüssel über Brot mit Muskat gießen und anrichten.

Weinsuppe

Den Wein macht man siedend, man muß aber achtgeben, daß er sich nicht entzündet und kein unschmackhaftes Phlegma erhält.
Ein kleines Löffelchen Mehles mit vier Eigelb glattrühren und dazugeben. Noch zwei Löffel Butter darunterrühren und über gebackenen Brotschnitten anrichten.

Weinschnitten

Man schneide Weißbrot in beliebige runde Schnitten und backe sie in frischer Butter. Gleichzeitig lasse man etwas weißen Wein mit Zucker und Zimmet aufkochen und gieße dies über die gebackenen Schnitten.
Wohlzuachten wie meistenteils der Wein mit Geist vermenget ist und der Menschen Gesundheit sehr nachträglich sein kann.

Schneckenbutter

Auf 500 Schnecken nimmt man zweieinviertel Pfund Butter, läßt diese nur einmal kurz aufsieden und rührt Muskat, Pfeffer, Nelken, zwei feingehackte Zwiebeln, acht Schalotten, eine geriebene Zitronenrinde sowie zwei Handvoll verwiegte Peterlin und zwei Löffel Salz ein.

Osterfladen

Man bereite einen nicht zu festen geriebenen Butterteig, walle ihn aus und gebe ihn in eine Form.
Zu fünf Teilen weißem Ziger (Frischkäse) nimmt man einen Teil Honig und sechs Teile Nidel (Rahm), vermengt dieses mit Anis, Koriander, Zitronat, Pfeffer, Muskat und Zimmet. Dies gibt man auf den Teig, darüber geschälte gestoßene Mandeln und Weinbeeren. Sind Dörrbirnen vorhanden, so gebe man auch von denen hinzu.
Den Fladen backt man in einer anständigen Hitze langsam.

Weggiser Lebkuchen

Aus Weißmehl, Eiern und reinem Wasser mit wenig Salz bereite man einen festen Teig und gebe ihn in eine Form.
Man nehme 12 Löffel Anis, 12 Löffel Zimmet, 12 Löffel Zucker, 12 Löffel Milch, 12 Löffel Nidel (Rahm), 60 Löffel Honig, 25 Eier und 12 Löffel Triebsalz (Backpulver). Dies alles vermenge man gut, streiche es auf den Teig und backe langsam bei anständiger Hitze.

Wer einige dieser Gerichte aus der Klosterküche nachkochen möchte, sollte mit ihm bekannten ähnlichen Rezepten vergleichen – oder einfach ausprobieren. Denn die Mengenangaben, so vorhanden, beziehen sich in der Regel auf die Personenzahl des Klosterkonvents, also bis gegen zwei, drei Dutzend Esser.

Bürgerliche Kochrezepte. Um 1400 schrieb der Niederländer *Daniel Heremita* in einer dem Herzog Gonzaga von Mantua gewidmeten Schrift, die Schweizer seien größere Freunde des Essens als irgendeine andere Nation, doch seien die Speisen mehr schwer verdaulich als fein. Mit guten Freunden und Bekannten säße man außergewöhnlich lange bei Tisch, immer in freundlicher Laune. Der französische Essayist *Michel de Montaigne* lobte anläßlich einer Reise 1580 die Schweizer Kochkunst, ganz besonders die Zubereitung von Fisch. Die Schweizer verstünden es, allen Speisen einen guten Geschmack zu geben, es sei jedoch eigentümlich, wie sie verschiedenartige Gerichte untereinander vermengten. – Diese und viele weitere Zeugnisse ausländischer Gäste in der Schweiz belegen die Stellung der Schweizer Küche zu Beginn der Neuzeit.

Ab dem 16. Jahrhundert schenkte man auch der Privatküche in steigendem Maße pflegliche Aufmerksamkeit. Reiche Patrizierinnen, Zunftmeisters- und Ratsherrengattinnen sowie die Frauen der aufsteigenden Geld- und Fabrikaristokratie fanden immer mehr Zeit, sich auch der Küche zu widmen. Zahlreich sind die handgeschriebenen Rezeptsammlungen aus jener Zeit in den Stadt- und Universitätsbibliotheken von Basel, Genf und Zürich und anderen Schweizer Städten. Bald erschienen auch die ersten Kochbücher im Druck, wodurch ihre Kenntnis in weiteste Kreise gelangte und den Stand der Kochkunst allgemein hob.

Das erste von einer Frau verfaßte und gedruckte Kochbuch deutscher Sprache stammt von der Basler Arztgattin und Hausfrau *Anna Wecker*. 1598 erschien «Ein köstlich new Kochbuch von allerhand Speisen, an Gemüsen, Obs[t], Fleisch, Geflügel, Wildbret, Fischen und Gebachens ...»; das Buch erlebte bis 1697 zehn Auflagen, war also ein eigentlicher Bestseller des 17. Jahrhunderts. Es ist in vier Kapitel gegliedert und umfaßt 287 Rezepte. Während die beiden ersten Kapitel der Alltagskost gewidmet sind und viele Anleitungen für die Zubereitung von Mus- und Breispeisen sowie Suppen, Fladen, Pasteten enthalten, bieten die Kapitel 3 und 4 Rezepte zur Zubereitung von anspruchsvollen Fleisch- und Fischspeisen, wie sie eher an Sonn- und Feiertagen aufgetragen wurden.

Gefüllte Eier

Die Eier hart kochen, schälen und halbieren. Das herausgelöste Eigelb zu einer Farce verarbeiten:
– mit geriebenem Parmesan und Pfeffer
– mit geschälten gemahlenen Mandeln, Rosenwasser, Zucker und flüssigem Eigelb
– mit Rosinen, Safran, Muskat, Zimt, Zucker
– mit gehacktem Hühnerfleisch oder Hirn oder geriebenem Brot
  Die Farce in die Eihälften einfüllen und diese paarweise zusammensetzen. In einem Teiglein aus Ei und wenig Mehl wenden und in heißem Schmalz ausbacken. Mit Brühe servieren.

Stachelbeertorte

Geriebenen Teig (Wähenteig) auswallen und in eine Form mit hohem Rand geben. Eigelb, Rahm, etwas Rosenwasser und fein gestoßene geschälte Mandeln gut verrühren und auf dem Feuer zu einer dicken Creme erhitzen; diese Masse auf den Teigboden geben. Die Stachelbeeren einzeln dicht beieinander zur

Hälfte in die Masse stecken. Alles dick mit Zucker bestreuen, so daß weder Beeren noch Creme sichtbar sind. Mit starker Unterhitze backen (eventuell von Anfang an mit Alu-Folie abdecken).

Hühnerpastete

Kleine Hühner oder Rebhühner werden mit Rindermark gefüllt und am Spieß schön braun gebraten. Unterdessen wird aus Teig ein «Pastetenhafen» in einer hohen Form vorbereitet, der Teigboden mit einer Mischung von Paniermehl, Zimt und Ingwer bestreut, dann die Hühner daraufgesetzt und mit dem Saft von zwei frischen Pomeranzen (Bitter-Orangen) beträufelt. Die Pastete mit einem passend zugeschnittenen Teigdeckel verschließen und in den vorgeheizten Ofen geben. Wenn der Teig durch die Wärme hart geworden ist, macht man im Deckel ein kleines Loch, durch welches man Brühe zufügt. Diese wird bereitet aus dem Saft, den man beim Braten der Hühner aufgefangen hat, aus Malvasier (leicht süßer Weißwein) und Fleischbrühe. Dann kommt die Pastete für eine weitere halbe Stunde zurück in den Ofen. Nachdem der Deckel entfernt ist, werden in acht Teile geschnittene Pomeranzen zwischen die Hühner verteilt, das Ganze mit Brühe begossen und noch einmal kurz im Ofen überbacken.

Die Küche des 17. Jahrhunderts hat noch keine Trennung gemacht zwischen süßen und gesalzenen Speisen. Gewürzt wurde nicht individuell, sondern in erster Linie kräftig. So entstehen aus unserer heutigen Sicht ganz ungewohnte Geschmacksnuancen, indem die meisten Gerichte nicht nur mit Salz und Pfeffer, sondern häufig auch mit Zimt, Zucker (Honig), Nelken, Ingwer, Rosinen u. a. gewürzt werden. Wer ein altes Originalrezept nachkochen will, muß nach eigenem Geschmack die ihm mundenden Veränderungen in der Würze vornehmen.

1671 erschien der «Geistliche Küchenmeister des Gotteshauses Lützel», verfaßt vom Abt von Lützel (heute im Kanton Jura), *Bernardin Buchinger*. Während fast hundert Jahren war dies das meistverbreitete Kochbuch in der Schweiz. Viele Neukreationen von Fischgerichten waren darin enthalten, und Buchinger zeigte auch, wie man Geflügel am schmackhaftesten zubereitete. Nicht nur Hühner, Gänse, Enten, Tauben, Fasanen und Schnepfen, auch Reiher, Kraniche, Störche, Raben und Schwäne empfahl der Abt. – Zwei Kochbücher des 18. Jahrhunderts lösten Buchingers Werk als Standardtitel der Küche ab. 1762 veröffentlichte *Jakob Gutmann* in Zürich «Der die vornehmsten Europäische Höf durchwanderte, und ganz neu in der Schweiz angelangte Hof- und Mund-Koch, welcher mehr als 1500 Speisen auf das schmackhafteste und nach der neuesten Art zuzurichten lehret».
Und diesem folgte 1792 das *«Bernische Kochbuch»* der Hallerschen Buchdruckerei, das es ebenfalls auf etliche Auflagen brachte. Diese beiden Rezeptsamm-

lungen behaupteten sich, trotz in- und ausländischer Konkurrenz, bis gegen die Mitte des 19. Jahrhunderts. 1842 eröffnete der Zürcher Verleger Friedrich Schulthess mit dem «Schweizerischen Kochbuch» von *E. Landolt* die Reihe der modernen Kochbücher, 1852 folgte der Verlag Orell, Füssli & Co. mit «Die Bürger-Küche für Stadt und Land» von *F. V. Veit,* dem Küchenchef des Hotels Baur.

Eine vielfältige Palette von regionalen und lokalen Spezialitäten findet sich verstreut in all den Werken großer und kleiner Küchenkünstler. Nicht nur «Berner Platte» und «Zürcher Geschnetzeltes», «St. Galler Bratwurst» und «Basler Mehlsuppe» sind Zierden schweizerischer Kochkunst, wenn sie auch am häufigsten auf den Speisekarten der Gaststätten zu finden sind. Auch «Thurgauer Apfelkuchen» und «Appenzeller Chäshörnli», «Neuenburger Lattich» und «Zuger Chabisbünteli» verdienen als eher bescheidene Alltagskost ihren Platz im Schweizer Menüplan.

Essen und Trinken zu Festen und Bräuchen

«Als endlich alle saßen, kam die Suppe auf den Tisch, eine schöne Fleischsuppe, mit Safran gefärbt und gewürzt und mit dem schönen, weißen Brot, das die Großmutter eingeschnitten, so dick gesättigt, daß von der Brühe wenig sichtbar war. Nun entblößten sich alle Häupter, die Hände falteten sich, und lange und feierlich betete jedes für sich zu dem Geber jeder guten Gabe. Dann erst griff man langsam zum blechernen Löffel, wischte denselben am schönen, feinen Tischtuch aus und ließ sich an die Suppe, und mancher Wunsch wurde laut: wenn man alle Tage eine solche hätte, so begehrte man nichts anderes. Als man mit der Suppe fertig war, wischte man die Löffel am Tischtuch wieder aus, die Züpfe wurde herumgeboten, jeder schnitt sich sein Stück ab und sah zu, wie die Voressen an Safranbrühe aufgetragen wurden, Voressen von Hirn, von Schaffleisch, saure Leber. Als die erledigt waren in bedächtigem Zugreifen, kam, in Schüsseln hoch aufgeschichtet, das Rindfleisch, grünes und dürres, jedem nach Belieben, kamen dürre Bohnen und Kannenbirenschnitze, breiter Speck dazu und prächtige Rückenstücke von dreizentnerigen Schweinen, so schön rot und weiß und saftig. Das folgte sich langsam alles, und wenn ein neuer Gast kam, so wurde von der Suppe her alles wieder aufgetragen, und jeder mußte da anfangen, wo die andern auch, keinem wurde ein einziges Gericht geschenkt. Zwischendurch schenkte Benz, der Kindbettimann, aus den schönen, weißen Flaschen, welche eine Maß enthielten und mit Wappen und Sprüchen reich geziert waren, fleißig ein.» – So beschreibt *Jeremias Gotthelf* in seiner Novelle «Die schwarze Spinne» ein Taufmahl auf einem Bauernhof im Berner Emmental.

Zu Geburt, Taufe, Konfirmation oder Kommunion, Hochzeit und Begräbnis haben die meisten Kulturen ihre Riten sowie Eß- und Trinksitten entwickelt.

Daneben gibt es die Kalenderfeste im Jahresablauf, traditionelle Bräuche zu verschiedenen Anlässen, deren Ursprünge häufig unbekannt sind. Und immer wird dabei gegessen und getrunken, oft ganz bestimmte Speisen, die sonst nie aufgetragen werden.
Es würde zu weit führen, hier einen vollständigen Katalog schweizerischen Brauchtums zu bieten; dafür gibt es spezielle Literatur. Aber einen kurzen Überblick, notgedrungen auf einige wenige Anlässe begrenzt, wollen wir im folgenden geben.

Der *Neujahrstag* wird in Basel mit dem *Hypokras* gefeiert, einem Gewürzwein, der seit dem Mittelalter in dieser Stadt heimisch ist. Über Mittag des 1. Januar besucht man seine Freunde und Bekannten und trinkt unter gegenseitigem Glückwünschen ein Glas dieses schmackhaften Süßweines, dem auch Heilkraft nachgesagt wird. Wohl aus diesem Grunde ist das Getränk nach dem altgriechischen Arzt Hippokrates benannt worden (Rezept s. Kapitel «Getränke»).

Der 2. Januar wird als «*Berchtelistag*» (Berchtoldstag) besonders in Zürich gefeiert, aber auch in einigen anderen, vorwiegend reformierten Kantonen. In Zürich erhalten die Kinder seit 1643 bei den kulturellen Gesellschaften der Stadt gegen ein kleines Geldgeschenk die Neujahrsblätter. Die Zünfter und Gesellschafter treffen sich zum Mahl in ihren Lokalen, und es wird oft das Festmenü «Zürcher Ratsherrentopf» aufgetragen (s. Kanton Zürich).

Der «*Dreikönigstag*» am 6. Januar wird hauptsächlich in den katholischen Kantonen feierlich begangen. Aber in der ganzen Schweiz ist der Dreikönigskuchen sehr beliebt: Wer die in ihm eingebackene kleine Königsfigur in seinem Stück findet, darf für den Rest des Tages «König» in der Familie sein.

Dreikönigskuchen

```
500 g   Mehl
 20 g   frische Hefe
 30 g   Zucker
100 g   Butter
 80 g   Rosinen oder Sultaninen
  2 dl  Milch
  2     Eier und 1 Eigelb
  1     Zitrone
        Salz
```

Das Mehl in eine große Schüssel sieben, mit dem Mehl einen Kranz bilden und in das Loch in der Mitte die Hefe fein zerbröckeln. Zucker und lauwarme Milch zugeben; rühren, bis sich die Hefe aufgelöst hat. Die Schüssel zugedeckt an ein warmes Plätzchen stellen.

Zwei Eier gut verrühren, Butter in kleinen Stücken sowie Salz und die geriebene Zitronenschale beimengen und alles dem Hefeteig zugeben. Rosinen daruntermischen und Teig gut verarbeiten. Aus der Teigmasse 7 kleine und einen großen flachrunden Ballen formen; auf dem Kuchenblech den großen Ballen in die Mitte geben, die kleinen rundherum andrücken. In einen kleinen Ballen stößt man die Königsfigur (die auch durch eine Mandel ersetzt werden kann).
Wieder etwa eine Stunde warm stellen und etwas aufgehen lassen, dann mit Eigelb bestreichen und bei 200° etwa 45 Minuten backen.

Der *Februar* ist geprägt von den regional sehr unterschiedlichen Fasnachtsbräuchen. Während in katholischen Gegenden der Beginn des fasnächtlichen Treibens meist auf den 7. Januar angesetzt ist, feiern die reformierten Basler «die drei schönsten Tage im Jahr» jeweils sechs Wochen vor Ostern.
Viele Fasnachtsspeisen haben sich über die Jahrhunderte in der Schweizer Küche erhalten, speziell Gebäcke aller Art:

Fasnachtsküchlein *(«Chüffeli»; «Blätz»)*

4 dl   Milch
60 g   Butter
500 g Mehl
Salz
Staubzucker

Die Milch zusammen mit Butter und Salz aufkochen, das Mehl im Sturz dazugeben und die Masse zu einem Teig verarbeiten, bis dieser sich von der Pfanne löst. Erkalten lassen und dann sehr dünn auswallen, in große viereckige Stücke schneiden (ca. 20 × 20 cm) und schwimmend in heißem Fett goldgelb backen. Die fertig gebackenen Küchlein gut abtropfen lassen und mit Staubzucker bestreuen.

Zigerkrapfen

Teig

2 dl   Milch
30 g   Butter
250 g   Mehl
Salz
Zucker und Zimt, gemischt

Milch, Butter und etwas Salz zuammen aufkochen, Mehl sachte hineinrühren und verarbeiten, bis sich der Teig von der Pfanne löst. Erkalten lassen und dünn auswallen.

Füllung

125 g	weißer Ziger (ungelagerter Frischkäse)
50 g	Zucker
30 g	geriebene Mandeln
30 g	Rosinen
½ dl	Rahm
1	Ei
	Zimt

Ziger durch ein Sieb drücken, mit Ei, Zucker, Zimt, Rosinen, geriebenen Mandeln und dem halb steifgeschlagenen Rahm vermischen und gut umrühren.
Aus dem Teig sticht man große runde Scheiben aus (z.B. mit einer Tasse) bestreicht den Rand rundherum mit Wasser, gibt einen Löffel der Füllung auf den Teig und faltet die Scheiben halbmondförmig. Rand gut andrücken und Krapfen schwimmend in heißem Fett backen, bis sie goldgelb sind. Gut abtropfen lassen (auf einem Tuch oder Haushaltpapier) und in der Zimtzucker-Mischung wenden.

Basler Mehlsuppe

50 g	Butter
50 g	Mehl
½ l	Fleischbouillon
1 l	Wasser
1	Zwiebel
	Salz, Pfeffer, Muskat, ev. Majoran
	Käse (Sbrinz, gerieben)

Butter erhitzen und das Mehl unter ständigem Umrühren mit einer Holzkelle braun rösten; es sollte weder Klumpen bilden noch anbrennen.
Die Zwiebel in Ringe schneiden und mit dem Mehl goldgelb dämpfen. Dann Wasser und Bouillon zugeben und etwa 1 ½ Stunden leicht kochen lassen. Schließlich mit Salz, Pfeffer, Muskat und Majoran würzen, geriebenen Käse über die Suppe streuen und servieren.

Fotzelschnitten

4	Milchbrötchen
	(oder Scheiben von Weißbrot, Zopf, Einback, Modelbrot)
3	Eier
1,5 dl	Milch
120 g	Butter
	Zucker, Zimt, Salz

Die Eier mit etwas Salz gut zerschlagen. Die Brotscheiben in Milch tauchen, dann durch die Eier ziehen und in heißem Fett backen, bis sie beidseitig schön hellbraun sind. Gut abtropfen lassen und in Zimtzucker-Mischung wenden. Zusammen mit einem Früchtekompott servieren.

Im Kanton Tessin, dem italienischsprachigen Landesteil südlich der Alpen, wird der Carnevale vielerorts mit ein Risotto-Essen gefeiert (Rezept s. Kanton Tessin). Auf der Piazza, dem Dorfplatz, werden große Kessel aufgebaut und Tische und Bänke aufgestellt, und die ganze Bevölkerung nimmt an dem Festschmaus teil.
Die Tessiner essen als Beilage zu ihrem Risotto mit Vorliebe gedünstete Steinpilze (die man auch direkt in den Reis geben kann), geschnetzelte Leber oder ihre berühmten Wurstspezialitäten («Luganighe»).

Am 6. März feiern die Glarner den Namenstag ihres Landespatrons *St. Fridolin* mit dem Anzünden von Höhenfeuern auf den umliegenden Bergen und Hügelzügen. Das kleine Gebirgsvolk ist als besonders «süß» bekannt, und so werden denn die Landesspezialitäten wie «Birnbrot» (s. Kanton Glarus), «Marchtorte», «Ankenzelte» und natürlich «Glarner Pastete» an diesem Tag reichlich genossen.

Gar vielfältig sind Eß- und Trinkgebräuche zu *Ostern* in den verschiedenen Landesgegenden der Schweiz. Aus der Klosterküche stammt das einfache Rezept einer Süßspeise:

Karthäuserklötze *(Pfaffenmocken)*

4	weiße Brötchen (Semmeln)
3 dl	Rotwein
½ dl	Milch
2	Eier
100 g	Zucker
1 TL	Zimt

Von den Brötchen die Kruste abreiben oder wegschneiden, dann in 4 bis 6 Stücke schneiden.
Rotwein mit der Hälfte des Zuckers aufwärmen, die Brotstücke darin eintauchen, bis sie sich ganz vollgesogen haben, dann ausdrücken.
Eier aufschlagen, mit Milch verrühren und Semmelmocken darin wenden, dann in heißem Fett ausbacken, gut abtropfen lassen und in Zimtzucker-Mischung wenden.
Den Rest des Rotweins mit ein paar Rosinen kurz aufkochen, ev. einen Teelöffel Kirsch dazugeben und über die Mocken gießen; sofort servieren.

Von den vielen Frühlingsfesten und -bräuchen ist das «*Sechseläuten*» in der Stadt Zürich wohl am bekanntesten. Es wird an einem Montag um die Mitte des Monats April gefeiert (abhängig vom Osterdatum) und hat sich seit 1830 zu einem Fest der Zünfte entwickelt, die in einem farbenprächtigen Umzug durch die Stadt auf die große Wiese am See ziehen, wo punkt 6 Uhr am Abend der «Böögg», eine auf einem Scheiterhaufen errichtete Strohpuppe als Symbol des Winters, verbrannt wird. Die Mitglieder der Zünfte, ehemals die Handwerksmeister der Stadt, treffen sich daran anschließend zu einem lukullischen Mahl in ihren Zunftstuben, deren einige heute zu den renommiertesten Restaurants in Zürich gehören.

Am letzten Sonntag im April finden in Unterwalden und in beiden Appenzell die «*Landsgemeinden*» der vier Halbkantone statt, eine Woche später, am ersten Maiensonntag, auch in Glarus. Die stimmberechtigte Bevölkerung, alle Räte und Behörden versammeln sich auf einem großen Platz, wählen neue Mitglieder in Regierung und Gerichte und beschließen über Verfassung und Gesetze. In den fünf Kantonen zählt der Tag der Landsgemeinde zu den höchsten Feiertagen; mittags und abends werden zu Hause und in den Gasthäusern festliche Menüs aufgetragen, vor allem natürlich die entsprechenden Landesspezialitäten (s. «Die Rezepte der Kantone»).

Im Mai, dem vielbesungenen Wonnemonat, heiraten noch immer am meisten Schweizer, trotz des in der Regel sehr unsicheren, häufig kalten und feuchten Wetters. Die Hochzeitstafel wird beladen mit dem Besten, was Küche und Keller zu bieten haben, und auch da gelangen die alteingesessenen Speisen zu Ehren. So wird sich eine Hochzeit im Kanton Thurgau am Bodensee immer stark unterscheiden von dem gleichzeitig stattfindenden Brautfest im Kanton Wallis – es könnte die gleiche Veranstaltung auf zwei verschiedenen Planeten sein.

Der 24. Juni, «*Johannistag*», war während Jahrhunderten Termin für Abgaben, Rechenschaftsbericht und Neubestellung von Ämtern. In den Kantonen Wallis und Freiburg pflückte man jeweils an diesem Tag verschiedene Kräuter, die erst dadurch besonders schmackhaft und heilkräftig wurden. In einigen Dörfern des Oberengadins im Kanton Graubünden hat die Dorfjugend das Recht, am Johannisabend sämtliche Ziegen zu melken. In Savièse (Wallis) versammeln sich die jungen Leute abends um ein Feuer im Freien, singen und beten; wenn das Feuer abgebrannt ist, bereiten sie aus gestohlenen Eiern eine Omelette.

Die Sennen und Älpler feiern die «*Mittsommerfeste*» in den Bergkantonen erst im Juli oder August. An diesem Festtag wandern die Talbauern, die ihr Vieh einem Hirten anvertraut haben, mit ihren Familien auf die Alp, um die Kühe zu begutachten. Dann wird getanzt und gegessen, so im Berner Oberland die «Suffi», eine dicke saure Käsemilch. In der Innerschweiz sind an solchen Tagen die «Älpermagronen» mit Apfelschnitzkompott besonders beliebt (s. Kanton Uri), im Appenzellischen die «Chäshörnli» (s. Kanton Appenzell).

Der 1. August ist der Schweizer Nationalfeiertag, der Tag der «*Bundesfeier*». Im Jahr 1291 haben sich die ersten drei Kantone Uri, Schwyz und Unterwalden auf dem Rütli, einer Waldwiese am Vierwaldstättersee, zum ersten «Bund der Eidgenossen» zusammengeschlossen und damit den Grundstein zum Staate Schweiz gelegt. Erst seit 1899 feiern die Schweizer an diesem Abend mit Höhenfeuern und Feuerwerk; die meisten Bürger aber arbeiten tagsüber, wenigstens bis Mittag, denn nur in wenigen Kantonen ist der 1. August ein ganzer Feiertag. Bei schönem Wetter versammeln sich die Familien mit Freunden im Freien. An einem Feuer (oder auf dem Gartengrill) weden St. Galler Bratwürste, Basler Klöpfer oder Tessiner Luganighe gebraten. Diese Wurstspezialitäten sind im ganzen Land in gleich guter Qualität erhältlich.

Von August bis Oktober gibt es in der ganzen Schweiz die Erntedankfeste, Kirchweihen und Winzerfeste. Der neue Wein, der «Sauser», wird probiert, und an den die Kirchweihen begleitenden Jahrmärkten werden Lebkuchen und das sehr beliebte «Magenbrot» feilgeboten.

Magenbrot

    1 kg   Mehl
    1 kg   Zucker
    120 g   Schokoladenpulver
    30 g   Triebsalz (aus der Drogerie)
    1   Zitrone
    1 TL   Zimt
    ½ TL   Nelkenpulver
    3,5 dl   Wasser

In einer großen Schüssel das Triebsalz in 3,5 dl heißem Wasser auflösen und den Zucker, Nelkenpulver, Zimt, Zitronensaft und das Schokoladenpulver dazugeben und gut umrühren. Das Mehl durch ein Sieb langsam in die Masse geben und umrühren, so daß ein ziemlich fester Teig entsteht.
Von diesem Teig rollt man daumendicke, lange Würste, welche man auf das Backblech legt und ein wenig flachdrückt.
Den Ofen auf 170° vorheizen und die Teigwürste 10 Minuten backen. Dann herausnehmen und in etwa 5 cm lange Stücke schneiden.

Glasur

    800 g   Zucker
    60 g   Schokoladenpulver
    1 TL   Zimt
            Zitronenschale

3 dl Wasser aufkochen. Zucker, Zimt, Zitronenschale und Schokoladenpulver beifügen und einkochen lassen, bis eine geschmeidige Creme entsteht. Dann mit einer Schaumkelle immer ein paar Stücke Magenbrot in die Glasur tauchen und auf einem Blech oder Gitter trocknen lassen.

Im *Oktober* ist vor allem in Uri, Glarus und Graubünden Jagdzeit. Die Jäger bilden in diesen Kantonen eigentliche «Lobbies»; in den Räten oder an der Landsgemeinde vertreten sie ihre Interessen bei der Beratung neuer Jagdgesetze.
Die Schweiz ist reich an Wild. Seit 1970 haben z. B. die Bestände an Hirschen so zugenommen, daß die normalen Abschußquoten nicht mehr ausreichen, um ein natürliches Gleichgewicht zu erhalten.

Gejagt werden vorwiegend Rehe, Hirsche, Gemsen, Hasen und Murmeltiere. Da Wilhelm Tell schon ein berühmter Jäger war, hier ein Wildbretrezept aus dem Lande Uri:

Urner Gemspfeffer

 ca. 1 kg Gemsfleisch (Hals, Brust, Schulter)
 100 g Mehl
 ½ l Fleischbouillon
 1dl Sauerrahm
 1 Zitrone (Saft)
  Salz

Beize
 ¾ l trockener Rotwein
 ¼ l Essig
 ca. 2 Lorbeerblätter
 2–3 Zwiebeln
 2–3 Rübchen (Karotten)
  Pfeffer, Nelken, Wacholderbeeren

Fleisch in etwa faustgroße Stücke schneiden, rundherum mit Salz und Pfeffer einreiben und zusammen mit Zwiebeln, 6–8 Nelken, Rübchen, einigen Pfefferkörnern und Wacholderbeeren in eine große Schüssel geben.
Rotwein und Essig mit Lorbeerblättern kurz aufkochen lassen und über Fleisch und Gemüse gießen. Erkalten lassen, zudecken und im Keller (oder Kühlschrank) *5 Tage stehen lassen.* Fleischstücke täglich einmal wenden.
Am Tage, da der Pfeffer gegessen werden soll, die Fleischstücke aus der Beize nehmen, rundherum abtrocknen und mit Mehl bestäuben. Vorzugsweise in einer hohen Gußpfanne das Fleisch in heißem Fett rundherum scharf anbraten, dasselbe dann auch mit den Zwiebeln und Karotten machen.
Zur Bereitung der Sauce Mehl im heißen Fett goldbraun rösten, dann mit ½ l Fleischbouillon und gleichviel Beize ablöschen. Fleisch und Gemüse wieder zugeben und nun alles ca. 1 ½ Stunden bei mäßiger Hitze kochen lassen. Schließlich Rahm und Zitronensaft sowie Salz zugeben und bei erhöhter Hitze etwas einkochen lassen.
Zum Pfeffer serviert man als Beilage Kartoffelstock, Teigwaren oder hausgemachte Knöpfli.
(Auf gleiche Weise können auch die übrigen Wildarten sowie Schaf- und Ziegenfleisch bereitet werden.)

Der wichtigste Tag im November war der 11. des Monats, der «*Martinstag*». Zu Martini wurde das landwirtschaftliche Jahr beendet; im Mittelalter lieferten die Bauern ihren Herren (den Rittern und Klöstern) den «Zehnten» ab, also

10% des Jahresertrages. Bis ins 20. Jahrhundert blieb Martini in vielen Landgegenden der Zinstag. Mit großen Festessen feierte man den Abschluß des Bauernjahres; mit Vorliebe wurden Gänse und Hühner verzehrt. Noch heute geben Vereine und Gesellschaften «Martinimähler», so in vielen Städten die Zünfte; aber auch der Automobil-Club, die Rotarier, die Feuerwehr oder Lehrerkollegien treffen sich zu einem festlichen Schmaus. (Rezept «Martinigans» s. Kanton Luzern.)

Am 4. Montag im November wird seit 1406 in der Altstadt von Bern der «*Zibelemärit*» (Zwiebelmarkt) abgehalten. Da kommen die Bauern aus der Gegend des Murtensees und bieten ihre Gemüse feil, vor allem eben die zu Zöpfen und Kränzen geflochtenen Zwiebeln. Natürlich werden an diesem und an den folgenden Tagen hauptsächlich Zwiebeln gegessen: als Gemüse, als Beilage zu einer Bratwurst (braun geröstete Zwiebelringe) oder in Form einer Wähe (Kuchen): ein geriebener Teigboden wird gefüllt mit einer Masse aus leicht gedämpften Zwiebeln, Speckwürfeln, fein geriebenem Gruyèrekäse, Milch und Eiern.

Der 6. Dezember ist «*Niklaustag*». Besonders in der deutschen Schweiz sind Niklaus-Bräuche in verschiedensten Formen verbreitet, und die Anlässe verteilen sich je nach Region über mehrere Tage. Höhepunkt in der Familie ist der «Chlausabend», wenn der Nikolaus mit einem Sack voller Geschenke (Lebkuchen, Nüsse, Dörrfrüchte, Orangen etc.), aber auch mit der Rute die Kinder besucht und von ihnen Rechenschaft über ihr Verhalten während des zurückliegenden Jahres fordert.
Ein beliebtes Gebäck zum Niklaustag ist der «Grittibänz», ein aus Teig geformter, Arme und Beine spreizender drolliger Kerl.

Grittibänz

1 kg	*Mehl*
40 g	*frische Hefe*
15 g	*Zucker*
150 g	*Butter*
15 g	*Salz*
5 dl	*Milch*
3	*Eier*
	Rosinen, geschälte Mandeln

Das Mehl in eine große Schüssel geben und zu einem Kranz formen. Die Hefe fein in die Mitte zerbröseln, mit dem Zucker bestreuen und mit der lauwarmen Milch übergießen. Nach und nach vom Kranz etwas Mehl zugeben und zu einem festen Vorteig kneten. Eine halbe Stunde an der Wärme ruhen lassen. Dann das Salz, das restliche Mehl, die Butter und 2 verquirlte Eier zugeben und alles zu einem festen Teig verarbeiten. Wieder eine Stunde an der Wärme ruhen lassen.

Nun den Teig in die benötigte Anzahl Stücke teilen und jedes Teigstück zu einem länglichen Laib formen. Das obere Viertel zu einem Kopf formen, darunter seitlich mit zwei Schnitten längs die Arme abtrennen und vom Körper wegziehen, die untere Hälfte in der Mitte längs aufschneiden und so Beine abwinkeln. Mit Rosinen und Mandeln Gesicht und weitere Verzierungen anbringen.

Die fertigen Teigfiguren 30 Minuten wieder warmstellen und anschließend nochmals 30 Minuten im Keller oder Kühlschrank ruhen lassen. Schließlich ein Eigelb mit wenig Salz verquirlen und die Grittibänzen damit bestreichen. Im Ofen bei 180° – 200° etwa 20 – 40 Minuten backen (je nach Größe der Bänzen).

Die *Vorweihnachtszeit* ist die Zeit des Backens. Jede Hausfrau und Mutter, die etwas auf sich gibt, kramt die alten Familienrezepte aus einer Schublade, und ab Mitte Dezember durchzieht der feine Duft von frischem Backwerk die Häuser in der Schweiz. Je nach Landesgegend und Familientradition kommen «Waadtländer Bricelets», «Basler Brunsli», «Badener Chräbeli», «Zürcher Honigtirggel» und anderes mehr an Weihnachten auf den Tisch. Meist werden verschiedene dieser Kleingebäcke hergestellt, um eine reichhaltige Gebäckplatte auftragen zu können.

Honigleckerli

130 g gemahlene Haselnüsse
130 g gemahlene Mandeln
250 g Zucker
40 g gehacktes Orangeat
10 g Puderzucker
2 EL Honig
3 Eiweiß
Saft einer halben Zitrone

Mandeln, Haselnüsse, Zucker, Honig und Orangeat in das geschlagene Eiweiß geben, zu einem Teig verrühren und kneten, dann etwa eine Stunde kühl stellen.

Die Arbeitsfläche mit Puderzucker bestreuen, den Teig auswallen auf etwa 5 mm und dann in viereckige Leckerli schneiden (ca. 3 × 5 cm).

Das Backblech mit Mehl bestäuben, die Leckerli nicht zu nahe nebeneinander darauflegen und bei 130° während 20 – 30 Minuten backen.

Inzwischen mit Puderzucker und Zitronensaft eine Glasur anrühren, und sobald die Leckerli aus dem Ofen kommen, diese bestreichen.

Mailänderli

500 g	Mehl
250 g	Zucker
250 g	Butter
5	Eier
½ TL	Salz
1	Zitrone

Mehl, Zucker und Butter fein zerreiben und mischen. 3 Eier zerschlagen und zusammen mit dem Salz und der fein abgeriebenen Zitronenschale zur Masse geben. Alles zu einem festen Teig verarbeiten. Dann 3 bis 4 mm dick auswallen und die Figuren ausstechen (Sterne, Herzen, Halbmonde, Blumen sind beliebte Sujets). Die ausgestochenen Teigplätzchen auf ein gebuttertes Backblech legen, mit Eigelb bepinseln und bei 180° – 200° goldgelb backen.

Basler Brunsli

250 g	geriebene Mandeln
250 g	Zucker
100 g	dunkle Schokolade
50 g	Mehl
2	Eiweiß
	Zimt, ev. Nelkenpulver, ev. 1 Teelöffel Kirsch

Die Schokolade in kleinen Stücken mit ganz wenig Wasser in eine Pfanne geben und schmelzen lassen.
Mandeln, Zucker, Mehl, 1 Messerspitze Zimt und ev. 1 Messerspitze Nelkenpulver gut vermischen und das geschlagene Eiweiß daruntermischen. Dann die geschmolzene Schokolade beifügen und alles zu einem Teig verarbeiten.
Arbeitsfläche mit Zucker bestreuen und darauf den Teig etwa 5 mm dick auswallen, die Figuren ausstechen (Kleeblatt, Herzchen, natürlich Baselstab) und auf dem gefetteten Backblech ein paar Stunden trocknen lassen. Dann bei 200° bis 220° während ungefähr 5 Minuten backen.

Das Brunsli-Rezept ist ein typisches Beispiel für die Problematik von alten Originalrezepten. Es gibt nämlich verschiedene Varianten für die Zusammensetzung dieses Teigs (vgl. Rezept Kanton Basel), und alle gehen auf alte Familienrezepte zurück.
Soll man:
– die Schokolade schmelzen oder mahlen?
– den Teig ohne Mehl bereiten?
– Nelkenpulver beifügen?
– Kirsch zugeben?

- die ausgestochenen Brunsli nur trocknen lassen oder auch noch kurz backen?
- die fertigen Brunsli glasieren (mit Puderzucker und Zitronensaft)?
- Welche Mengenverhältnisse von Mandeln, Zucker und Schokolade sind die «idealen»?

Alle Varianten haben ihre Anhänger, und jeder möge selber ausprobieren, was ihm mundet. Die Familie wird ein paar Probeläufe im Herbst durchaus zu schätzen wissen!

Daß an *Weihnachten* zu den Hauptmahlzeiten vielerorts wiederum die Landesspezialitäten aufgetischt werden, versteht sich fast von selbst. Früher pflegte man noch ganz besondere Bräuche. In Ollon (Kanton Waadt) wurde als Festmahlzeit Milch mit Brot gegessen, ebenfalls im Berner Oberland. Die Reste von dieser Mahlzeit wurden auf dem Tisch «für die Engel» stehen gelassen. In Stabio (Kanton Tessin) wurde in der Weihnachtsnacht der Tisch für die Verstorbenen gedeckt. Im Kanton Uri gab es am Heiligen Abend Milchreis mit Küchlein und zum Dessert Schlagrahm. Im Toggenburg (Kanton St. Gallen) wurden Rahm- und Birnfladen aufgetischt, im Kanton Jura die «michettes».

Was mag davon noch erhalten sein? Die große Mobilität der Schweizer Bevölkerung, wie sie besonders nach 1950 eingesetzt hat, ließ viele alte Sitten und Bräuche rasch verkümmern. Walliserinnen heiraten St. Galler und leben in Zürich – welche Tradition wird wohl in dieser Familie hochgehalten? Nur noch etwa 20% der Schweizerinnen und Schweizer leben dort, wo sie auch das Bürgerrecht genießen, wo sie also eigentlich herstammen. Ihre Ausbildung haben aber auch diese mehrheitlich auswärts genossen; mit einer neuen Sprache und einer neuen Mentalität kehrten sie vielleicht nach Hause zurück, beeindruckt von der Fremde. Aber wissen sie noch, was für die Großeltern und Eltern einst Alltag war?

Auf den vorangegangenen und den folgenden Seiten versucht der Verfasser, ein wenig «kulinarisches Schweizertum» für die Gegenwart in Erinnerung zu rufen und der Zukunft zu erhalten. Und den vielen ausländischen Gästen in der Schweiz soll Mut gemacht werden, die Schnellimbiß-Restaurants zu meiden und sich in einem gemütlichen Landrestaurant den Spezialitäten der Schweizer Küche zu widmen.

Züri Gschnätzlets mit Rösti nach Zürcher Landfrauen Art

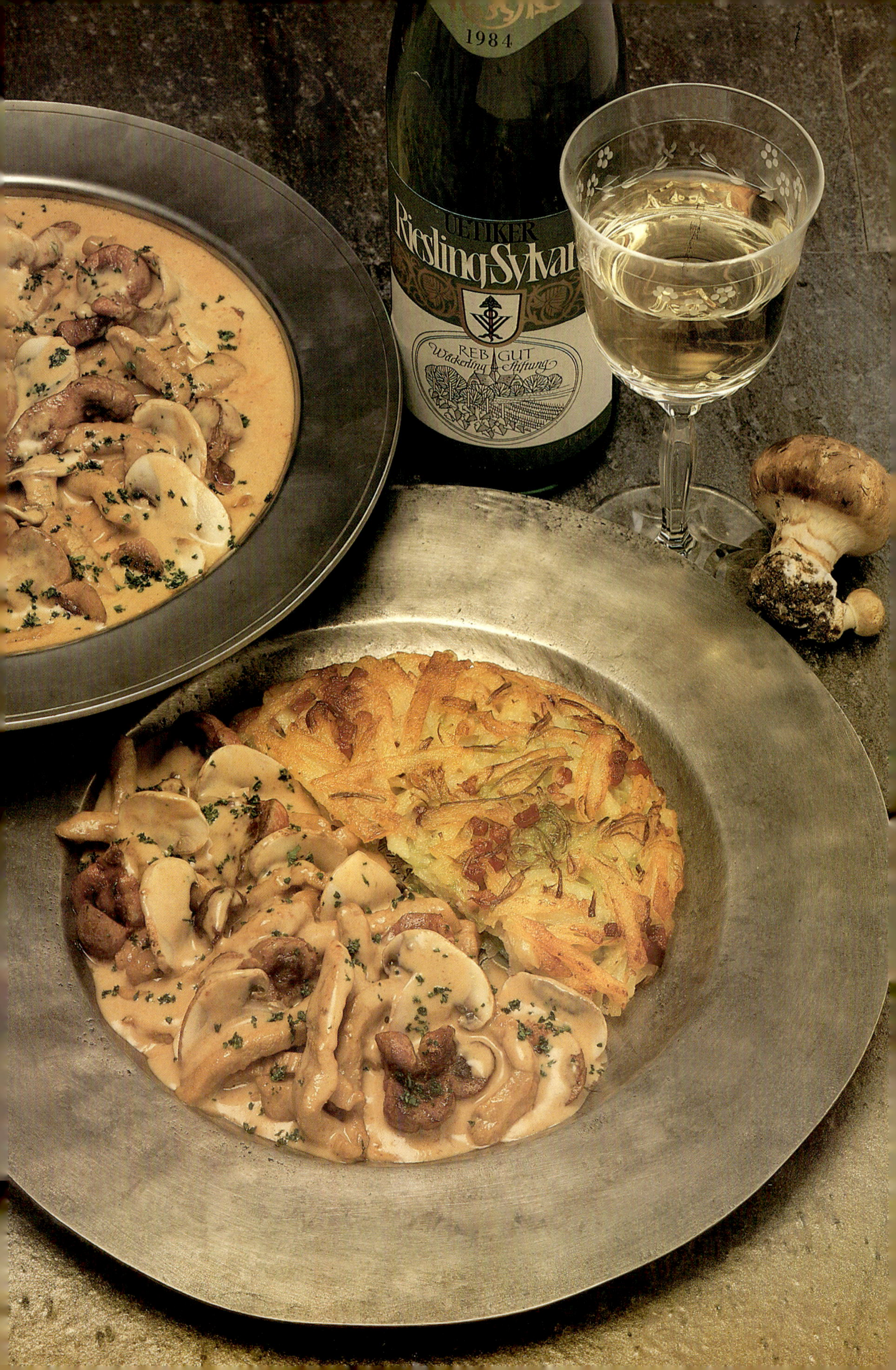
1984
UETIKER
Riesling-Sylvan
REB GUT

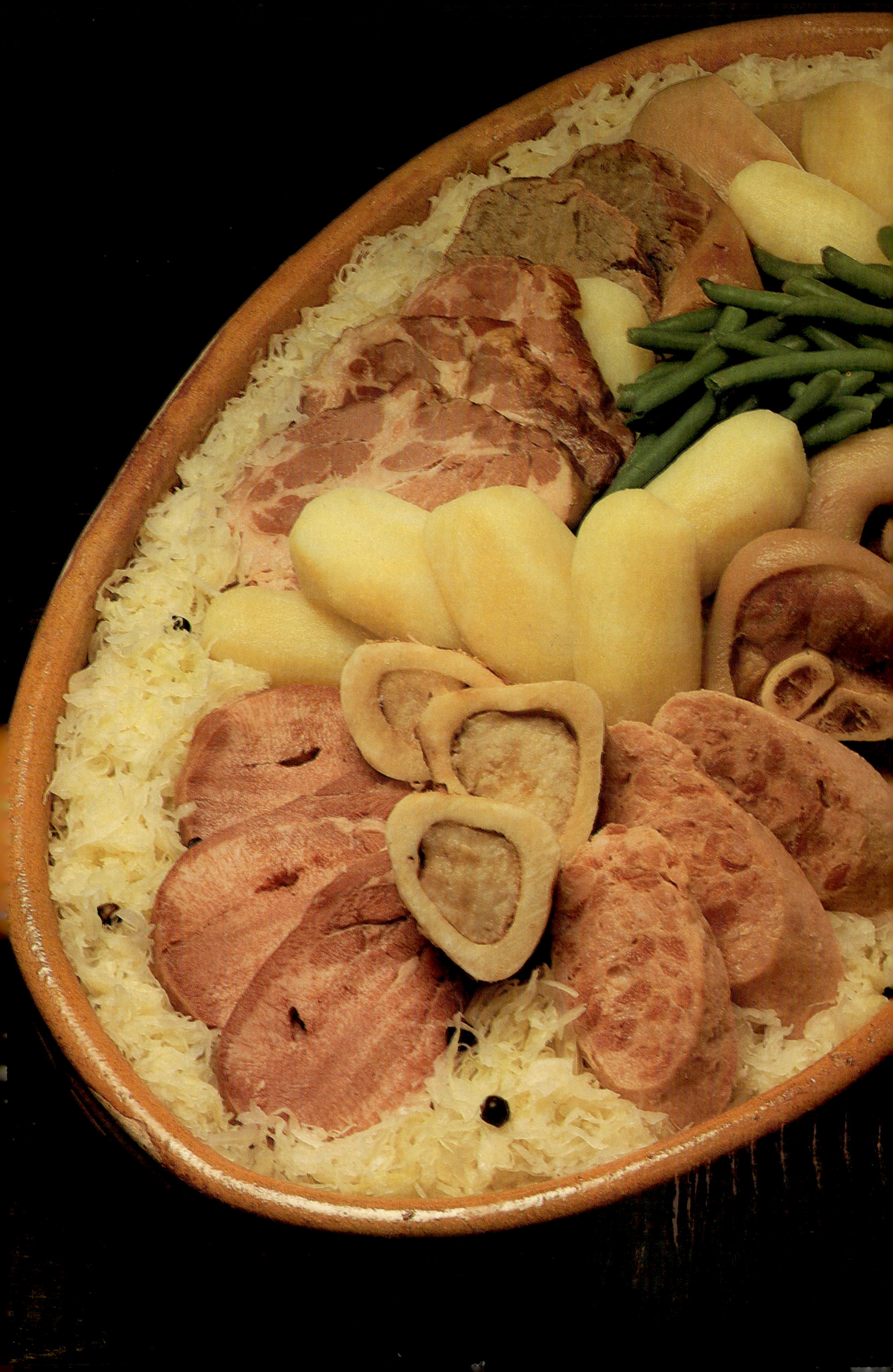

Die Rezepte der Kantone

Der folgende Hauptteil des Buches ist den kulinarischen Spezialitäten der Kantone gewidmet. Die Darstellung geschieht in offizieller Reihenfolge, wie sie sich im frühen 19. Jahrhundert eingebürgert hat: Die drei «Vororte» Zürich, Bern und Luzern, welche in alten Zeiten abwechslungsweise den Vorsitz in gesamtschweizerischen Angelegenheiten innehatten, machen den Anfang. Die weiteren Kantone folgen in historischer Folge ihres Beitritts zur Eidgenossenschaft. Den Rezepten ist jeweils eine Einleitung vorangestellt im Sinne eines kleinen Portraits des behandelten Kantons. Die kenntnisreichen Leser, welche über Geschichte und Kultur ihrer Heimat genauestens Bescheid wissen, mögen es Autor und Verlag verzeihen, wenn hier keine Vollständigkeit erlangt wird.

Zürich	Rösti nach Zürcher Landfrauen Art
	Züri Gschnätzlets
	Salbinechüechli/Müsli
	Zürcher Ratsherrentopf
	Wollishofer Chnödelsuppe
	Pfarrhaustorte
	Marzipan
Bern	Sauerkraut
	Berner Platte
	Hasenpfeffer
	Bohnen
	Emmentaler Lammvoressen
	Meiringer Meringues
	Berner Herzen
	Berner Osterfladen
	Seeländer Meertrübelichueche
Luzern	Luzerner Chügelipastete
	Martinigans
	Luzerner Lebertorte
	Linseneintopf
	Luzerner Lebkuchen
	Willisauer Ringli

Berner Platte

Uri	Älplermagronen
	Rispor
	Urner Häfelichabis
	Milchreis
	Britschner Nytlä
	Urner Nußkuchen
Schwyz	Kabissuppe
	Käsesuppe
	Gedämpftes Huhn
	Gebackenes Gitzi
	Brännti Creme
	Schwyzer Batzen
	Buure-Strübli
Unterwalden	Nidwaldner Ofetori
	Stunggis
	Cholermues
	Rindszunge an weißer Sauce
	Bohneneintopf
	Schnitz und Härdöpfel
Glarus	's Köch
	Schabziger
	Grüeni Chnöpfli
	Altes Glarner Gericht
	Tabakrollen
	Glarner Pastete
	Glarner Birnbrot
Zug	Forellenfilets Zuger Art
	Räbe mit Schwinigs
	Zuger Chabisbünteli
	Pastete von Kalbfleisch
	Zuger Kirschtorte
Freiburg	Saurer Mocken
	Fribourger Safranbrot
	Fribourger Käsefondue
	Chilbisenf
	Freiburger Hefen Kuchen
	Kapuzinerbrötli

Solothurn	Linsensuppe
	Weißrübensuppe
	Buzebappe
	Solothurner Krausi
	Leberspieß
	Weinschnitten
Basel	Lummelibraten
	Basler Salm
	Laubfrösche
	Basler Pfnutli
	Basler Brunsli
	Basler Leckerli
Schaffhausen	Gedämpfte Äschen aus dem Rhein
	Kutteln nach Schaffhauser Art
	Bölledünne
	Gefüllter Böllen
	Schlatheimer Rickli
Appenzell	Gsöd-Suppe
	Chäshörnli mit Apfelmus
	Chüngel in der Beize
	Appenzeller Biberfladen
	Appenzeller Rahmfladen
St. Gallen	St. Galler Käsesuppe
	St. Galler Bauernbratwurst
	Sammetsuppe
	Rheintaler Türkenriebel
	Schaffleisch mit Rüben
	Apfelrösti
	St. Galler Klostertorte
	Holderezune
Graubünden	Bündner Gerstensuppe
	Bündner Teller
	Zuozer Rehpfeffer
	Maluns
	Capuns
	Conterser Bock
	Mürbe Torte der Jungfer Rödel
	Bündner Birnbrot

Aargau	Brot- und Bettlersuppe
	Schnitz und drunder
	Öpfelchüechli
	Gefüllte Kalbsbrust
	Aargauer Rüeblitorte
	Badener Chräbeli
Thurgau	Eglifilets Arenenberg
	Amriswiler Buuretopf
	Kachelfleisch
	Thurgauer Schweinehals
	Thurgauer Leberknöpfli
	Gebratene Tauben
	Schweizer Kuchen
	Thurgauer Apfeltorte
Tessin	Busecca
	Coniglio alla ticinese
	Kastanien-Eintopf
	Risotto con funghi
	Polenta
	Kastanien
	Vermicelles
	La sagra del paese
Waadt	Waadtländer Pot-au-feu
	Waadtländer Grießsuppe
	Saucisse au foie mit Lauchgemüse
	Nillonkuchen
	Tarte au vin vaudoise
	Waadtländer Rosinenbrot
	Bricelets
Wallis	Walliser Chuchisuppe
	Raclette
	Escalope agaunoise
	Spargeln Walliser Art
	Walliser Käsekuchen
	Gomser Cholera
Neuenburg	Bondelles aus dem Neuenburgersee
	Kalbshaxen
	Neuenburger Spinatfladen
	Schmelzbrötli
	Blechkuchen

Genf   Käsesoufflé
                Genfer Schweinsvoressen
                Omble chevalier nach Genfer Art
                Tuiles aux amandes

Jura   Forellen aus dem Doubs
                Voressen mit Jura-Pilzen
                Omelette jurassienne
                Mijeule

Zürich
1351

1986 feierte die Stadt Zürich ihr 2000jähriges Bestehen. Als «Turicum» bestand die römische Kolonie zur Zeit des Kaisers Augustus. Schon im Frühmittelalter entwickelte sich die Stadt zur wichtigen Handelsmetropole. 1336 erhielt Zürich unter der Regentschaft von Bürgermeister Rudolf Brun eine für damalige Verhältnisse moderne Zunftverfassung; Kaufleute und Handwerker, nicht mehr der Adel, prägten von da ab das weitere Gedeihen der Stadt, die zu einem Zentrum der neuen Geldaristokratie in der Ostschweiz wurde. Im 16. Jahrhundert ging die Reformation Ulrich Zwinglis von Zürich aus durch das ganze schweizerische Mittelland. Die großen Städte St. Gallen, Winterthur, Basel, Bern schlossen sich dem neuen Glaubensbekenntnis an; Sittenstrenge und Arbeitsfleiß wurden zu den obersten Tugenden dieser reformierten Stadtbürger.
Das Gebiet der Bauern im Einflußbereich der Stadt (also das heutige Kantonsgebiet) war Untertanenland. Die Herren saßen in der Stadt, von wo aus sie mit Hilfe von im Land eingesetzten Beamten, den Vögten, regierten. Das blieb so bis 1798. Da beendete der Einmarsch der französischen Armee unter Napoleon I. die alte Herrschaft.
Im 18. Jahrhundert war Zürich während etwa drei Jahrzehnten ein Hort geistiger Aufklärung. «Limmatathen» nannte man die Stadt, die zu einem Zentrum der fortschrittlichen Gelehrsamkeit geworden war. Salomon Gessner, Johann Heinrich Füssli, Johann Caspar Lavater, die Professoren Bodmer und Breitinger sind nur ein paar Namen von Geistesgrößen jener Zeit.

Im 19. Jahrhundert erlebte Zürich einen beispiellosen Aufschwung. Nach 1850 führte Alfred Escher als Regierungspräsident, unterstützt von der mächtigen freisinnig-liberalen Partei, den Kanton und die Stadt an die Spitze der modernen Wirtschafts- und Industrieentwicklung. Escher gründete die «Schweizerische Kreditanstalt», bis heute eine der angesehensten Banken nicht nur der Schweiz, er war Präsident der Nationalbahn- und der Gotthardbahn-Gesellschaft, und er vertrat den Kanton Zürich im eidgenössischen Parlament in Bern. An Alfred Escher führte damals kein Weg vorbei in der schweizerischen Politik; er war so mächtig, daß er es nicht nötig hatte, Bundesrat zu werden.
Zürich ist bis heute «die heimliche Hauptstadt» der Schweiz geblieben – von den anderen Städten und Kantonen oft argwöhnisch beobachtet, geachtet zwar, aber nicht geliebt.
Die Zürcher Küche ist städtisch-herrschaftlich und ländlich-bäuerlich zugleich. Typisch sind die vielen anspruchsvollen Fleischgerichte, so das berühmte «Züri Gschnätzlets» oder der «Zürcher Ratsherrentopf», beides Speisen, die der Zunftküche zur Ehre gereichen. An den nach Süden exponierten Lagen des rechten Zürichseeufers wachsen hervorragende Weine, die zwar nicht langlebig, aber ungemein fruchtig und spritzig sind. So trinkt man einen «Riesling × Sylvaner» zum Geschnetzelten, den eher seltenen, sehr trockenen weißen «Räuschling» zu Zürichsee Felchen und den «Clevner», eine Zürcher Spezialität aus Blauburgundertrauben, zum Ratsherrentopf. An beiden Seeufern, aber auch in der Stadt selbst und im übrigen Kantonsgebiet gibt es zahlreiche hervorragende Restaurants, und auch jene, die nicht in internationalen Gourmet-Führern ausgezeichnet sind, bieten eine überdurchschnittliche Speise- und Getränkequalität an.

Rösti nach Zürcher Landfrauen Art

600 g	*Kartoffeln*
50 g	*Speck*
50 g	*Lauch*
100 g	*Butter*
	Salz, Pfeffer

Die Kartoffeln schwellen, erkalten lassen, schälen und durch eine Bircher-Raffel reiben. Den Speck in kleine Würfelchen schneiden und in wenig Butter andünsten. Die Lauchjulienne beigeben und mit den geriebenen Kartoffeln auffüllen, würzen, gut durchmischen. Beidseitig goldgelb braten.

Anmerkung
Es gibt eine schönere und auch geschmacklich bessere Rösti, wenn die geschwellten Kartoffeln 1–3 Tage alt sind.

Züri Gschnätzlets *(Geschnetzeltes nach Zürcher Art)*

Altes Zunftrezept

600 g	Kalbsbäggli
200 g	Kalbsniere
200 g	Champignons
60 g	Butter
1	kleine Zwiebel
1,5 dl	braune Bratensauce
1,5 dl	Rahm
2 dl	Weißwein
	Petersilie, gehackt
	Salz, Pfeffer

Sämtliches Fleisch und Champignons in Streifen schneiden. Die Butter in der Bratpfanne erhitzen und die Kalbsniere kurz anbraten, aus der Pfanne nehmen und warm stellen. Anschließend das Kalbfleisch anbraten. Auch dieses Fleisch warm stellen, und nun die Champignons im Fond kurz dämpfen. Butter in der Pfanne zergehen lassen, die feingehackte Zwiebel dazugeben und weichdünsten. Ablöschen mit Weißwein und die Fleischstücke mit den Champignons wieder der Sauce beigeben. Die Bratensauce und den halbsteif geschlagenen Rahm beimischen. Abschmecken mit den Gewürzen, anrichten und mit Petersilie bestreuen.

Anmerkung
Vor zweihundert Jahren wurde Kalbsschulterfleisch verwendet, welches natürlich länger gekocht werden mußte. Falls Sie solches Fleisch verwenden, so können Sie das Gericht gleich zubereiten, jedoch die gedünsteten Champignons und gebratenen Nieren erst beigeben, wenn das Schulterfleisch gar ist.

Salbinechüechli / Müsli *(Salbeiküchlein)*

200 g	Mehl
1,5 dl	Weißwein
2	Eier
	Salz
30	Salbeiblätter

Eigelb mit dem Mehl und dem Weißwein zu einem glatten Teig verarbeiten, mit einer Prise Salz würzen. Die Eiweiß zu Schnee schlagen und unter die Mehl-Weinmischung melieren. Die Salbeiblätter durch den Teig ziehen und in heißem Fett ausbacken. Nach Belieben mit Zucker bestreuen und in einer großen Schüssel auftürmen.

Zürcher Ratsherrentopf

4	Cipollatawürstchen
4	Specktranchen
je 4	Kalbs-, Schweins- und Rindsfiletmedaillons à etwa 50 g
4	Scheiben Kalbsnierli
4	Kartoffeln, geschält
50 g	Butter
250 g	Karotten, geschält
1	Zwiebel, fein gehackt
	Salz, Pfeffer
400 g	Erbsen
½ dl	Öl
50 g	Butter
	Salz, Pfeffer

Die Kartoffeln in Würfel schneiden und in Öl/Butter goldgelb braten. Die Karotten in gleich lange Stücke schneiden und kurz in heißem Wasser überwallen lassen. Die feingehackte Zwiebel in Butter andünsten, die Karotten beigeben, mit wenig Wasser ablöschen und garen. Die gekochten Erbsen mit den gegarten Karotten mischen und je nach Belieben auch noch mit den gebratenen Kartoffeln. Die Fleischstücke würzen und ganz kurz braten. Vor allem das Rindfleisch und die Nierli sollten noch rosa sein.
Die Würstchen in heißem Salzwasser erhitzen und zusammen mit dem Speck leicht anbraten. Der Bratensatz kann mit etwas Weißwein oder Bouillon abgelöscht werden.
Die Fleischstücke werden auf den Kartoffeln und dem Gemüse angerichtet. Der entstandene Fond wird leicht darüber verteilt.

Wollishofer Chnödelsuppe

Altes Zunftrezept
Vom Siedfleisch wird die Suppe genommen, nebst dem feingeschnittenen Gemüse. Darin werden kleine, würzige Knödel aus Kalbfleischbrät mit Kräutern und Pilzen vermischt, gar gemacht und heiß serviert.

1,2 l	Fleischbouillon oder Suppe von gesottenem Siedfleisch
250 g	Kalbfleischbrät
	Kerbel und Petersilie, fein gehackt
50 g	Champignons
	Salz und Pfeffer
1	kleine Karotte
½	Lauchstengel
1	kleiner Sellerie

Die Champignons dämpfen, in ganz kleine Würfel schneiden und zusammen mit den fein gehackten Kräutern zum Brät geben und gut vermischen. Allenfalls mit etwas Salz und Pfeffer würzen. Die Gemüse werden gerüstet und in feine Streifen geschnitten, in die Fleischbouillon gegeben und darin weichgekocht. Vom Brät mit einem Eßlöffel Knödel formen, in die heiße Bouillon geben und langsam auf dem Siedepunkt durchziehen lassen. Die Suppe wird sehr heiß serviert.

Zürcher Pfarrhaustorte

Füllung

160 g	geriebene Mandeln
2	Eier
1 TL	Zimt
60 g	Zucker
1	Apfel, geschält und geraffelt
6	Äpfel, geschält und halbiert
3 EL	Himbeerkonfitüre

Wie auf Seite 218 beschrieben, einen geriebenen Teig zubereiten und diesen auf einer bebutterten und gemehlten Springform auslegen.
Mit den übrigen Zutaten die Füllung zubereiten und gleichmäßig auf dem Teigboden verteilen.
Die Apfelhälften in feine Schnitze schneiden und auf die Füllung legen. Die Äpfel mit der Hälfte der Himbeerkonfitüre bestreichen und bei mittlerer Hitze etwa 30 Minuten backen. Nach der Hälfte der Backzeit die Äpfel nochmals bestreichen und fertig backen. Kalt oder lauwarm servieren.

Marzipan

Stoßet ein Pfund geschälte Mandeln mit Eiweiß sehr fein im Mörser; stoßet auch ein Pfund Zucker und siebt ihn; Mandel und Zucker werden miteinander vermischt in ein Pfännlein auf schwaches Feuer gethan, rührt sie stets und läßt sie so abtrocknen, daß es nicht mehr an den Fingern klebet.
Dann richtet ihn auf den Tisch an, bestreuet ihn mit Zucker und wenig Mehl, würkt ihn wie einen Teig, und bröhlt ihn aus; stecht dann ihn nach beliebigen Formen ab, und laßt sie im Ofen bey sehr gelinder Wärme backen, so, daß sie kaum Farbe bekommen.
Man färbt sie braun mit Chocoladen, weiß mit Zucker.

Bern
1353

«Das mächtige Bern» – so nannte man die Republik in früheren Jahrhunderten. Bis 1798 reichte der Herrschaftsbereich Berns von der Reuss bis vor die Tore der Stadt Genf und von den zentralen Hochalpen bis jenseits der Jurahöhen, fast die Hälfte des heutigen schweizerischen Staatsgebietes umfassend. Als Karl der Kühne, Herzog von Burgund, im 15. Jahrhundert zum mächtigsten Fürsten in Westeuropa aufstieg, stand seinen Großmachtplänen schließlich nur noch Bern im Wege. In drei denkwürdigen Schlachten 1476/77 siegte Bern mit Unterstützung der eidgenössischen Verbündeten über Karls Heer. Danach waren während 40 Jahren die Eidgenossen die erste Militärmacht in Europa, wie selbst Niccolo Machiavelli in seinen «Discorsi» bemerkte.

Mit einem mustergültigen Verwaltungs- und Kontrollsystem regierten die «gnädigen Herren von Bern» über ihr riesiges Untertanengebiet; nur in Preußen wurde ein vergleichbarer Standard zu jener Zeit erreicht. Bern wurde zum Promotor der Freundschaft zwischen der Schweiz und Frankreich, und viele Berner waren es, die in der französischen Armee bis in die höchsten Ränge aufstiegen. Französisch war (und ist es zum Teil heute noch) die Umgangssprache in den Spitzen der Gesellschaft. Bern wurde zum eigentlichen Kulturvermittler zwischen Frankreich und der Schweiz.

Doch das gestrenge Regiment weniger regierender Familien («Patrizier») über den Rest der Bevölkerung führte schließlich zu einem latenten Schwund der Vertrauensbasis im Volke: Nach außen (scheinbar) stark, im Innern jedoch

morsch, so präsentierte sich der Staat Bern im ausgehenden 18. Jahrhundert. Bei der Vorbereitung zum Feldzug gegen die Schweiz rechnete Napoleon 1798 mit einer Kriegsdauer allein gegen Bern von sechs Monaten. Die Berner jedoch öffneten auf das erste Ultimatum hin bereits ihre Tore.
Nachdem 1848 die Schweizer in einer Volksabstimmung die Umgestaltung des Landes in einen Bundesstaat mit zentralen Behörden genehmigt hatten, wurde Bern die «*Bundesstadt*» der Schweiz, *nicht die «Hauptstadt»!* Das eidgenössische Parlament, nach amerikanischem Vorbild in zwei Kammern gegliedert, und der «Bundesrat», die siebenköpfige zentrale Bundesregierung, erhielten damit ihren Sitz in Bern. Peinlich genau achteten jedoch die übrigen Kantone bzw. Städte darauf, allen voran Zürich und Luzern, daß mit der Wahl zur «Bundesstadt» Bern keine irgendwie gearteten Prärogativen erhielt. Bis heute behaupten die Kantone ihre Souveränität gegenüber «Bern» — wobei dann immer die dort residierende Bundesgewalt angesprochen ist (so etwa wie von München aus «Bonn» oder von Houston her «Washington» gemeint sind).
Die Berner Küche schwankt zwischen den Polen patrizisch-französisch und bäuerlich-ländlich. Im vorliegenden Buch wird der zweiten das Übergewicht verliehen, denn die französische Kochkunst, wie sie im Berner Patriziat gepflegt wurde, ist Gegenstand anderer Werke. Aber die Emmentaler Küche genießt einen so guten Ruf, daß über sie schon eigene Bücher erschienen sind. «Berner Platte», «Berner Rösti» und «Gnagi» sind Gerichte, die in der ganzen Schweiz zum verbreiteten kulinarischen Standard gehören. Sogar die Schweizer Armee bietet den Soldaten eine fixfertige feldmarschmäßige «Berner Platte»-Konserve an — die allerdings meinen wir weniger, wenn wir an diese köstlich reiche Fleischplatte denken.
Die Berner Weine gedeihen hauptsächlich am linken Ufer des Bielersees. «Twanner» und «Schafiser» gibt es sowohl als rote (Blauburgunder) wie als weiße (Chasselas) Weine in hervorragender Qualität zu trinken. Bei Schafis (franz. Chavannes) verfügt die Stadt Bern über einen eigenen Weinberg. Alter Tradition gemäß trinkt man in Bern aber auch gerne die großen Weine aus den früheren Untertanengebieten; ein feiner «Aigle» oder «Yvorne» ist in jedem guten Restaurant zu haben.

Sauerkraut

Noch heute wird das Sauerkraut zur Entschlackung in Kuren gegessen. Jedoch nicht zu vergessen ist das Sauerkraut, als fast klassische Beigabe zur Berner Platte und im Winter zur bekannten Metzgete.

1 kg	Sauerkraut
100 g	Kartoffeln
1 dl	Weißwein
80 g	Schweineschmalz oder Butter
2,5 dl	Fleischbouillon
1	große Zwiebel
1	Apfel
1	Lorbeerblatt
etwa 6	Wacholderbeeren
	Salz, Pfeffer
	eventuell ein Stück Speck zum Mitkochen

Die Zwiebel fein schneiden und in der Butter oder dem Schmalz hellgelb dünsten lassen. Das Sauerkraut beigeben, gut durchrühren und mit dem Weißwein ablöschen. Nach Geschmack kann ein Apfel und zum Binden die Kartoffeln dazu geraffelt werden. Das Lorbeerblatt und die Wacholderbeeren in ein kleines Tuch einwickeln und zufügen. Dann wird die Fleischbouillon beigegeben. Zugedeckt auf einem kleinen Feuer ca. 1 Stunde kochen. Geben Sie den Speck der Berner Platte dem Sauerkraut zum Garen bei. So wird der einmalige Geschmack des Speckes auf das Kraut übertragen.

Anmerkung
Früher hat man das Sauerkraut in aufwendiger Arbeit selbst zubereitet (Rezept s. unten).

Sauerkraut einzumachen

Auf den Boden eines recht sauberen Zubers oder Fasses werden ganze Kabisblätter gelegt, fein gehobeltes Kraut (Kabis) hineingeben und auf 25 kg Kraut 1 kg Salz dazwischen gestreut und mit einer Holzkeule zusammen gestampft, doch nicht zu fest.
Obenauf werden wieder ganze Blätter gelegt, darauf ein reines Tuch, dann ein passender sauberer Deckel und auf diesen einige gut gewaschene Steine.
Zuoberst muß ein Brett über das Faß gelegt werden, damit kein Staub oder Unrat hineinkommen kann.
Wenigstens alle 14 Tage müssen das Tuch, das untere Brett und die Steine gewaschen und wieder hineingelegt werden, so daß keine Schimmelbildung möglich ist und das Kraut samt der Lake daran appetitlich bleibt.

Nach 4 – 6 Wochen ist das Kraut genießbar. Einige Stunden vor dem Herausnehmen sollten die Steine weggelegt werden, damit sich die Flüssigkeit etwas in das Kraut hineinzieht. Das Kraut soll vor Gebrauch nicht ausgedrückt werden und noch weniger gewaschen werden. Auf diese Weise behandelt ist das Kraut delikat und selbst schwachem Magen zugänglich. Will man noch schneller Sauerkraut haben, so empfiehlt sich, auf 50 kg Kraut etwa 21 Liter warmen Essig zuzuschütten, was die Gärung beschleunigt.

Berner Platte

Über die Entstehungsgeschichte der Berner Platte gibt es verschiedene Versionen.
Die eine erzählt von einer am 5. März 1798 gewonnenen Schlacht der Berner Truppen über die Franzosen. Der überraschende Sieg wurde gefeiert, indem die Frau eines jeden Kriegers einen Teil zu diesem improvisierten Festmahle mitbrachte: Rippli, Speck, Sauerkraut, Zunge, Gnagi, Würste, Rüben, Dörrbohnen und auch viele Kartoffeln.
Eine andere Überlieferung erzählt, daß die alte einfache Berner Platte lediglich aus Sauerkraut, wenig Rippchen und Kartoffeln bestand. Im Laufe der Zeit wurden weitere Produkte aus der Umgebung dazugegeben, wie die Berner Zungenwurst, Gnagi, Speck und auch Siedfleisch.
Wenn Sie im Restaurant eine Berner Platte bestellen, kann es passieren, daß Sie anstelle von Sauerkraut Bohnen bekommen. Das Angebot ist von Region zu Region verschieden, sogar innerhalb des Kantons.

Reichhaltige Berner Platte

für etwa 8 Personen

1	kleine Rindszunge
1	Berner Zungenwurst
2	Gnagi
3	Schweinsöhrli
300 g	Markknochen
400 g	Rindshohrücken zum Sieden
300 g	Magerspeck, leicht geräuchert
500 g	Rippli oder Schüfeli
	Lorbeerblatt, Gewürznelken und ein paar Pfefferkörner
	Suppengemüse: 1 Karotte, 1 kleiner Sellerieknollen, 1 Lauchstengel
1,5 kg	Kartoffeln
	Bohnen und Sauerkraut nach Belieben, Rezept siehe Seiten 61, 64.

Die Zunge, die Zungenwurst, Gnagi, Schweinsöhrli, Siedfleisch und Markknochen in siedendes Salzwasser geben und garen. Die Suppengemüse dazugeben und knapp auf dem Siedepunkt garen.

Das Rippli und der Speck kann zusammen mit den Bohnen oder dem Sauerkraut gegart werden – was für den Geschmack ausgezeichnet ist, aber vielleicht nicht so schön aussieht.

Die Wurst, den Speck und das andere Fleisch aufschneiden und auf einen Hügel von Sauerkraut oder Bohnen anrichten. Dazu reicht man Salzkartoffeln. Diese kocht man in reichlich Salzwasser gar.

Anmerkung
Als Variante kann man die diversen Fleischsorten separat kochen, was an und für sich wegen der verschiedenen Kochzeiten gut ist, aber eine Vielzahl von Pfannen beansprucht.

Hasenpfeffer

1	*Wildhase, mit Herz, Lunge und Leber*
50 g	*Butter*
100 g	*Speckwürfeli*
50 g	*Steinpilze, wenn möglich frisch*
1 dl	*Rotwein*
2 dl	*Hasenblut*
½ dl	*Wacholderschnaps (Gin) oder ein paar Wacholderbeeren*
20 g	*Mehl*

Marinade

4 dl	*Rotwein*
1 dl	*Rotweinessig*
2 dl	*Wasser*
2 TL	*Salz*
1	*Zwiebel, geschält*
1	*Lorbeerblatt*
3	*Gewürznelken*
4	*Pfefferkörner, zerdrückt*
1	*Karotte*
1	*Tannenzweiglein*

Den Hasen zerteilen und in die Marinade zwei bis drei Tage einlegen. Diese gut abtropfen lassen und das Fleisch in der heißen Butter allseitig gut anbraten. Aus der Pfanne nehmen und in gleichem Fett die Speckwürfelchen und die Steinpilze andünsten. Diese ebenfalls aus der Pfanne nehmen und das Mehl im Sturz beigeben und braun rösten. Mit Rotwein ablöschen und 3 dl abgesiebte Beize dazugeben. Das Fleisch, den Speck und die Pilze in die Sauce geben und etwa 1 Stunde kochen lassen. Nach Belieben kann man entkernte halbierte Trauben beigeben.

Das Fleisch samt der Garnitur aus der Sauce nehmen und warm stellen. Jetzt gibt man das Hasenblut bei und bringt die Sauce kurz an den Siedepunkt. Nicht mehr kochen, sonst gerinnt sie. Wenn nötig etwas würzen. Das Fleisch anrichten und mit der Sauce übergießen. Dazu paßt hervorragend Rotkraut.

Bohnen *(Beilage zur Berner Platte)*

600 g	Bohnen
1	Zwiebel
2	Knoblauchzehen
1	Speckschwarte
½ l	Fleischbouillon
	Salz, Pfeffer
	nach Belieben Kerbel

Die frischen Bohnen werden gezupft, gefädelt und gewaschen. Die Zwiebel und Knoblauchzehen werden fein gehackt und in der Butter angedünstet, die Bohnen dazugegeben, mit der Fleischbouillon aufgefüllt, und zusammen mit der Speckschwarte werden die Bohnen knackig weich gekocht. Gewürzt werden diese mit Salz, Pfeffer und Kerbelkraut.

Wem der Speckgeschmack von dem gekochten Speck auf der Berner Platte genügt, kann hier die Schwarte weglassen.

Um Nährwerte zu sparen, kann zu Anfang nur wenig Fleischbouillon an die Bohnen gegeben werden, und nach Bedarf weitere Flüssigkeit hinzufügen. Zu diesem Vorgang müssen die Bohnen aber bedeckt sein.

Emmentaler Lammvoressen

700 g	Lammfleisch, in Würfel geschnitten
4 dl	Fleischbouillon
1	Lorbeerblatt
1	mit Nelken gespickte Zwiebel
1	Karotte
80 g	Mehl
1 ½ dl	Weißwein
	Salz, Pfeffer
	Safran und Muskat
	Rahm
	Butter
1	Eigelb

Luzerner Chügelipastete

SCHLOSS HE
RIESLING×SILVA
SCHLOSS HEIDEGG
RIESLING×SILVANER

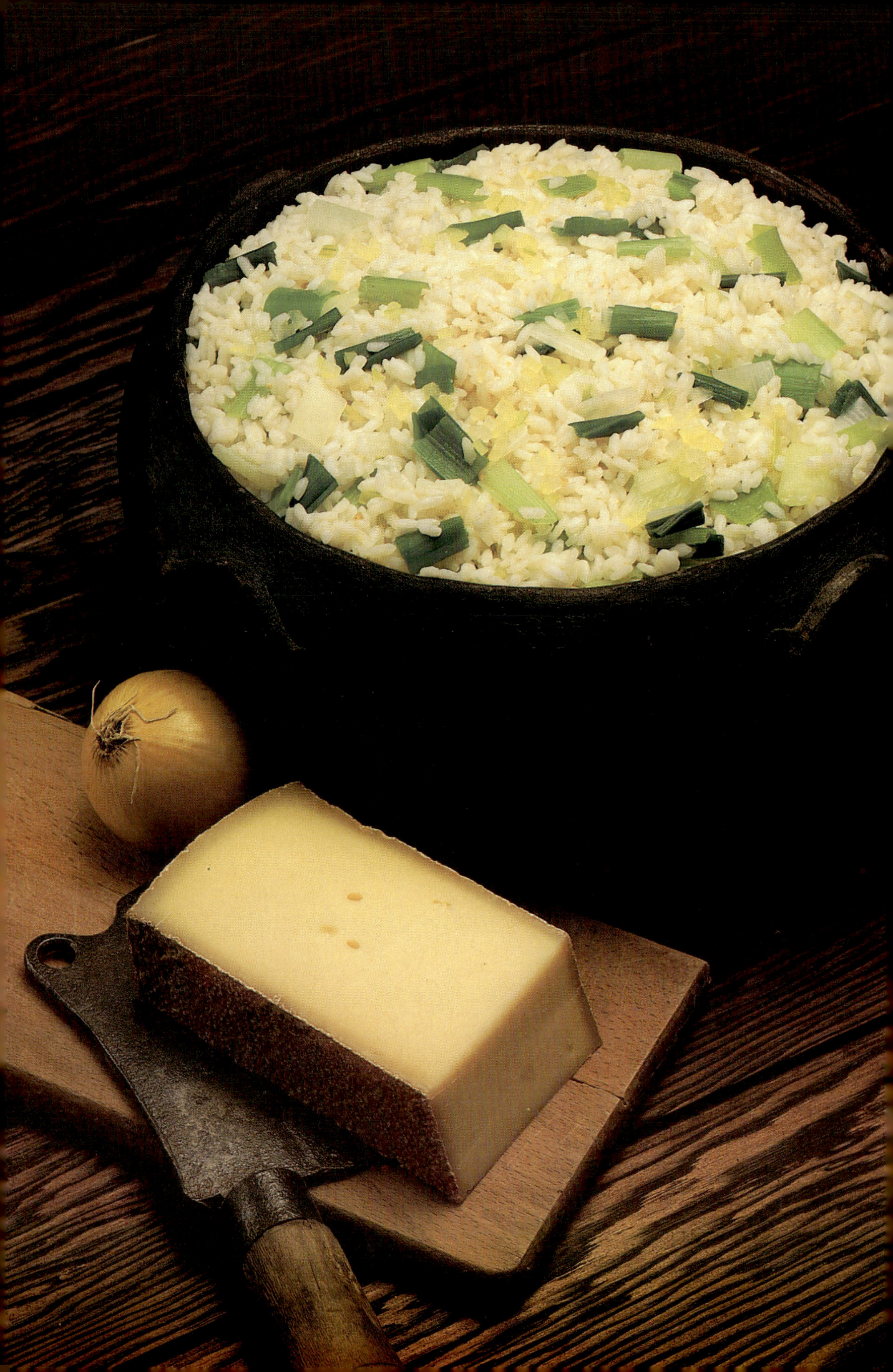

Bouillon zum Sieden bringen, das in Würfel geschnittene Lammfleisch dazugeben. Die Karotte, Zwiebel und Lorbeerblatt beigeben und alles gar kochen.
Das Mehl mit dem Weißwein anrühren und durch ein Sieb in die Brühe passieren. Das Ganze wird mit Salz, Pfeffer, Muskat und Safran abgeschmeckt. Das inzwischen gegarte Fleisch herausnehmen und die Sauce mit Rahm und Eigelb verfeinern, nach Geschmack gehackte Petersilie beigeben. Dazu serviert man Kartoffelstock.

Anmerkung
In alten Rezepten wird Schaffleisch zu diesem Gericht verwendet. Heute jedoch ist dieses Fleisch weniger aktuell, und man verwendet als Alternative das Lammfleisch.

Meiringer Meringues

Eines der einfachsten Desserts ist wohl die Meringue. Eine Überlieferung erzählt, daß ein Meiringer Hotelier seinen ausländischen Gästen die riesengroßen «Eierschalen» servierte. Diese hatten ihre liebe Müh mit der Aussprache, und so wurden seine «Meiringerli» mit der Zeit zu den heutigen «Meringues».

Zutaten für etwa 30 Schalen
- 6 Eiweiß von sehr frischen Eiern
- 300 g Zucker
- 6 dl Rahm
- etwas Zucker

Die Eiweiß steif schlagen und nach und nach den Zucker unter Schlagen beigeben. Ein Backblech mit Butter ausstreichen und mehlen. Die Masse in einen Dressiersack mit Sterntülle einfüllen und auf das Blech spritzen. Und nun bei schwacher Hitze im Ofen bei 140° – 150° trocknen lassen (etwa 75 Min.). Ofen während des Backens nicht ganz schließen.
Auch die Meringue wird verschieden gemacht: So kann man dem Ofen ein bißchen mehr Hitze geben, damit die Oberseite eine hellbraune Färbung bekommt und der Zucker in der Masse karamelisiert, was einen herrlichen Geschmack gibt.
Um das Klebrigwerden der Schalen zu verhindern, gibt es einen kleinen Trick: Man gibt der steifgeschlagenen Masse einen kleinen Spritzer Essig und einen Eßlöffel Mehl zu.
Die Schalen sofort nach dem Backen vom Backblech lösen, erkalten lassen und in Blechdosen aufbewahren, jedoch an einem warmen Ort (an der Kälte werden sie weich).
Rahm mit Zucker steif schlagen und die Schalen kurz vor dem Servieren damit füllen, indem man immer zwei Hälften aneinanderdrückt.

Berner Herzen

625 g	Mehl
375 g	Zucker
	Zeste einer Zitrone
4	Eier
1	Prise Salz
2	Eigelb
	Wasser

Das Mehl, der Zucker, die Zitronenzeste werden mit der Prise Salz und den 4 Eiern gut verknetet. So viel Wasser beigeben, bis ein fester Teig entsteht. Den Teig 1 ½ cm dick auswallen und Herzen ausstechen. Auf bebuttertes Blech legen, mit den Eigelb bestreichen und im Ofen bei starker Hitze backen.

Berner Osterfladen

250 g	Reis
70 g	Butter
	Salz
1,5 l	Milch
250 g	Mandeln, gemahlen
	Zeste einer Zitrone
8	Eigelb
300 g	Zucker
125 g	Rosinen
125 g	Korinthen
8	Eiweiß
300 g	Blätterteig
	Mehl

Reis in Salzwasser gut kochen. Die Milch erhitzen. Butter und Reis dazugeben und zu einem Brei kochen. Ein wenig erkalten lassen und die Mandeln, Zeste, Eigelb, Zucker, Rosinen und Korinthen beigeben, gut verrühren.
Die Eiweiß zusammen mit einer Prise Salz zu Schnee schlagen und vorsichtig unter die Masse ziehen. Den Blätterteig nicht zu dünn auswallen, auf ein Kuchenblech legen und die Reismasse darin ausstreichen. Den Kuchen im Ofen bei mittlerer Hitze backen. Zum Servieren bestreut man ihn mit Puderzucker.

Seeländer Meertrübelichueche

250–300 g	Blätterteig
2	Eigelb
2	Eiweiß
2 dl	Schlagrahm
200 g	Zucker
200 g	Meertrübeli (Johannisbeeren)

Den Blätterteig auswallen, in die gebutterte, gemehlte Form legen, mit Linsen ausstreuen und im Ofen während 10 Minuten bei 180° blind backen.
Den Schlagrahm, die 2 Eigelbe und 100 g Zucker sorgfältig vermischen. Das Eiweiß zu Schnee schlagen und den restlichen Zucker hineinstreuen. Die beiden Massen miteinander mischen, das heißt mit einer Holzkelle vorsichtig untereinandermengen. Zuletzt die frischen Meertrübeli daruntermischen und die Masse in den bereits vorgebackenen Teigboden abfüllen. Während etwa 20 Minuten bei 170° den Kuchen fertigbacken.

Luzern

1332

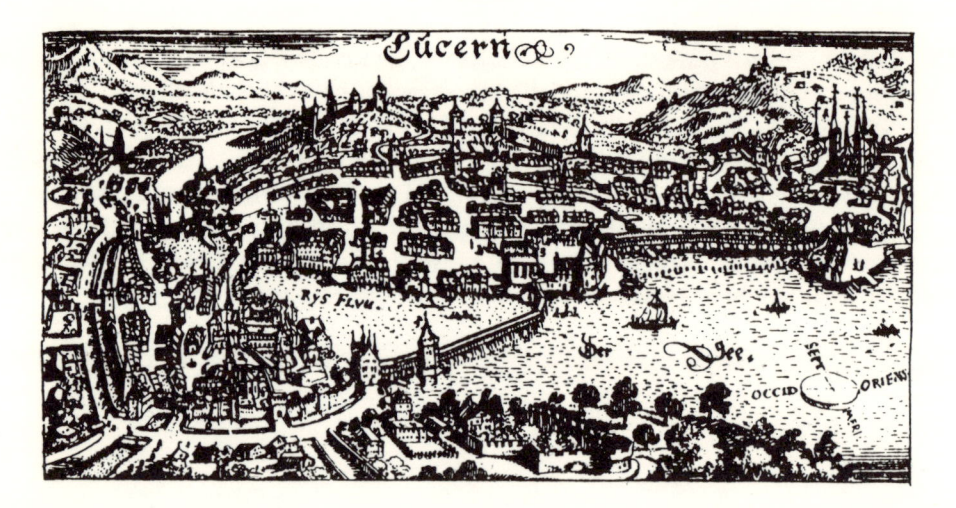

«Lucern ist ein kleines schlechtgebautes menschenleeres Städtchen. Seine Lage ist indessen gewiß eine der schönsten der Schweiz.» Das «kleine schlechtgebaute menschenleere Städtchen», wie der berühmte Philosoph Arthur Schopenhauer Luzern anläßlich eines Besuches in einer Tagebucheintragung von 1804 charakterisierte, mauserte sich schon im Laufe des 19. Jahrhunderts zu einem Zentrum des internationalen Fremdenverkehrs. Die einzigartige Lage der Stadt am Vierwaldstättersee, die Schönheit der Umgebung, die fast mediterrane Leichtlebigkeit der Luzerner und ihre Aufgeschlossenheit für alles Fremde bilden einen Anziehungspunkt für die ausländischen Gäste.

Woher dieser Hang des katholisch-konservativen Luzerns, des ersten Verbündeten der Urkantone, zur Leichtlebigkeit, zum Genießerischen? – Das Fischerdorf zu Füßen des Benediktinerklosters im Hof, zunächst im Besitz der elsässischen Abtei Murbach, dann in habsburgischen Händen, erlangte größere Bedeutung und städtische Privilegien infolge der Erschließung der Gotthardroute. Durch seine Schlüsselstellung am Tor zum Süden entstand eine enge Bindung an Italien. Der mediterrane Geist wird im Stadtbild, aber auch in der Lebenshaltung, der genießerischen Sinnenfreudigkeit, einer gewissen Leichtlebigkeit, spürbar. Diese Lebensfreude offenbart sich am schönsten bei der Luzerner Fasnacht. Wie ein Orkan bricht sie jeweils am Schmutzigen Donnerstag aus, erfaßt die ganze Stadt sechs Tage lang und klingt in den frühen Morgenstunden des Aschermittwochs aus.

In der Kochkunst ist der fremdländische Einfluß ebenfalls spürbar, etwa bei der Verwendung von besonderen Gewürzen. Fremde Gerichte und Eß-Sitten brachten aber auch die Söldner mit nach Hause. Das finanziell einträgliche Söldnerwesen und der blühende Handel mit dem Süden brachten den Luzernern einen ansehnlichen Wohlstand. So erstaunt es nicht, daß die Bewohner der Leuchtenstadt schon früh zu rechten Feinschmeckern wurden.

Die berühmte Luzerner Chügelipastete soll schon das Leibgericht des vor mehr als 500 Jahren verstorbenen Zünftlers Fritschi gewesen sein, des «Vaters» der Luzerner Fasnacht. Traditionsgemäß wird diese Spezialität auch heute noch am «Bärteliessen» der Luzerner Safranzunft serviert.

Die Küche der Luzerner Landschaft ist bescheidener, ähnlich derjenigen anderer innerschweizerischer Gegenden. Kartoffeln, Milchprodukte, Schweinefleisch und Wintergemüse spielen hier eine wichtige Rolle.

Mit dem Aufblühen des Tourismus im 19. Jahrhundert verfeinerte sich Luzerns Küche noch mehr. Es entstanden eigentliche kulinarische Zentren typischer Innerschweizer Küche. Die Leuchtenstadt ist also nicht nur ihrer kulturellen und landschaftlichen Reize, sondern auch ihrer Gastronomie wegen eine Reise wert.

Luzerner Chügelipastete

Teig

250 g	*Mehl*
100 g	*Butter*
1 dl	*Wasser*
1	*Prise Salz*
1	*Eigelb*
	als Variante 500 g Blätterteig

Füllung

50 g	*Butter*
1	*Knoblauchzehe*
1	*Zwiebel*
200 g	*Schweinsbäggli in 1 cm dicken Würfeln*
200 g	*Kalbsfleisch vom Bäggli in 1 cm dicken Würfeln*
200 g	*Kalbsmilken*
250 g	*Kalbsbrät*
80 g	*Weinbeeren*
100 g	*Champignons*
2 dl	*Weißwein*
3 dl	*Bouillon*
2 dl	*Rahm*
1	*Eigelb*
40 g	*Butter*
40 g	*Mehl*
	Salz, Pfeffer, Muskat

Zubereitung des Pastetenteigs
Butter in kleinen Stückchen zum gesiebten Mehl geben und zusammen von Hand leicht reiben, bis alles gleichmäßig flockig ist. In der Mitte eine Vertiefung formen, die übrigen Zutaten hineingeben und mit der Mehlmasse vermischen und kneten. Den Teig mindestens eine halbe Stunde ruhen lassen.
Den Teig in zwei nicht ganz gleich große Stücke teilen. Den größeren Teil für den Pastetenboden rund auswallen und auf ein befettetes Blech geben. Einen Teller von ca. 22 cm Durchmesser darauflegen und den Teigrand mit einem Messer oder Teigrädchen schön zuschneiden. Mit Seidenpapier eine Kugel formen und diese auf den Teigboden legen. Den zweiten Teil des Teiges ebenfalls rund auswallen, und zwar so groß, daß er über die Papierkugel gelegt und am Rande angepreßt werden kann. Der Rand sollte jedoch vorher mit Eigelb bestrichen werden.
Mit den Teigresten der Pastete nochmals einen Rand aufsetzen und nach Phantasie Figuren ausstechen und damit das Gebäck verzieren.
Im vorgeheizten Ofen bei 180° gut 10 Minuten backen. Den Deckel mit einem spitzen Messer aufschneiden und die Papierkugel sorgfältig Stück um Stück herausziehen.

Füllung
Die Zwiebel und den Knoblauch fein hacken und in der Butter andünsten. Das Kalb- und Schweinefleisch beigeben und kurz anbraten. Mit dem Weißwein ablöschen und die Weinbeeren beigeben und etwa 10 Minuten gut dünsten.
Unterdessen die Bouillon erhitzen und darin kleingeformte Kalbsbrätkügeli 10 Minuten auf leichtem Feuer ziehen lassen. Die Kalbsmilke in einem Gemüsesud nicht ganz durchgaren und zupfen, das heißt von dem feinen Häutchen befreien.
Das gedünstete Fleisch und die Brätkügeli in eine Schüssel geben, den Sud von beiden zusammengießen. Die Champignons waschen, in Scheiben schneiden und in der Butter kurz andämpfen, leicht mit dem Mehl bestäuben und mit dem Sud ablöschen. Kurz aufkochen, den Rahm und das Eigelb vermischen und damit die Sauce legieren.
Jetzt das Fleisch mit den Rosinen, das Kalbsbrät und die Milken in die Sauce mit den Champignons geben und nach Geschmack mit Salz, Pfeffer und Muskat würzen. Die Füllung heiß in die Pastete anrichten und den Deckel aufsetzen.

Martinigans

Altes Klosterrezept

Die Gans wird innen und außen mit Salz und Pfeffer eingerieben.
Für die Füllung nehme man 2 – 3 in Milch eingelegte Brötchen, ½ Tasse geriebene Walnüsse, 1 Apfel geschält und gerieben, etwas Thymian, Majoran, Muskat, Salz und Pfeffer.

Herz und Leber der Gans werden gekocht und durch den Fleischwolf gedreht. Nach Belieben wird etwas Meerrettich beigegeben. Sämtliche Zutaten vermengen und die Gans damit füllen.
Die gefüllte Gans wird im Ofen in wenig Hühnerbouillon während 2 Stunden weichgeschmort und immer wieder mit Bouillon begossen.
Nach dem Schmoren wird die Gans aus dem Ofen genommen und in ihre Teile zerlegt. Die entstandene Sauce eindicken und das ausgetretene Fett abschöpfen, eventuell etwas würzen.
Dazu ißt man am besten Kartoffelbrei, Rotkraut und glasierte Kastanien. Nicht zu vergessen die köstliche Füllung.

Luzerner Lebertorte

Originalrezept aus dem «Luzernischen Koch-Buch» von 1809

200 g	Kochspeck
400 g	Kalbsleber
3	Eier
1,5 dl	Rahm
2	Schalotten
20 g	Butter
	Salz, wenig Pfeffer
300 g	geriebener Teig

Die Leber und den Speck fein hacken. Die Schalotten ebenfalls hacken und kurz in der Butter andünsten. Alles zusammen in eine Schüssel geben und die Eier und den Rahm beigeben. Gut durchrühren und mit Salz und Pfeffer würzen. Den geriebenen Teig auswallen und in ein gut gebuttertes und gemehltes Blech legen, stupfen und die Lebermasse darin verteilen.
Im auf 180° vorgeheizten Ofen etwa 30 Minuten backen.

Anmerkung
Dazu passen gebackene Zwiebelringe hervorragend.

Linseneintopf

300 g	Linsen
1	Zwiebel
500 g	geschälte Kartoffeln
400 g	roher Speck
	Salz, Pfeffer
20 g	Butter
1 l	Fleischbouillon

Die Linsen werden am Vorabend in lauwarmes Wasser eingelegt. Die Zwiebel fein hacken und in der Butter andünsten, die abgetropften Linsen und den in Würfel geschnittenen Speck dazugeben. Den Topf auffüllen mit der Fleischbouillon und zugedeckt weichschmoren.
Bei etwa der Hälfte des Garprozesses die in Stücke geschnittenen Kartoffeln beigeben und weiterkochen. Abschmecken mit Salz und Pfeffer.

Anmerkung
Dieses währschafte Gericht kann zuletzt noch mit einem kleinen Stück Butter und etwa 1 dl Rahm ganz exquisit verfeinert werden.

Luzerner Lebkuchen

(Masse berechnet für 4 Stück à 350 g)

170 g	Zucker
160 g	Birnensaft
8 EL	Kirschwasser
8 EL	Wasser
20 g	Lebkuchengewürz
30 g	Öl
3 dl	Milch
1 dl	Rahm
580 g	Ruchmehl
2 g	Salz
2 TL	Natron oder auch Backpulver

Den Zucker, Kirsch, Wasser, Birnensaft, das Öl und Lebkuchengewürz vermischen, die Milch und den Rahm beigeben und gut weitermischen. Dann das Ruchmehl, das Salz und das Natron dazugeben und gut kneten. Die Hände mehlen und Laibe von 350 g formen. Backblech gut fetten und die Laibe daraufsetzen. Mit Milch bestreichen und im vorgeheizten Ofen bei 180° – 190° unter Dampf (oder geschlossenem Abzug) backen.
Die Lebkuchen sind gut und schön, wenn sie fein reißen. Serviert werden sie auf einem großen Holzbrett, separat dazu flüssigen oder geschlagenen Rahm.

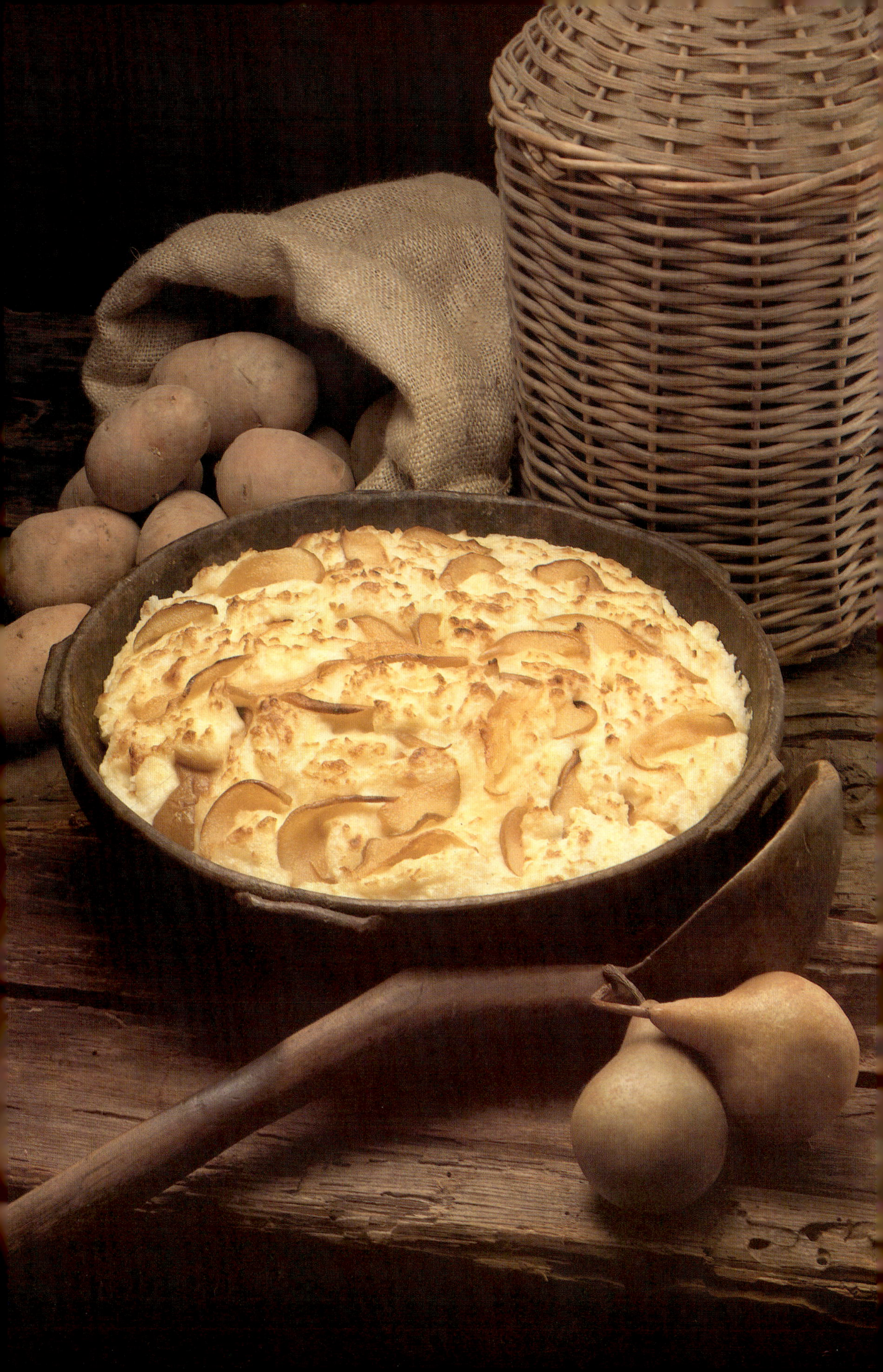

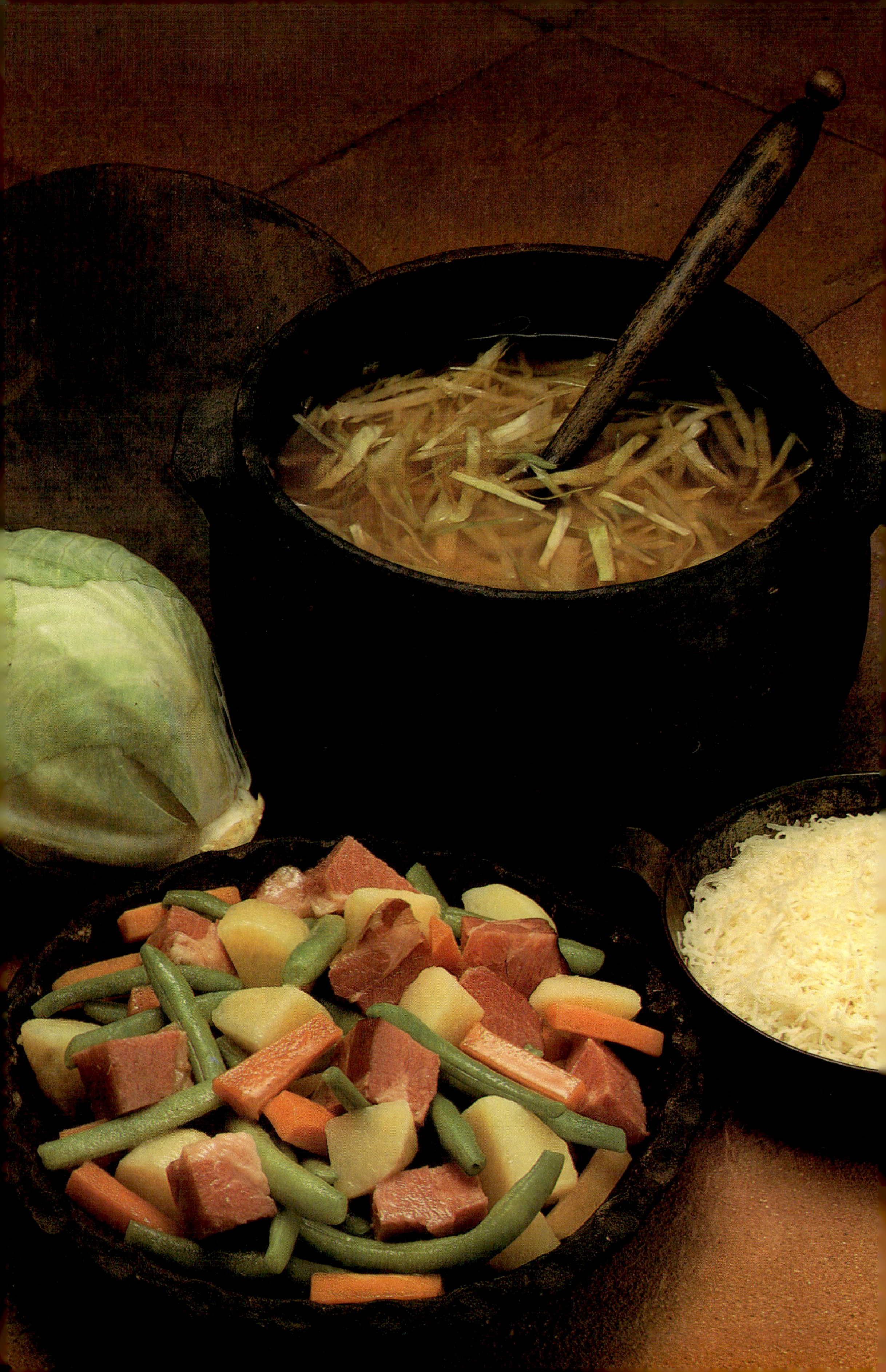

Willisauer Ringli

250 g	Zucker
2 EL	Honig
1 TL	Backpulver
	Zeste einer halben Orange und einer halben Zitrone
250 g	Ruchmehl
½ – 1 dl	Wasser
40 g	grober Kristallzucker

Den Zucker, die Zeste und das Backpulver in eine Schüssel geben und gut mischen. Das Ruchmehl beigeben und wiederum gut untereinandermengen. Je nach Teigfestigkeit ½ – 1 dl Wasser dazugießen, bis die Masse leicht läuft, dann den Kristallzucker daruntermelieren. Diese Masse in einen Spritzsack füllen und kleine Ringli auf das gut gefettete Backblech dressieren.
Im vorgeheizten Ofen bei 140° 15 – 20 Minuten backen.

Kabissuppe, Bohneneintopf

Uri

1291

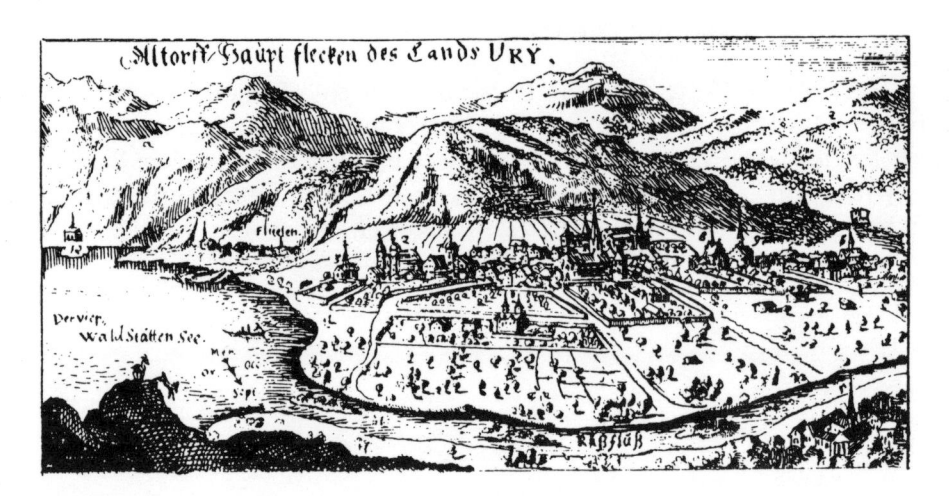

Hört man den Namen «Uri», denkt man an Wilhelm Tell, den legendären Nationalhelden, ans Rütli, die Wiege der Eidgenossenschaft, oder an den Gotthard, «das königliche Gebirge über alle andern, weil die größten Gebirgsketten bei ihm zusammenlaufen und sich an ihn lehnen», so Goethe. Geografisch und historisch bildet Uri den Kern der Eidgenossenschaft.
Das Wappentier, ein brandschwarzer Stier mit rotem Nasenring, bringt die Bändigung der Wildheit und elementaren Kraft, von der das Land Uri wie kaum ein anderes geprägt ist, sehr schön zum Ausdruck. Gebändigt wurde dieses auf allen Seiten durch die steil abfallenden Alpen und im Norden durch den Urnersee unzugängliche Tal verschiedentlich. Mit der Bezwingung der Schöllenenschlucht durch die sogenannte Teufelsbrücke – der Sage nach erhielt der Teufel für seine Hilfe beim Bau der Brücke anstatt der versprochenen Seele bloß einen Ziegenbock – öffnete sich im 13. Jahrhundert das Tor zum Süden. Plötzlich wird das abgeschlossene Tal zum wichtigen Paß- und Durchgangsland für den Handelsverkehr. Endgültig überwunden wird die Isolierung im 19. Jahrhundert durch den Bau der Axenstraße und der Gotthardbahn, im 20. Jahrhundert durch den Gotthardstraßentunnel und den Seelisbergtunnel. Uri öffnet sich der Welt, bleibt aber gleichzeitig auf sich beschränkt. Aus diesem sonderbaren Gegensatz hat sich ein eigentümlicher Menschentypus herausgebildet, ein ausgeprägter Mensch des Gebirges. Das spiegelt sich beispielsweise in der reichen Sagenwelt der Urner wider, aber auch in ihrer Eßkultur.

Die Urner, ein Volk von Sennen und Hirten, haben eine ausgesprochen bodenständige und währschafte, aber bescheidene Küche. Der Grund dafür liegt darin, daß die Männer nur eine beschränkte Anzahl an haltbaren Nahrungsmitteln mit auf die Alp nehmen konnten, so etwa Teigwaren, Reis, Zucker, Salz, Mehl, Gewürze und gedörrte Kastanien. Aus diesen einfachen Zutaten bereiteten sie kreative, noch heute sehr beliebte Gerichte. Wer kennt nicht die herrlichen «Älplermagronen», eines der wenigen Urner Teigwarengerichte, früher ein Sonntagsmahl.

Ein aufschlußreiches kulinarisches Beispiel für die Verbindung mit dem Süden durch den Handelsverkehr über den Gotthard ist der Rückgang des aufwendigen einheimischen Ackerbaus. Man konzentrierte sich auf Viehzucht und Milchwirtschaft. So haben die vom Ausland eingeführten Nahrungsmittel Mais, gedörrte Kastanien und besonders der Reis Eingang gefunden in die Vorratskammern der Urner. Bezeichnenderweise wurde der Milch- oder Rahmreis zu einer Stapelnahrung der Urner Sennen.

Gut kochen konnten die Urner schon immer. Das haben sie hinlänglich bewiesen, und tun es heute noch. Nicht von ungefähr ist der Küchenchef des Weißen Hauses in Washington ein Urner!

Älplermagronen

 1,5 l   Milch
 450 g   Makkaroni
 150 g   Urner Bergkäse, gerieben
         schwarzer Pfeffer, grob gemahlen
 100 g   Butter
 2   Zwiebeln, in Ringe geschnitten
 2   Knoblauchzehen, gehackt

Die Milch mit einem Eßlöffel Salz zum Sieden bringen, die Makkaroni beigeben und unter öfterem Rühren kochen. Die Teigwaren saugen einen Teil der Milch auf; mit der restlichen Milch in eine feuerfeste Form geben. Die Zwiebelringe und den Knoblauch in Butter anrösten und zusammen mit dem Pfeffer den Makkaroni beigeben. Würzen mit Salz. Geriebenen Urner Bergkäse darüberstreuen und im heißen Ofen den Käse schmelzen lassen.
Traditionell werden Apfelstückli mit Zimtzucker dazu gereicht.

Anmerkung
Zum Verfeinern kann man einen Teil der Milch durch Rahm ersetzen, diesen aber erst zuletzt beigeben.

Rispor *(Rys und Pohr)*

1	Zwiebel
1 kg	Lauch
50 g	Butter
350 g	Reis, Vialone
1 l	Bouillon
	Salz, Pfeffer
100 g	Urner Bergkäse, gerieben
50 g	Butter

Die Zwiebel hacken und in der Butter andünsten. Dann den gewaschenen Lauch in 1 cm breite Rädchen schneiden und beigeben. Mit der Fleischbouillon ablöschen und auffüllen. Nach 2–3 Minuten Kochen den Reis beigeben und das Ganze auf schwachem Feuer 20–25 Minuten körnig kochen.
Die Bouillon wird vom Reis aufgesaugt. Den geriebenen Bergkäse dazumengen und nach Belieben mit Salz und Pfeffer nachwürzen. In eine tiefe Schüssel anrichten und Butterflocken darübergeben.

Anmerkung
Nach dem Andünsten des Lauchs können Sie mit 1 dl Weißwein ablöschen, dann mit der Bouillon auffüllen. Sie erhalten so einen noch besseren Geschmack.

Geschichte
Durch den Reise- und Handelsverkehr, zuerst zu Fuß, später dann mit Fuhrwerken und Postkutschen, kamen viele Lebensmittel aus dem Tessin über die Gotthard-Paßstraße. Der Lauch, vom italienischen «Porro» hergeleitet, wurde selbst angebaut, der Reis kam von Süden über den Berg.

Urner Häfelichabis

200 g	Lamm-
200 g	Ziegen- } Schulterfleisch
200 g	Schweine-
200 g	Rind-
35 g	Öl
2	Zwiebeln
2	Knoblauchzehen
1	Gewürznelke
1	Lorbeerblatt
1 kg	Weißkabis (Weißkohl)
	Salz, Pfeffer, Muskatnuß
3 dl	Fleischbouillon
600 g	Kartoffeln

Je nach Geschmack kann man anstelle von Rindfleisch auch Gemsfleisch verwenden.

Alles Fleisch in Würfel (wie Voressen) schneiden und in heißem Öl kurz anbraten, aus der Pfanne nehmen. Die geschälten Zwiebeln in feine Scheiben schneiden und mit gehacktem Knoblauch und dem Lorbeerblatt in die Pfanne geben, unter öfterem Schwenken kurz dünsten lassen. Den Kabis vierteln, vom Strunk befreien und in Streifen schneiden. Den geschnittenen Kabis zu den Zwiebeln geben und gleichfalls ein wenig dünsten. Mit der Bouillon ablöschen. Die restlichen Gewürze und das angebratene Fleisch beigeben und zugedeckt auf dem Herd etwa eine Stunde garen.
Die Kartoffeln schälen und in kleine Würfel schneiden und ungefähr 30 Minuten mitkochen lassen.
Nach Geschmack muß vielleicht etwas nachgewürzt werden. Serviert wird das schmackhafte Urner Gericht in einer großen Schüssel.

Anmerkung
Nach Belieben kann das Ziegenfleisch durch eine größere Menge Rind- und/oder Schweinefleisch ersetzt werden.

Milchreis

400 g Reis in Milch mit etwas Salz zu einem Mus kochen. Der Reis darf jedoch nicht verkocht sein. Vor dem Anrichten wird der Reis in eine flache Schüssel gegeben, zwei Eiweiß zu Schnee schlagen, mit dem verklopften Eigelb und ein wenig Salz vermischen und über den Reis gießen. Reichlich mit heißer Butter überbrennen.

Anmerkung
Zum Verfeinern kann man einen Teil der Milch durch Rahm ersetzen.

Brischtner Nytlä

4–6	Dörrbirnen pro Person
4 dl	Rotwein
1 TL	Zimtpulver oder ein Zimtstengel
60 g	Kristallzucker
1	Nelke
2 EL	Birnenhonig (eingedickter Birnensaft)
3 dl	Rahm

Am besten werden die Birnen über Nacht in kaltes Wasser eingelegt.
Rotwein, Zimt, Zucker und Nelke aufkochen lassen und in diesem Sud die Birnen weichkochen. Erkalten lassen. Der Flüssigkeit die zwei Eßlöffel Birnenhonig beigeben und gut durchrühren. Die Birnen auf steifgeschlagenem Rahm anrichten und garnieren. Die Sauce durch ein Sieb passieren und in einer Sauciere dazureichen.

Urner Nußkuchen

300 g	Mehl
200 g	Butter
1	Prise Salz
400 g	Zucker
2	Eier
250 g	Baumnußkerne
2,5 dl	Rahm
1 EL	Honig
2 EL	Johannisbeergelee

Die Butter in Würfel schneiden und zusammen mit dem Mehl, dem Salz und 160 g Zucker zu einer lockeren Masse kneten. Eine Mulde formen und die Eier hineingeben. Das Ganze muß man sehr schnell zu einem mürben Teig kneten. 20 Minuten kühl stellen.

Die restlichen 240 g Zucker ohne Zugabe von Flüssigkeit hellbraun rösten. Die Baumnüsse beigeben und 2 – 3 Minuten mitrösten. Mit dem Rahm ablöschen. Warten, bis sich der Zucker aufgelöst hat, und dann den Honig beigeben. Zwei Drittel des Teiges etwa 3 mm dick auswallen. Die Springform muß mit Butter ausgestrichen werden, erst dann den Teig darin auslegen. Nicht zu vergessen ist ein Rand von ungefähr 4 cm Höhe. Den Teigboden mit dem Johannisbeergelee ausstreichen. Die Nußfüllung gleichmäßig darauf verteilen.

Aus dem restlichen Teig wird in der Größe der Springform ein Deckel ausgewallt. Der der Masse überstehende Rand wird über die Füllung gebogen und der schöne runde Deckel daraufgesetzt. Die Torte mit einer Gabel mehrmals einstechen und mit Eigelb bestreichen. Bei mittlerer Hitze im Ofen bei 180° etwa 60 Minuten backen.

Schwyz

1291

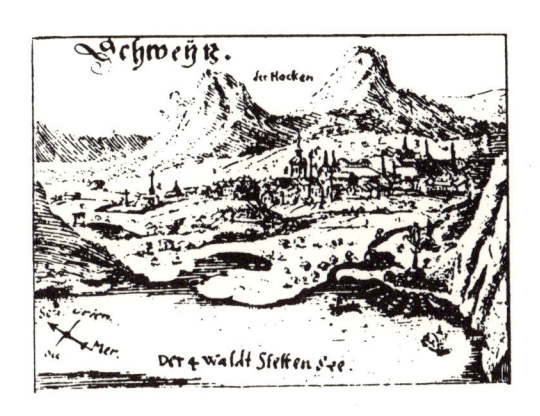

Vom Wappen, Namen, von der Geschichte und Geographie her ist der Kanton Schwyz die Schweiz im kleinen. Ihm verdankt das Land seinen Namen. Schwyz ist nicht nur einer der Gründer der Eidgenossenschaft, sondern hatte innerhalb der Urkantone auch eine Führungsrolle inne: Es vertrat die ländlichen, bäuerlichen Interessen gegen die urbanen, bürgerlichen des erweiterten Bundes. Für das Ausland wurden die kriegerischen Schwyzer bald zum Inbegriff für eroberungsfreudige Eidgenossen. Diese wiederum begannen sich, mit dem Erwachen eines nationalen Bewußtseins, als «Schweizervolk» zu fühlen.
Als Folge der stürmischen Kriegspolitik der Schwyzer haben sich die Kantonsgrenzen zum Zürichsee und zur Linth hin verschoben. Schwyz ist der größte der Urkantone, zugleich aber der uneinheitlichste. Er zerfällt in vier Regionen:
Erstens: Der Hauptort Schwyz am Fuß der Mythen beherbergt das Bundesbriefarchiv. Trotz seiner Größe hat er Dorfcharakter bewahrt. Zusammen mit den umliegenden Dörfern, dem heutigen Bezirk Schwyz, bildet er das «alte Land», die Innerschwyz, welche früher die Herrschaft innehatte.
Zweitens: Küssnacht am Rigi ist sehr stark auf Luzern ausgerichtet.
Drittens: Die Hochebene von Einsiedeln und die umliegenden Täler bilden eine Welt für sich. Das Benediktinerkloster Einsiedeln, eine Hochburg des Katholizismus und bedeutendster Wallfahrtsort der Schweiz, besaß im Mittelalter und im 17. und 18. Jahrhundert großen kulturellen Einfluß. Das alle zehn Jahre auf der großdimensionierten Platzanlage stattfindende Große Welttheater Calderóns zeugt beispielsweise davon.
Viertens: Die «Höfe» am linken Zürichseeufer und die March sind mehr auf Zürich denn auf Schwyz ausgerichtet.

Die Herrschaft lag, wie gesagt, beim «alten Land» des heutigen Bezirks Schwyz. Die «außerschwyzerischen» Untertanengebiete besaßen trotz einer gewissen Autonomie wenig politische Rechte. Im 19. Jahrhundert konnte die Tagsatzung eine Abspaltung der «außerschwyzerischen» Bezirke rückgängig machen, indem sie ihnen Gleichberechtigung zugestand.

Wie wenig einheitlich und geschlossen das Kantonsbild auch heute noch ist, verdeutlichen die vier heterogenen Regionen und, als Kuriosum, der Bezirk Gersau, ein kleines Dorf mit knapp 2 000 Einwohnern und 24 Quadratkilometern Fläche. Bis 1798 war Gersau eine unabhängige Republik und Europas kleinster Freistaat!

Die Schwyzer Küche ist einfach, bäuerlich und kräftig. Die nahrhaften Suppen sind oft so dick, daß der Löffel darin steckenbleibt. Fasnachts- und Fastenspeisen haben sich in diesem katholischen Kanton gut bewahrt, so die Einsiedler Käsesuppe, eine traditionelle Fastenspeise, oder die mit Dörrfrüchten gefüllten Fasnachtskräpfli.

In Einsiedeln sind die Bäcker wohlbekannt. Berühmt sind ihre «Buure-Strübli» oder die Biber, mit einer Mandelmasse gefüllte Lebkuchen.

Kabissuppe

50 g Butter
1 Zwiebel
1 kleiner Weißkabis (Weißkohl)
40 g Reis
1,5 l Fleischbouillon
 Salz, Pfeffer, Muskat
50 g geriebener Innerschweizer Käse oder Sbrinz

Die Zwiebel in feine Streifen schneiden und in der Butter kurz andünsten, dann den gewaschenen, in schmale Streifen geschnittenen Kabis dazugeben und mitdünsten. Mit der Fleischbouillon auffüllen und etwa 10–15 Minuten kochen lassen. Den Reis dazugeben und körnig kochen, nach Geschmack würzen mit Salz, Pfeffer und Muskat.
Der Reibkäse wird separat dazu serviert.

Käsesuppe *(Einsiedler Fastenspeise)*

Langes, gut braungebackenes Brot mit viel Rinde, sogenanntes Suppenbrot, grob schneiden, in eine Schüssel geben und Salz darüberstreuen. Zugedeckt 15–20 Minuten stehen lassen. 1 dl Wasser dazugießen und das Brot aufweichen lassen.

In einer Pfanne Butter zergehen lassen, das aufgeweichte Brot hineingeben, wo es mit einem Stößel fein zerstoßen wird. Auf dem Feuer unter ständigem Rühren langsam kochen lassen. Ungefähr 200 g geriebenen Emmentalerkäse daruntermischen. Auf leisem Feuer etwa 10 Minuten kochen lassen.
Beim Anrichten reichlich Zwiebelringe in Butter rösten und diese Zwiebelschweitze darübergeben.

Gedämpftes Huhn

1 (2)	Hühner, Suppenhühner (nach Belieben)
50 g	Butter
2	Zwiebeln
2	gelbe Rüben
1	Lauchstengel
1	kleiner Sellerieknollen
2	Lorbeerblätter
2	Gewürznelken
4	Pfefferkörner
1,5 l	leichte Bouillon

Die Gemüse in gleichmäßige Würfel schneiden und in der Butter kurz andünsten. Mit der Bouillon auffüllen, die Gewürze beigeben und gut eine halbe Stunde kochen. Das Huhn in die Brühe geben und zugedeckt etwa 15 – 20 Minuten garen.
Das Huhn zerteilen und das Ganze als Eintopf in eine tiefe Schüssel anrichten.

Gebackenes Gitzi

Nachdem das Gitzi geschlachtet, abgehäutet, ausgenommen, in kaltem Wasser gewaschen und abgetrocknet ist, werden die Beine abgeschnitten, ganz oben entzweigehauen, schöne Stücke vom Rücken geschnitten und in wenig Wasser weichgekocht, in welches man Salz, ein Glas Wein und eine mit drei Nelken besteckte Zwiebel getan hat.
Dann werden die Stücke auf ein Tuch gelegt, ein Omelettenteig wird gemacht, die Stücke hineingetaucht und in heißer Butter gelb gebraten.
Kopf und Rippenstücke, sowie Lunge, Herz und Leber werden zu Ragout verwendet.
Ist auch gut für Kranke.
Man kann die Stücke auch roh panieren und in heißem Anken im Ofen goldgelb braten.

Bränntí Creme *(Gebrannte Creme)*

2	Eigelb
130 g	Zucker
15 g	Kartoffelmehl
5 dl	Milch
1 EL	Wasser
1	Prise Salz
2 dl	Rahm

Eigelbe zusammen mit 30 g Zucker schaumig rühren. Das Kartoffelmehl mit 1 dl Milch anrühren. Den restlichen Zucker in einer Pfanne rösten, bis er braun ist und zu schäumen beginnt. Dann das Wasser dazugeben und mit der restlichen Milch auffüllen, eine Prise Salz beifügen.
Erhitzen, bis sich der braune Zucker auflöst. Das Ganze mit Kartoffelmehl binden und auf den Siedepunkt bringen. Diese Masse unter stetigem Rühren dem mit Zucker verrührten Eigelb beigeben. Danach alles wieder zurück in die Pfanne geben und nochmals auf den Siedepunkt bringen. Vom Herd nehmen und erkalten lassen. Die Creme durch ein Haarsieb streichen und mit Schlagrahm auflockern.
Mit einer Schlagrahmrosette garnieren.

Schwyzer Batzen

3	Eier
2	Eigelb
250 g	Butter
250 g	Zucker
	einige Tropfen Zitronensaft
500 g	Mehl
1	Prise Salz

Die Eier, das Eigelb, den Zucker und die Butter schaumig rühren, wenige Tropfen Zitronensaft beigeben und langsam das gesiebte Mehl darunterziehen.
Ein Kuchenblech gut buttern und aus dem Teig kleine Batzen («Batzen» ist ein veralteter mundartlicher Ausdruck für einen größeren Klumpen) formen und auf das Blech legen. Im Ofen bei 180° – 200° backen.

Buure-Strübli

1 l	Milch
40 g	Butter
	Mehl
6–8	Eier
200 g	Butter
100 g	Zucker

Die Milch und Butter in eine Pfanne geben und auf den Siedepunkt bringen. So viel Mehl hineinrühren, bis sich die Masse vom Boden der Pfanne löst. Man läßt die Masse etwas erkalten, salzt sie und gibt nacheinander die Eier dazu. Jetzt wird das Ganze gut durchgeknetet. Die Butter schmelzen.
Durch einen Trichter wird nun die Masse portionsweise in die siedende Schmelzbutter gelassen. Auf diese Weise backt man die Buure-Strübli aus. Sobald sie fertig gebacken sind, werden sie mit Zucker bestreut.

Unterwalden

1291

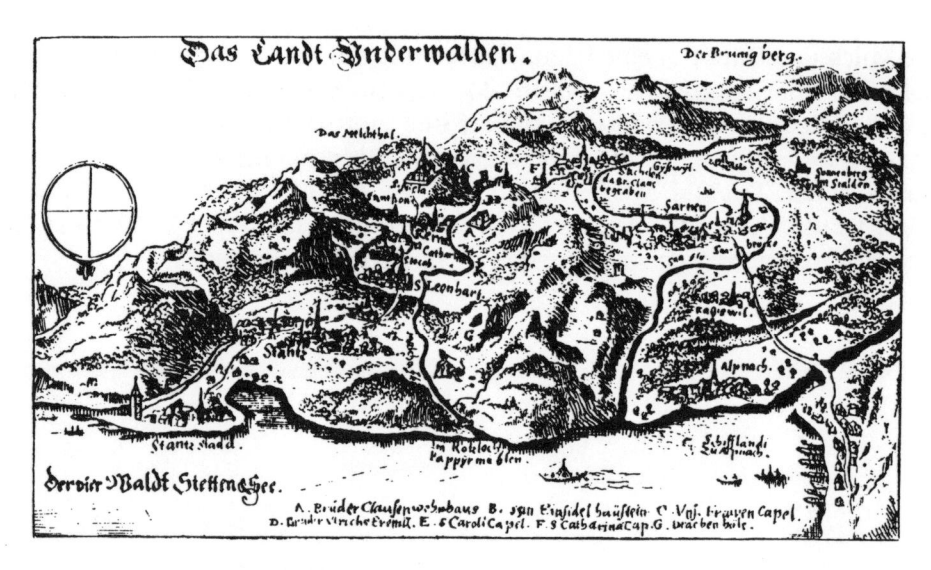

Den Kanton Unterwalden gibt es nur als geografischen Begriff. Schon immer waren die Halbkantone Obwalden und Nidwalden zwei verschiedene, souveräne Staaten mit eigener Regierung und Politik. Weshalb bilden sie aber *einen* Kanton? Worin liegt das Geheimnis dieser geteilten Einheit? — Zum gemeinsamen Grafschaftsgericht der beiden Täler Unterwaldens pflegten sich im frühen Mittelalter die freien Bauern zu versammeln, nicht aber Hörige, Leibeigene und Gotteshausleute. So schlossen sich im 13. Jahrhundert Freie *und* Eigenleute «nid dem Kernwald» zusammen. Es waren auch diese «Nidwaldner», die 1291 den «ewigen Bund» mit Uri und Schwyz schlossen. Die Bewohner «ob dem (Kern)Wald», die Obwaldner, kamen erst später dazu.

Der Frage, warum man bereits in den Anfängen an diesem fiktiven Gebilde Unterwalden festhielt, liegt die Vermutung nahe, daß eine Teilung nicht im Interesse von Uri und Schwyz lag; hätten sie doch dadurch ihre Mehrheit im Dreierbund verloren.

Trotz einiger Gemeinsamkeiten von Ob- und Nidwalden — manche Schweizer werfen die beiden Halbkantone gar in einen Topf — überwiegt das Trennende, die Verschiedenartigkeit. Eine ähnliche, gebirgige Landschaft hat zwei recht unterschiedliche Menschentypen ausgeprägt. «Unser Held ist Winkelried, der Draufgänger», meint ein Nidwaldner, «bei ihnen ist es der heilige Niklaus von Flüe, der Ausgeglichene, der Versöhner...» Bei aller Übertreibung und Vereinfachung trifft diese Aussage doch die wesentlichen Charakterunterschiede: Dem ungestümen, zu Ausschweifungen und Extremen neigenden, eher mystischen, schöpferischen Nidwaldner steht der zurückhaltende, realistische, auch im Glauben eher dem Alltag zugewandte Obwaldner gegenüber. Der Obwaldner Niklaus von Flüe, der nationale Heilige und (inoffizielle) Schutzpatron der Eidgenossenschaft, vereinte beide Wesenszüge. Sein politischer Verstand und sein Realitätssinn vermochten die Acht alten Orte 1481 vom Bürgerkrieg abzuwenden. Demgegenüber steht sein Hang zur Mystik, vielleicht von seiner nidwaldnerischen Mutter vererbt.

Auch in wirtschaftlicher Hinsicht sind die beiden Halbkantone getrennte Wege gegangen. Die wirtschaftlich dynamischen Nidwaldner haben dank der größeren Industrialisierung und aufgeschlossenen Verkehrspolitik die früher regsameren Obwaldner weit überholt. Das einst abseits stehende Tal hat sich zu einem der finanzkräftigsten Stände entwickelt.

Dem alpinen Charakter der Landschaft entsprechend ist Unterwaldens Küche urchig, kräftig und einfach. Die Speisen sind oft fleischlos, enthalten aber viel Rahm, Butter und Käse. Fleisch kommt meist in Eintopfgerichten vor.

Natürlich weisen viele Kochrezepte der Urkantone ähnliche Züge auf. Doch sind in den einzelnen Regionen durchaus Unterschiede festzustellen, und verwandtschaftliche Speisen kommen in verschiedenen Variationen auf den Tisch. So werden beispielsweise die «Älplermagronen» in Unterwalden *mit* Kartoffeln, in Uri ohne zubereitet.

Urchig sind auch die Namen der Gerichte: «Stunggis» (Eintopf), «Ofetori» (Kartoffelgratin), «Cholermues» (zerzupfte Omelette), «Fotzelschnitten» (in Ei gewendete, gebackene Brotschnitten).

Nidwaldner Ofetori

```
    750 g   Kartoffeln
      2     Eier
 1 ½ dl     Rahm oder Milch
            Salz, Muskat
    150 g   Speck
```

Die geschälten Kartoffeln werden in große Würfel geschnitten, in leicht gesalzenem Wasser weichgekocht und durchs Passevite getrieben. Man vermischt diese Masse mit den Eiern und dem Rahm und würzt sie mit Salz und Muskat.

Den Speck in Würfel schneiden, leicht anziehen und ebenfalls unter die Masse geben. Diese in eine feuerfeste Gratinplatte füllen und im Ofen bei mittlerer Hitze goldgelb backen.

Eine andere Variation gibt noch etwas geriebenen Sbrinz-Käse bei. Nach alter Tradition wird dazu «Ghürotnigs» getrunken, das ist zu gleichen Teilen süßer und vergorener Most. Es schmeckt aber genausogut zu Milchkaffee und wird zu Gemüsen und Salat gegessen.

Stunggis

600 g	Schweinefleisch, in Würfel geschnitten
60 g	Öl und Butter
2	Zwiebeln
	Salz, Pfeffer, Muskat
4 dl	Fleischbouillon
5	Kartoffeln
1	Lauchstengel
3	Karotten
1	kleiner Knollensellerie
2	Kohlrabi
1	gelbe Rübe

Die Fleischstücke in heißem Öl und Butter anbraten, die gehackten Zwiebeln beigeben, mitrösten, würzen mit Salz, Pfeffer, Muskat.
Die Gemüse in kleine Stücke schneiden und abwechslungsweise mit dem Fleisch in einen gut schließenden Topf schichten. Die Hälfte der Bouillon dazugeben und zugedeckt im vorgeheizten Ofen 1 Stunde schmoren.
Die Kartoffeln schälen, in Würfel schneiden und dem Ragout beigeben, zusammen mit der restlichen Bouillon. Eine weitere halbe Stunde zugedeckt garen.
Nach Geschmack würzen und in einem schönen Eintopf servieren.

Cholermues

(Ein beliebtes Sennengericht, welches auf der Alp über einem großen, offenen Feuer zubereitet wird.)

120 g	Mehl
4	Eier
1	Prise Salz
3 dl	Rahm
ca. 80 g	Butter

Die Eier aufschlagen, das gesiebte Mehl, den Rahm und eine Prise Salz beigeben und zu einem dicken Omelettenteig verarbeiten. Die Butter in einer heißen Pfanne schmelzen und diese dick mit dem Teig ausgießen und hellbraun, fest backen. Diesen Vorgang mehrmals wiederholen, bis die Masse aufgebraucht ist.
Diese hellbraunen Stückchen werden in eine Schüssel angerichtet und heiß gegessen.

Anmerkung
Als Beilage wurden eingemachte süße Früchte dazu gegessen.
Im Kanton Zürich wird dieses schmackhafte Gericht «Vogelheu» genannt.

Rindszunge an weißer Sauce

Eine Rindszunge muß voll und dick, nicht lang und dünn sein, das Fett daran muß weiß, nicht gelblich sein.
Ist die Zunge lang und dünn mit gelblichem Fett, ist es eine alte Kuhzunge.
Also siedet man eine volle Rindszunge genau so wie das Rindfleisch, nur muß dieselbe einmal länger gekocht werden.
In der Kochkiste vier Stunden, am besten abends einsetzen und über Nacht in der Kiste lassen, dann morgens wieder übergestellt und vollends weichgekocht.
Man nimmt sie heraus, wenn sie erkaltet, zieht ihr die Haut ab und legt sie wieder in die heiße Brühe.
Unterdessen macht man mit frischer Butter, zwei Löffeln Mehl und guter Fleischbrühe eine dickliche weiße Sauce, gibt etwas Zitronenrinde, eine halbe Zwiebel mit zwei Nägeli besteckt und ein Lorbeerblatt hinein und zwei Löffel voll Rahm, läßt dieselbe 15 Minuten schwach kochen, gibt ein oder zwei gut zerklopfte Eigelb in ein Geschirr und gibt die Sauce durch ein Sieb, unter beständigem Rühren an das Eigelb und stellt sie ins heiße Wasser, worauf man sie probiert und je nach Bedarf mit Salz und Pfeffer würzt.
Dann wird die Zunge etwas schräg in dünne Scheiben geschnitten und so auf der heißen Platte geordnet, daß sie wie ganz aussieht.
Die Sauce wird dann darüber geschüttet und serviert.
Man kann derselben noch etwas Zitronensaft beigeben, wenn man es liebt.
Viele Kochbücher sagen, man solle die Zungenschnitten in der Sauce kochen, das ist unratsam, denn die Schnitten werden kraftlos und biegen sich krumm.

Bohneneintopf

400 g	Schaf- oder Hammelfleisch
250 g	Schweinehals, geräuchert
1 EL	Öl
1 kg	grüne Bohnen
250 g	Karotten
	Salz, Pfeffer
	Bohnenkraut
1 kg	kleine Kartoffeln (ev. neue Ernte)

Das Fleisch wird in kleine Ragoutstücke geschnitten und in der erhitzten Kasserolle kurz angebraten. Die Bohnen rüsten und die geschälten Karotten in fingerdicke und -große Stücke schneiden und dem Fleisch beigeben. Mit Wasser oder einer leichten Fleischbrühe auffüllen, das Bohnenkraut beigeben und die geschälten kleinen Kartoffeln. Die Kasserolle zudecken und eine Stunde kochen lassen.
Dazu ißt man Holzofenbrot.

Schnitz und Härdöpfel

60 g   Zucker
700 g   Birnen
1 kg   Kartoffeln
*   Salz*
1 dl   Rahm
20 g   Mehl

Die Birnen werden geschält, entkernt und in Schnitze geschnitten. Der Zucker wird in einer Pfanne so lange erhitzt, bis er eine schöne braune Farbe angenommen hat. Diesen gebrannten Zucker mit 4 dl Wasser ablöschen, die Birnenschnitze beigeben und weichkochen.
In der Zwischenzeit werden die Kartoffeln geschält und in gleiche, mundgroße Stücke geschnitten. Diese werden in Salzwasser gekocht, abgeschüttet und zu den Birnen gegeben.
Das Mehl mit dem Rahm vermengen, alles vermischen und gut aufkochen. Nach Wunsch etwas nachzuckern oder salzen.
Dieses Gericht paßt hervorragend zu Bratwürsten.

Anmerkung
Dieses Gericht gibt es in vielen Varianten, teils werden die Birnen durch Äpfel ersetzt, oder im Urnerland wird das Gericht noch durch eine Zwiebel geschmacklich angereichert und wird dort «Birrästunggis» genannt.
Im luzernischen Teil unseres Landes gibt man anstelle des Rahms und der Birnen Äpfel, Paniermehl, wenig Zitronensaft und Majoran dazu, genannt wird es dann «Öpfel und Häppere».

Zuger Chabisbünteli mit Kartoffelstock

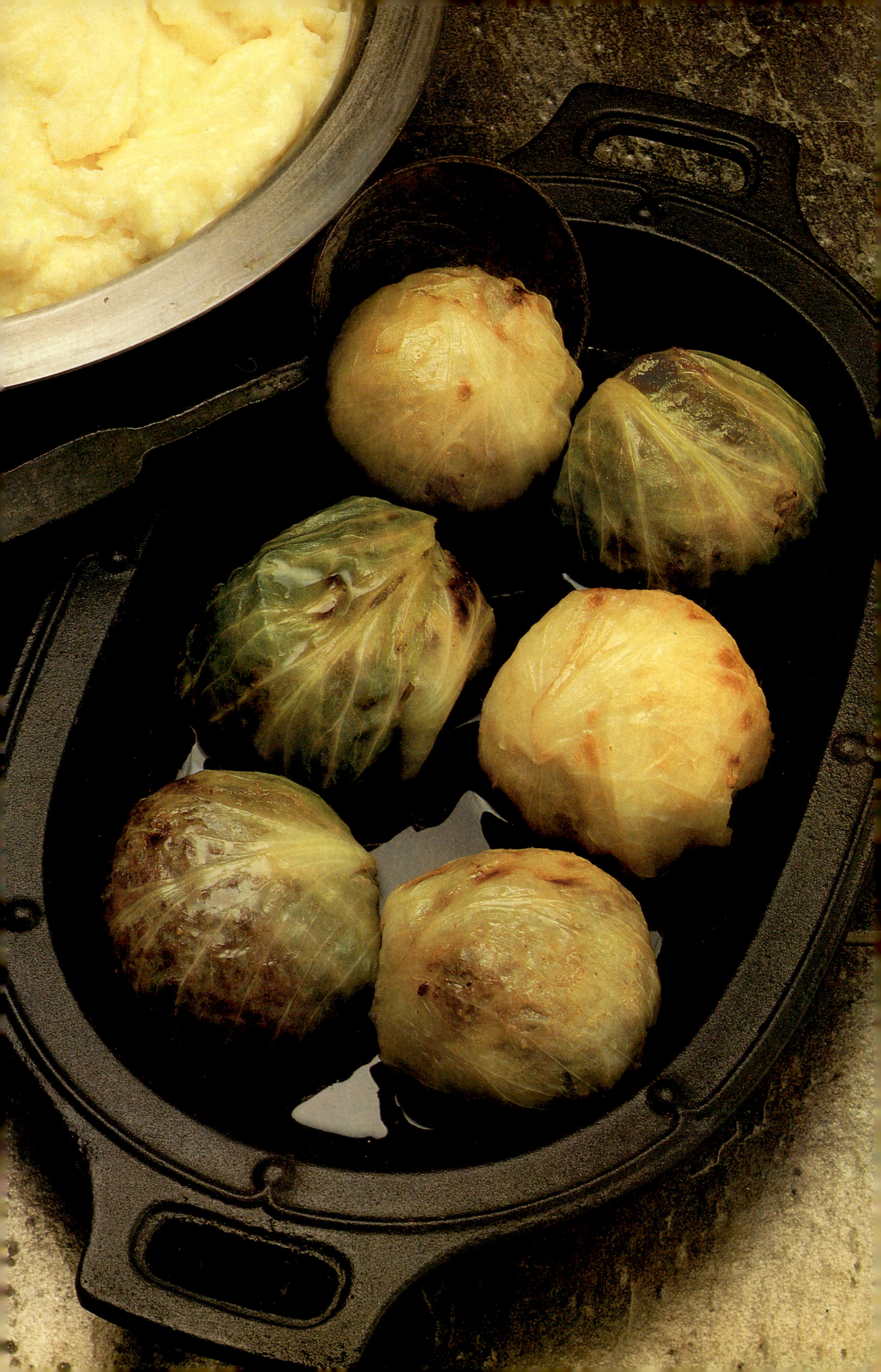

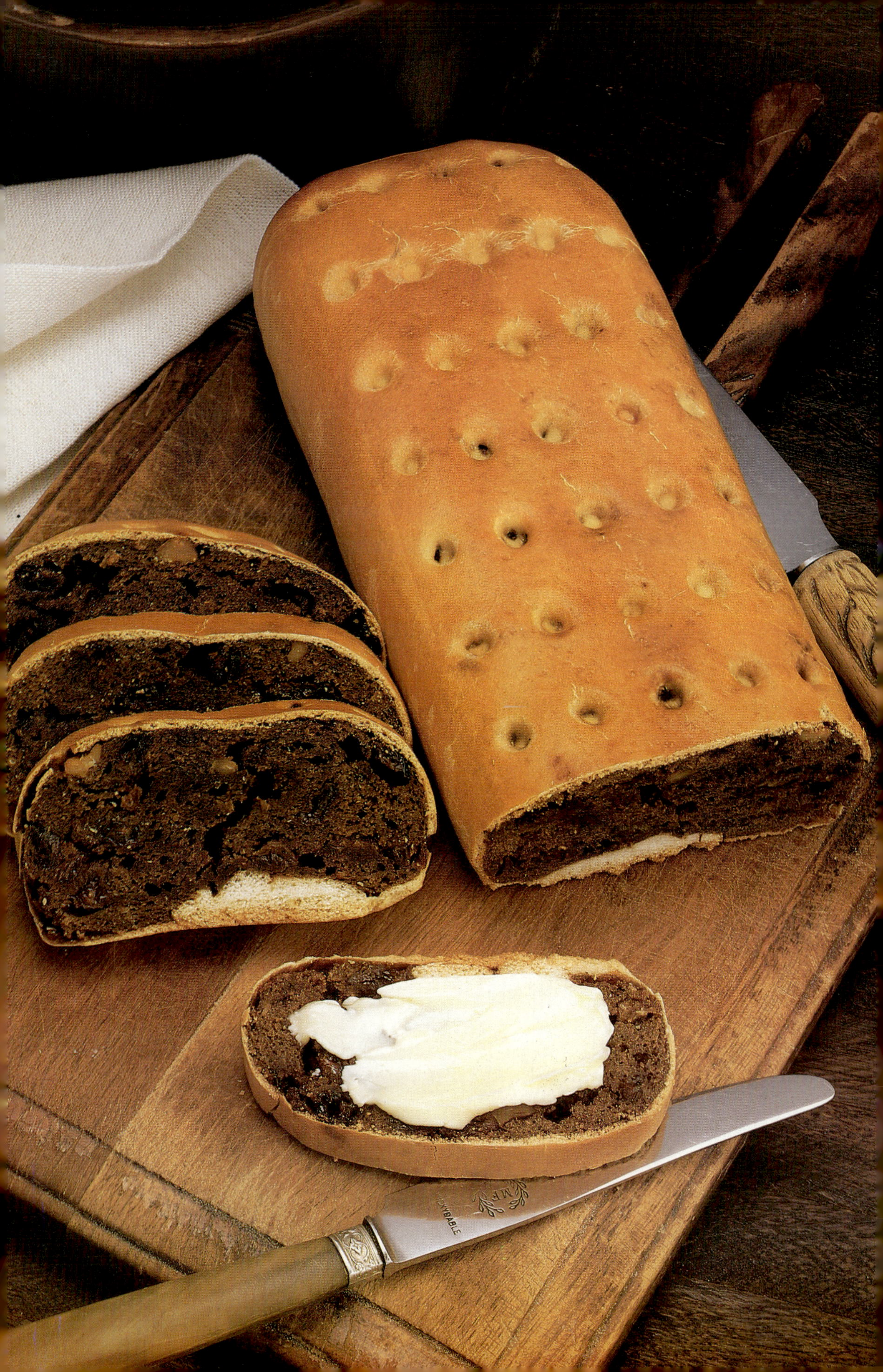

Glarus

1352

Als einziger Kanton führt Glarus das Bild eines Menschen im Wappen. Es ist Fridolin, der irische Mönch, der um 600 n. Chr. als Missionar ins Glarnerland kam und den mißtrauischen Berglern den christlichen Glauben brachte.
Im Mittelalter gehörte das Land Glarus dem jenseits des Rheins liegenden Frauenkloster Säckingen. Da die Äbtissinnen keine Bluturteile fällen durften (nach dem Grundsatz «ecclesia non bibit sanguinem – die Kirche trinkt kein Blut»), wurde ein habsburgischer Vogt als Gerichtsherr eingesetzt, der sich aber bald auch weitere, ihm nicht zustehende Rechte anmaßte. Im Jahre 1388 gelang es den Glarnern in der Schlacht bei Näfels, am Ausgang des Tales, ein habsburgisches Heer zu schlagen. Und wenig später wurde der Landsgemeinde, der Versammlung aller freien Bürger, vom König die oberste Souveränität übertragen.
Im Jahre 1782 gelangten die Glarner zu zweifelhafter Berühmtheit durch die Verurteilung einer Dienstmagd als die «letzte Hexe in Europa». Die Glarner Schriftstellerin Eveline Hasler hat darüber ein eindrückliches Buch verfaßt und so der armen Frau wenigstens literarisch Gerechtigkeit widerfahren lassen («Anna Göldin – Letzte Hexe», Zürich 1982).
Trotz ihrer Abgeschiedenheit im engen Bergtal, das nur in der Sommerzeit während etwa vier Monaten über den Klausenpaß auch einen «hinteren Ausgang» hat, sind die Glarner ein fortschrittliches Völkchen geworden. Früh begann eine intensive Industrialisierung; Spinnereien, Webereien und Seiden- so-

Glarner Birnbrot

wie Baumwolldruckereien schossen nach 1800 geradezu aus dem Boden. «Glarner Tüchlein» wurden zu einem Begriff. Gegen die Not der ersten Fabrikarbeiter wurde schon 1814 die Kranken- und Unfallkasse eingerichtet; Gesetze zur Arbeitszeitverkürzung, Regelung der Frauen- und Kinderarbeit wie auch bereits 1846 eine Alters- und Hinterbliebenen-Versicherung weisen auf ein früh erwachtes soziales Bewußtsein hin.

Die Küche der Glarner war ursprünglich einfach und bescheiden. Dies kommt nicht von ungefähr, denn es fehlt der Boden für den Anbau von anspruchsvollen Agrarprodukten und für die Großviehhaltung. In den 1840er Jahren führte dies gar zu einer Hungersnot, und 1845 wanderten deshalb an die 150 Menschen nach Amerika aus. In Wisconsin gründeten sie die Niederlassung New Glarus, wo heute rund 1800 Nachfahren und Zuwanderer leben.

Den Glarnern wird nachgesagt, sie seien besonders «Süße». Das stimmt, läßt man einmal die berühmte Spezialität «Schabziger» außer acht. «Birnbrot», «Marchtorte» und vor allem die weitgerühmte «Glarner Pastete» zieren noch heute jeden Glarner Festtagstisch. Ein Glarner «Zuckerbäcker» (Konditor) wird daran gemessen, wie er die süße Köstlichkeit «Pastete» bereitet. Aber vor den Süßigkeiten gibt es währschafte Bürgerkost: zu Silvester und Neujahr die «Altjahrabendsuppe», eine reiche Gemüsesuppe mit großen braunen Bohnenkernen, dann «Kalberwürste» mit einem Kompott von gedörrten Zwetschgen und Saucenkartoffeln oder Kartoffelstock. Beliebt sind «Netzbraten» und während der Jagdsaison alle Arten der Zubereitung von Wildbret.

Der Schabziger findet vielseitige Verwendung, nicht nur als Brotaufstrich mit Butter, sondern auch als Beigabe in Teigwarengerichten und sogar in einer Kräutersauce über Kalbfleisch («Steak Fridolin»). Zugegeben, nicht jedermanns Sache – aber warum nicht einmal versuchen?

Nur noch einen einzigen kleinen Weinberg haben die Glarner, der allerdings in guten Föhnjahren einen spritzigen Tropfen abgibt. Dafür haben sie mit der Mineralquelle Elm eine der bekanntesten Süßwasserproduktionen in der Schweiz. «Elmer Citro» ist im ganzen Lande eine beliebte Limonade – und schmeckt ausgezeichnet mit einem Spritzer Kirsch «on the rocks».

s'Köch

- 10 dünne Speckstreifen
- 10 halbierte und ausgehöhlte Äpfel
- 400 g geräuchertes Schweinefleisch (Rippli oder Schüfeli)
- 1 kg Kartoffeln
- Salz

Die Speckscheiben werden in einem gut verschließbaren Topf verteilt, die Apfelstückli (nach Belieben auch geschälte) zusammen mit dem geräucherten Fleisch daraufgeben. Mit Wasser auffüllen, bis das Fleisch bedeckt ist.

Man kocht diese Zutaten etwa eine Stunde, legt die geschälten, ganzen Kartoffeln darauf, gibt etwas Salz bei und kocht das Gericht weich. Dann nimmt man das Fleisch aus der Pfanne, gibt die Kartoffel-Apfelmischung in eine Schüssel und schneidet das Rippli in Tranchen, diese legt man fächerartig darauf.

Schabziger *(Glarner Kräuterkäse)*

Zur Zigerherstellung wird die Rohmilch zentrifugiert. Die so erhaltene fettarme, aber eiweißreiche Magermilch wird dann erhitzt und mit einer grünlichen Flüssigkeit, Etscher oder Sauer genannt, zum Gerinnen gebracht. Das Eiweiß scheidet sich in großen Flocken aus. Mit Holzkellen wird der weiße Ziger in Fässer geschöpft und gepreßt.
Nach mehrwöchiger Gärung ist der Ziger reif und wird in Säcken in die Schabzigerfabrik – die Zigerriibi – gebracht.
Mit einer Kräutermischung, in der unter anderem das spezielle *Zigerkleepulver* enthalten ist, wird der weiße Ziger vor der Einlagerung gemischt, gesalzen und haltbar gemacht. In dieser Kräutermischung liegt das große Geheimnis des Schabzigeraromas. Die Zigermasse, die von den Kräutern die grüne Farbe angenommen hat, wird anschließend mit großen Steinwalzen gemahlen und gerieben und dann zu den wohlbekannten Stöckli geformt.

Der Zigerklee
Dieses stark riechende Kraut wurde von den Kreuzfahrern im 11./12. Jahrhundert aus Kleinasien ins christliche Abendland gebracht. Die Glarner Leute lernten es im Kloster Säckingen kennen, wo es zusammen mit vielen anderen Küchenkräutern angepflanzt wurde. Sie bauten es in der Folge selbst im Glarner Unterland an.
Die Pflanze hat viel Ähnlichkeit mit der Luzerne, doch sind die Blüten hellblau. Der Klee darf nicht zum Blühen gebracht werden, sondern wird als junges, etwa 10 cm großes Pflänzchen geschnitten und gedörrt. Das kräftig riechende, dürre Kraut wird zu feinem Pulver gemahlen.

Grüeni Chnöpfli

    500 g   Mehl
        5   Eier
     50 g   Butter
     je 1   Handvoll Spinat, Petersilie, Mangold und Schabziger
     1 TL   Salz
    100 g   Butter

Das Mehl, die Eier und das Salz mit ¼ l Wasser vermischen und zu einem zähen Teig klopfen. Das Grüne sehr fein hacken und unter den Teig mengen.

Eine große Pfanne mit Salzwasser zum Sieden bringen und den Teig durch das Spätzlisieb einlaufen lassen. Einige Minuten kochen lassen und unter kaltem Wasser abschrecken.
Pfanne erhitzen, und zusammen mit der Butter die Chnöpfli goldbraun braten. Anrichten in eine vorgewärmte Schüssel, lagenweise abwechselnd mit Schabziger und Chnöpfli. Zum Schluß übergießen mit heißer flüssiger Butter.

Altes Glarner Gericht

200 g   Hörnli
250 g   Kartoffeln
100 g   Schabziger
60 g   Paniermehl
100 g   Butter
*   Salz*

Die Hörnli in reichlich Salzwasser weichkochen. Die Kartoffeln schälen, halbieren und kochen. Dann schichtet man beides lagenweise mit dem geriebenen Ziger in eine tiefe Platte.
Die Butter wird in einer Pfanne hellbraun geschmolzen, das Paniermehl dazugegeben und über das Gericht gegossen.
Dazu ißt man Kompott und trinkt einen Milchkaffee. Ein Gericht für Liebhaber von Schabziger, denn dieser hat einen ausgeprägten Geschmack.

Anmerkung
Zum Verfeinern über die eingeschichteten Hörnli und Kartoffeln 1 dl Rahm gleichmäßig gießen.

Tabakrollen

120 g   geriebene Mandeln
120 g   Zucker
120 g   Butter
250 g   Mehl
1   Prise Salz
1 Msp. Zimt
3   Eigelb
*   etwas Weißwein*
400 g   Fett zum Ausbacken (Fritieröl oder Erdnußöl)
etwa 5 runde Hölzchen, ca. 10 cm lang, ⌀ 0,5 cm

Zucker, Mandeln, gesiebtes Mehl, Zimt und Salz mischen. Die in Flocken geschnittene Butter, die Eigelb, und wenn nötig etwas Weißwein, beigeben und zu einem festen Teig zusammenwirken.

Den Teig eine Stunde ruhen lassen und danach dünn auswallen. Von diesem Teig lange, etwa 1,5 cm breite Streifen schneiden. Die Hölzchen leicht fetten und den Teigstreifen daraufrollen, so daß immer die Hälfte überlappt. Das Ende mit etwas Wasser befeuchten, damit es zusammenklebt.
Das Fett in einer Pfanne oder Friture erhitzen und die Rollen darin schwimmend goldgelb ausbacken.
Aus dem Fett nehmen, die Hölzchen sorgfältig entfernen und die Rolle nochmals kurz in das heiße Fett geben, um auch das Innere knusprig zu backen.
Nach Belieben kann diese Tabakrolle mit einer Creme oder Konfitüre gefüllt werden.
Beliebt waren diese Rollen früher als «Znüni» oder «Zvieri» für die Schulkinder.

Glarner Pastete

500 g Blätterteig
1 Ei
Staubzucker zum Bepudern

Zwetschgenfüllung
300 g Dörrzwetschgen
1 EL Kirsch
1 EL Zucker
1 Msp. Zimt

Mandelfüllung
70 g Butter
100 g gemahlene Mandeln
100 g Zucker
2 Eier
Saft und Zeste einer Zitrone

Zwetschgenfüllung
Die Dörrzwetschgen knapp mit kochendem Wasser bedecken, 2 Stunden quellen lassen. Dann abschütten und gut abtropfen, entsteinen und durch ein Passevite treiben. Um diese Masse zu verfeinern, wird der Kirsch, Zucker und Zimt daruntergemischt.

Mandelfüllung
Die Butter zusammen mit dem Zucker schaumig rühren, die Eier dazugeben und weiter kräftig rühren. Dann die Mandeln, den Saft und die Zitronenzeste dazugeben und gut miteinander verarbeiten.
Den Blätterteig etwa 4 mm dick auswallen und zwei runde Platten ausschneiden (Tellergröße), wobei die eine im Durchmesser 2 – 3 cm größer sein sollte.

Den kleineren Boden auf ein mit Wasser benetztes Backblech legen. Auf die eine Hälfte wird die Mandelfüllung aufgetragen, auf die andere die Zwetschgenmasse, wobei zu beachten ist, daß außen ein Rand von 2 cm frei bleiben sollte. Dieser Rand wird mit Eiweiß bestrichen. Nun wird das größere runde Teigstück darübergelegt und an dem mit Eiweiß bestrichenen Rand befestigt. Mit einer Schere wird nun etwa 10 – 12 mal gleichmäßig eine Kerbe eingeschnitten, welche dann auch die Größe der Tortenstücke angibt.
Die Torte mit Eigelb bestreichen und im vorgeheizten Ofen bei 180° 30 – 40 Minuten backen.
Auf einem Gitter auskühlen lassen und mit Staubzucker bepudern.

Glarner Birnbrot

20 g	Hefe
3 dl	Milch
50 g	Butter
400 g	Mehl
1	große Prise Salz
350 g	Dörrbirnen
150 g	Dörrzwetschgen ohne Steine
100 g	Walnußkerne
100 g	Rosinen
4 cl	Kirschwasser
50 g	Zucker
1 TL	Zimt
1 Msp.	Nelkenpulver
1 Msp.	Muskatblütenpulver
2	Eigelb

Die Hefe in lauwarmer Milch anrühren und die flüssige Butter beigeben, das Salz darin auflösen.
Das Mehl sieben, in der Mitte eine Vertiefung formen, die Flüssigkeit beifügen und das Ganze zu einem guten Teig durcharbeiten. Etwa eine Stunde an einem warmen Ort gehen lassen.
Birnen und Zwetschgen in kaltem Wasser über Nacht einweichen. Diese dann mit dem Wasser etwa 10 Minuten kochen lassen, das Wasser weggießen und die Früchte grob hacken. Die Rosinen in Kirsch einlegen und die Walnüsse grob hacken, beides zu den Früchten geben.
Den Zucker und die Gewürze unter das Fruchtpüree mischen und zusammen mit einem Drittel des Teiges gut durcharbeiten. Den restlichen Teig rechteckig auswallen und das mit dem Teig vermischte Fruchtpüree darauflegen und einrollen. Die Enden gut einschlagen, andrücken, mit Eigelb bestreichen und das Brot mit einer Gabel leicht einstechen.
Auf ein bebuttertes Backblech legen und im vorgeheizten Ofen bei 170° – 180° etwa eine Stunde backen.

Zug

1352

Zug, im Herzen der Schweiz, ist zu vergleichen mit der Schweiz inmitten von Europa: Obwohl der flächenmäßig kleinste Kanton, hat er viele Gesichter und ist keineswegs einheitlich. Er ist der finanzstärkste Kanton, auch wenn er keinen nennenswerten natürlichen Reichtum hat. Sein Reichtum kommt von außen – notabene hat Zug die größte Überfremdung –, Traditionsbewußtsein und konservativen Heimatgeist haben sich die Zuger aber dennoch bewahrt.
Das um 1200 von den Kyburgern gegründete Städtchen Zug ging bald in die Hände der Habsburger über. Nach dem Bau der Teufelsbrücke über die Schöllenen wurde es zum wichtigen Umschlagplatz auf dem Handelsweg nach Süden. Nach dem Beitritt Zürichs zur Eidgenossenschaft blieb den Waldstätten nichts anderes übrig, um die Verbindung zum neuen Verbündeten zu sichern, als den zwischen ihnen gelegenen habsburgischen Besitz an sich zu bringen. So ist denn Zug zur «Brücke zwischen der Innerschweiz und Zürich» geworden, oder gar zum Pufferstaat zwischen Städte- und Länderkantonen. Diese Zwischenposition geht ihm bis heute nach. Die Steueroase Zug bildet einen Anziehungspunkt für die Industrie. Ein Großteil der dafür benötigten Arbeitskräfte kommt aus der Innerschweiz und aus Luzern, was die Bindung an dieselben verstärkt. Kulturell und wirtschaftlich dagegen lebt Zug im Bannkreis von Zürich.
Bezeichnend ist die Architektur des Bahnhofgebäudes von Zug – ein Dreieck: Ein Geleise führt nach Zürich, eines nach Luzern und das dritte zum Gotthard. Schon immer kreuzten sich in Zug die Wege.

Zugs geografische Grenzen sind zwar eng, keineswegs aber die seiner Mentalität. Die durch die blühende Industrie bedingte große Zahl der fremden Arbeitskräfte haben einen weltoffenen, gastfreundlichen Bürger geprägt. Zugleich legen die Zuger hingegen großen Wert auf ihre Traditionen und haben einen ausgeprägten Heimatgeist. Der berühmte Satz des Schaffhauser Historikers Johannes von Müller: «Überhaupt ist nicht groß oder klein, was auf der Landkarte so scheint; es kommt auf den Geist an» ist auf diesen vielfältigen Kanton zugeschnitten.

Auch die Küche zeichnet sich durch ihre große Vielfalt aus. Bodenständige Gerichte wie das Räbenmues oder die Chabisbünteli waren vermutlich schon zur Zeit der Schlacht am Morgarten bekannt. Eine Spitzenleistung der Zuger Zuckerbäckerei ist die weltberühmte Zuger Kirschtorte.

Mit den Fischen aus dem Zuger- und dem benachbarten Ägerisee hat man bereits im Mittelalter delikate Speisen zubereitet. Auch heute ist der Zuger Rötel, eine Saiblingart, die nur von Mitte November bis Mitte Dezember gefangen wird, ein kulinarischer Hochgenuß. Im 14. Jahrhundert war Ägeri dem Fraumünster in Zürich und den Klöstern Kappel und Einsiedeln dienstpflichtig und entrichtete ihnen den Zehnten mit «Rotten» (Rötel).

Forellenfilets Zuger Art

8 Stück	Forellenfilets
1 dl	Weißwein
	Gewürze
30 g	Butter
2 dl	Rahm
	Petersilie
1 TL	Schalotten, gehackt
	Kerbel, Thymian, Schnittlauch, Estragon, Majoran

Die Schalotten und Kräuter fein hacken. In flacher Pfanne Butter schmelzen und die Kräuter und Schalotten andämpfen. Die Filets dazulegen, mit dem Weißwein ablöschen und auf schwachem Feuer 2–3 Minuten ziehen lassen (pochieren).

Den Fisch aus der Flüssigkeit nehmen und warm stellen. Den Fond einkochen lassen, den Rahm beigeben und zur gewünschten Dicke einreduzieren. Würzen mit Salz, Pfeffer und Zitronensaft. Mit Rahm verfeinern und die Sauce über die angerichteten Fische geben. Diese bestreuen mit frisch gehackter Petersilie. Auf die gleiche Art zubereitet werden die Ballen, eine Felchenart, und die Zuger Röteli.

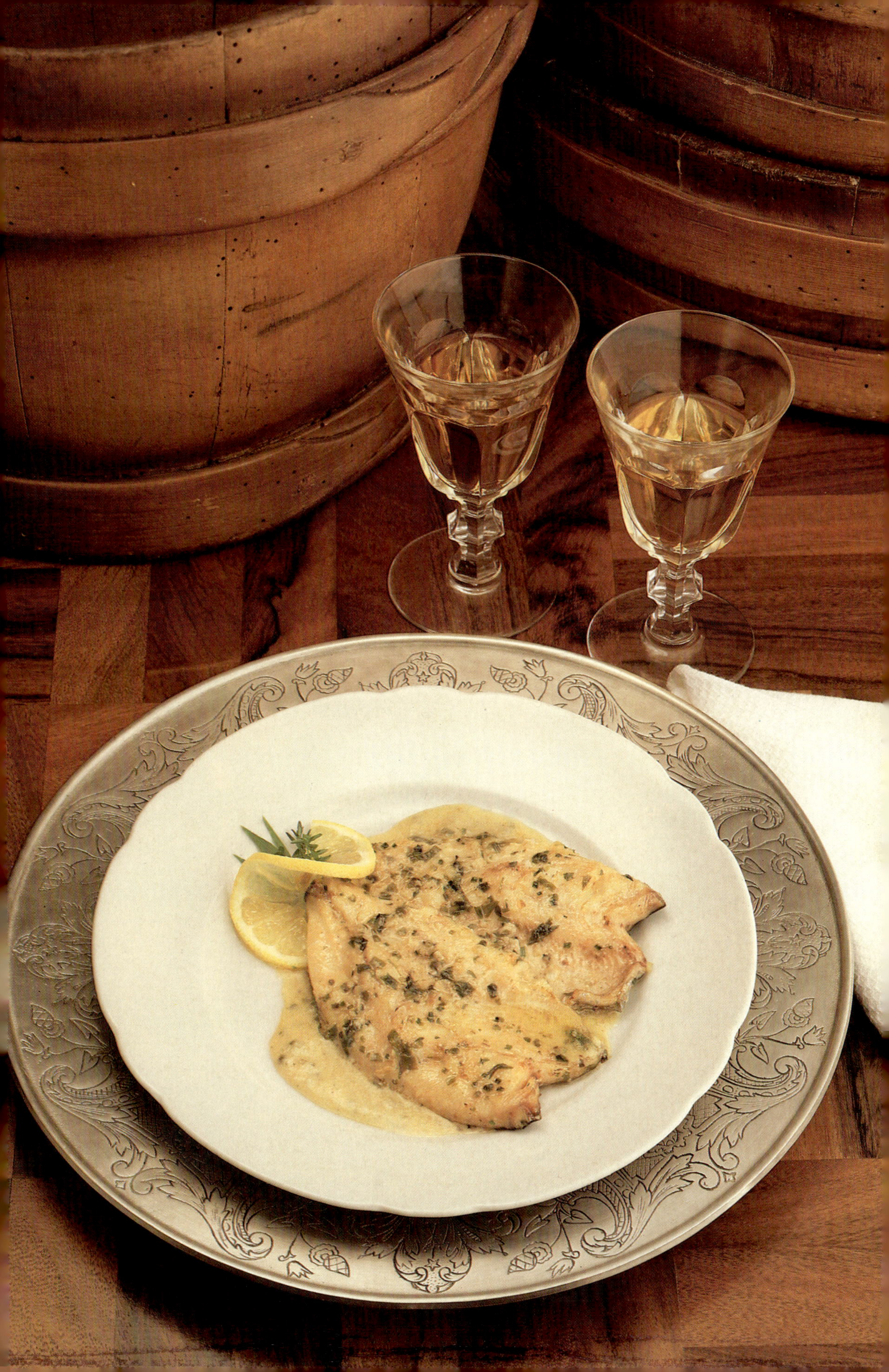

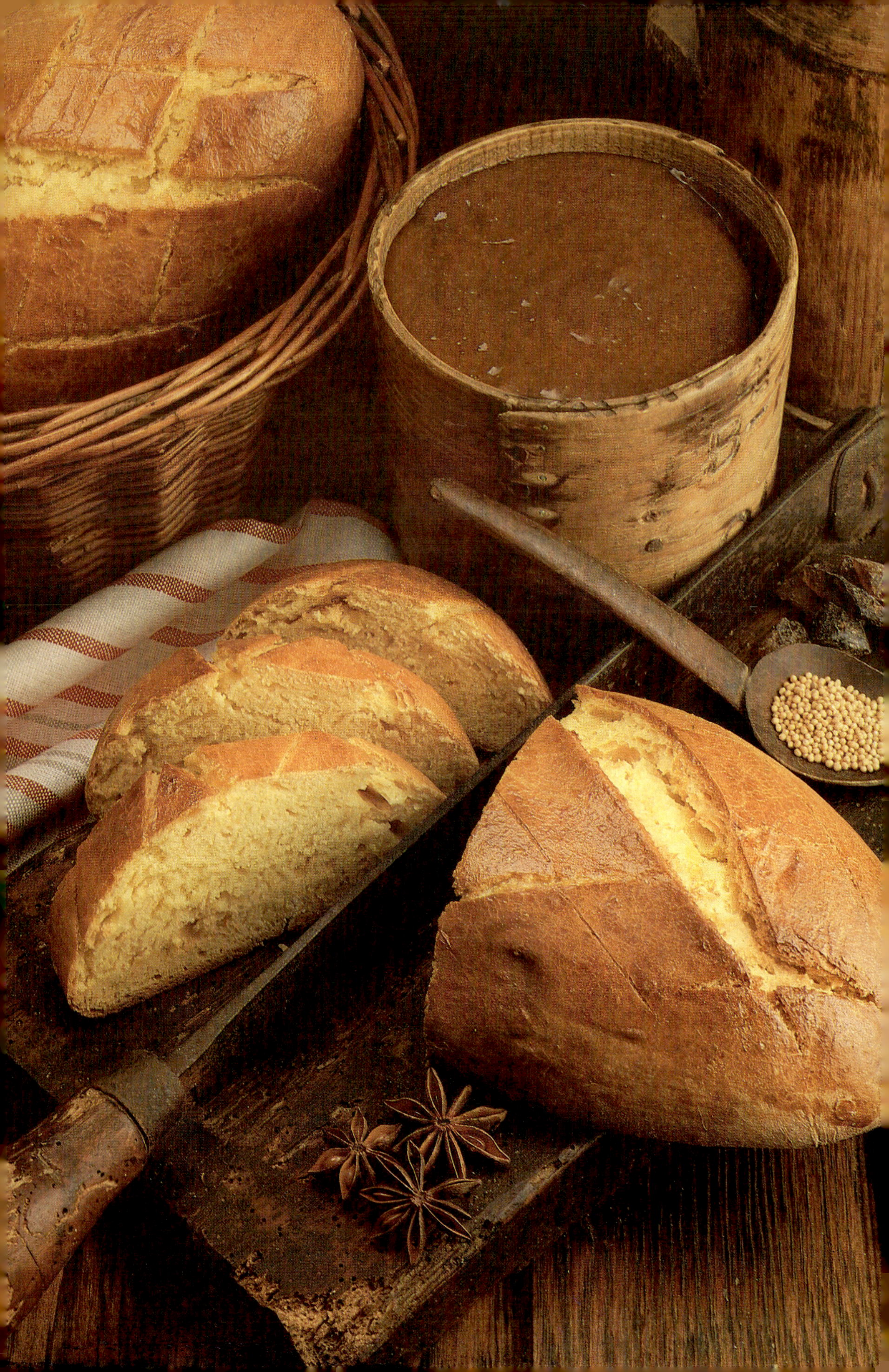

Räbe mit Schwinigs

1 kg	gelbe Räben
1 kg	Schweinscarré oder Schweinshals, leicht geräuchert
10 g	Mehl
½ dl	Rahm
½ dl	Öl
	Salz, Pfeffer, Muskat

Die Räben werden geschält, zerteilt und in Salzwasser weichgekocht. Das Fleisch wird mit Salz, Pfeffer und Muskat gewürzt und in wenig Öl angebraten. Die Räben dem Fleisch beigeben und weiterkochen. Etwa eine halbe Stunde danach die Räben herausnehmen und pürieren. Rahm mit dem Mehl glattrühren und dem Mus beigeben. Das Ganze wieder zum Fleisch geben und weiterkochen. Das Mus darf dabei ruhig etwas Farbe bekommen, sollte jedoch nicht ansetzen. Das in Scheiben geschnittene Fleisch wird auf dem Mus angerichtet.

Zuger Chabisbünteli *(Kabisbündel)*

1	großer Weißkabis
250 g	gehacktes Rindfleisch
30 g	dunkles Brot, etwa eine Scheibe
2	Zwiebeln
80 g	Butter
	Salz, Pfeffer
1 EL	Petersilie, gehackt
2,5 dl	Fleischbouillon

Den Kabis in einzelne, wenn möglich große Blätter teilen und in kochendem Salzwasser etwa 8 Minuten weichkochen, so lange, daß sie noch knackig sind. Die Blätter aus dem Wasser nehmen, auf ein Tuch ausbreiten und abtrocknen lassen.
Die Zwiebeln fein hacken, in der Butter hellgelb dünsten und das gehackte Rindfleisch beigeben, gut mischen und kurz anbraten, wenig Bouillon beigeben und mit Petersilie, Salz und Pfeffer würzen. Diese Masse, jeweis 3 – 4 Eßlöffel voll, auf die einzelnen Kabisblätter geben und diese gut zu einer Kugel zusammendrücken.
Einen Trick gibt es dabei: Das Kabisblatt auf ein Tuch geben, die Masse daraufsetzen und die Enden des Blattrandes zusammenfalten, das Tuch einschlagen und fest abdrehen. Mit diesem Vorgang können Sie sich sogar die Schnur zum Zusammenbinden sparen. Diese Bünteli können Sie auf ein hochrandiges Backblech geben, mit der Bouillon übergießen und zugedeckt ganz weichdämpfen. Sollte noch allzuviel Flüssigkeit da sein, kann diese einreduziert werden und zuletzt, wenn die Bünteli angerichtet sind, über diese gegeben werden.
Dazu wird meistens ein luftiger Kartoffelstock gegessen.

Fribourger Safranbrot mit Chilbisenf

Pastete von Kalbfleisch

Zerschneidet ein rohes Stücklein von einer Kalbsbrust wie zu einem Voressen, setzet es mit Wasser und Salz übers Feuer, und verschaumet es. Hackt indessen Zitronenschelfen, Chalotten, Peterlein, Muskatnuß und Pfeffer, laßt dies mit dem Fleische kochen, so, daß wohl ein Glas voll Brühe noch vorhanden ist; dann wird das Fleisch besonders in ein Geschirr angerichtet, und so die Brühe.
Auf dies hacket rohes Kalbfleisch fein, vermischt es mit Speck oder Nierenfette, Chalotten, Peterlein, Muskatnuß und Salz; macht es mit einem Ey an und formirt Kügelein daraus nebst Stücklein frischen Anken, Muskatnuß, Zitronenscheibchen, abgezognen Mandeln und eingeweichten Weinbeeren.
Bestreicht nun den Pastetenboden ringsum mit einem Ey, und deckt die Pastete zu; garniert sie mit dem Überdeckel von spanischem Teig; drücket ihn auswendig am Rande fest zusammen; schneidet den Teig ringsum gleich ab, formirt einen Rand daraus, und bestreicht sie mit einem Ey.
Ist sie gebacken; so schneidet oben ein rundes Loch hinein, schüttet durch einen Trichter folgende Brühe darein: man nimmt das Gelbe von zwen Eyern, klopfet es gut, gießt obbemeldte Brühe darein nebst einem Stücklein frischen Anken, setzt sie übers Feuer und rührt sie solange um, bis sie rings um das Pfändlein siedet.

Zuger Kirschtorte

Biskuit

3	Eigelb
1	Ei
130 g	Zucker
60 g	Mehl, abgesiebt
60 g	Kartoffelmehl, abgesiebt
	Zeste einer halben Zitrone
1 TL	Vanillezucker
½ TL	Backpulver
4	Eiweiß

Japonaisboden

3	Eiweiß
80 g	Zucker
70 g	Mandeln

Buttercreme

200 g	Butter
150 g	Puderzucker
4 EL	Zuger Kirschwasser
3 EL	Randensaft
1 EL	Johannisbeergelee

Sirup

　　1 ½ dl　Kirsch
　　½ dl　　Wasser
　　40 g　　Zucker

Zuerst eine Springform von 24 cm ⌀ buttern und mehlen. Zucker, Eigelb, Zitronenschale und das ganze Ei zu einer weißlichen Creme schlagen. Das gesiebte Mehl, Kartoffelmehl, Backpulver und Vanillezucker vorsichtig unter die Creme ziehen.
Das Eiweiß steif schlagen und ebenfalls daruntermischen. Die Masse in die Form füllen und bei 170° (den Ofen vorheizen) cirka 50–60 Minuten backen.
Für den Japonaisboden das Eiweiß zu Schnee schlagen und unter Rühren die Hälfte des Zuckers beifügen. Den restlichen Zucker mit den Mandeln mischen und dies dann langsam beigeben.
Diese Masse wird auf zwei gebutterte und gemehlte Springformen verteilt und bei 150° etwa 15–20 Minuten gebacken. Danach sofort von den Formen lösen und auf einem Gitter erkalten lassen.
Butter mit dem gesiebten Puderzucker schaumig rühren, den Kirsch und den Randensaft oder Johannisbeergelee beigeben. Den ersten Japonaisboden dick mit dieser Buttercreme bestreichen.
Das Biskuit halbieren, die braune Backseite vorsichtig abschneiden und auf die Creme setzen.
Wasser und Zucker zu einem dicklichen Sirup kochen und den Kirsch beigeben. Nachdem der Sirup erkaltet ist, tränkt man das Biskuit. Wieder mit Buttercreme bestreichen und zudecken mit dem zweiten Japonaisboden; diesen wiederum mit Buttercreme bestreichen. Rundum die Torte ausstreichen, so daß sie rund und gleichmäßig ist.
Mandelscheiben in Butter goldgelb rösten und nach dem Erkalten den Rand damit auskleiden. Die Oberfläche mit viel Puderzucker bestreuen und nach Belieben verzieren.
Torte bis zum Verbrauch im Kühlschrank aufbewahren.

Freiburg

1481

Mit Freiburg, französisch Fribourg, verbindet sich unweigerlich das Phänomen der Zweisprachigkeit. Die Sprachgrenze geht mitten durch die Hauptstadt hindurch. Bereits beim Eintritt in die Eidgenossenschaft war Freiburg zweisprachig, wobei damals Deutsch überwog. Nicht von ungefähr trägt die Hauptstadt des heute mehrheitlich französischsprachigen Kantons den gleichen Namen wie ihre «Schwesterstadt» im badenwürttembergischen Breisgau: Beide wurden von Mitgliedern aus dem deutschen Adelsgeschlecht der Zähringer gegründet, das schweizerische Freiburg im 12. Jahrhundert von Herzog Berchtold IV. von Zähringen.
Während im 15. Jahrhundert die deutsche Sprache Vormachtstellung hatte und sich gewisse einflußreiche Freiburger Familien einem «Germanisierungsprozedere» unterzogen, um die Aufnahme in die deutschsprachige Achtörtige Eidgenossenschaft zu sichern, verlagerte sich das Gewicht im Laufe des 16. Jahrhunderts zugunsten des Französischen. Gebietserweiterungen französischsprachiger Regionen und der Einfluß der aus französischen Kriegsdiensten heimkehrenden Soldaten und Offiziere verstärkten die Dominanz des Französischen, bis es 1798 mit dem Einmarsch französischer Truppen zur Amtssprache erhoben wurde. Bis heute hält sie, von einem kurzen Unterbruch der Restauration abgesehen, diese Stellung inne.
Von der industriellen Revolution seiner protestantischen Nachbarkantone Bern, Neuenburg und Waadt blieb das katholische Freiburg unberührt. Die

Hochburg des Katholizismus, mit einer weltbekannten katholischen Universität, ist wirtschaftlich und industriell ein Opfer ihrer konfessionellen Isolation geworden. Erst in jüngerer Zeit hat sich ein gewisser Aufschwung eingestellt. Noch immer hat Freiburg aber den höchsten Anteil an landwirtschaftlich Erwerbstätigen.

Die als rückständig geltenden Freiburger wurden für ihre welschen Nachbarn – wie die Berner oder Appenzeller für die Deutschschweizer oder die Ostfriesen in Deutschland – zur Zielscheibe von unzähligen Witzen, die sich noch heute nicht erschöpft haben.

Keineswegs rückständig ist dieser Kanton sicherlich in kulinarischer Hinsicht. Mit den landwirtschaftlichen Erzeugnissen werden die leckersten Speisen gekocht. Wer kennt nicht den berühmten Greyerzer Käse oder den Freiburger Vacherin, mit denen das herrliche Fondue zubereitet wird!

Grundelemente der Freiburger Küche sind, neben dem Käse, Milch und Rahm, der in dekorativen Holzgefäßen serviert wird.

Eine originelle Schöpfung ist die «Cucheôle», ein gezuckertes Eierbrot. Gegessen wird es mit Chilbisenf, einer Saucenbeigabe aus Birnensaft, Weißwein, Kandiszucker und speziellen Gewürzen.

Feste versteht man im Kanton Freiburg besonders gut zu feiern. An Kirchweih, Hochzeit und Taufe soll nicht selten ein siebengängiges Mahl aufgetischt werden, mit sieben verschiedenen Fleischsorten!

Saurer Mocken

	800 g	Ochsenfleisch vom Mocken
	1	Gelbrübe
	1	Tomate
	30 g	Erdnußöl
	30 g	Mehl
	1 dl	Fleischbouillon
		Salz, Pfeffer
	2	Stück Schwarzbrot
Beize	¼ l	Rotwein
	¼ l	Rotweinessig
	¼ l	Wasser
	1	Karotte
	1	Zwiebel
	2	Gewürznelken
	1	Lorbeerblatt
		einige Pfefferkörner
	1	Knoblauchzehe, gepreßt

Die Gemüse der Beize kleinschneiden und zusammen mit den anderen Zutaten aufkochen und heiß über das Fleisch gießen.

4–10 Tage ziehen lassen in der Beize, im Sommer kürzer, im Winter länger. Das Fleisch aus der Beize nehmen, gut abtropfen und abtrocknen. Fett in der Bratpfanne erhitzen und das mit Salz und Pfeffer gewürzte Fleisch allseitig braun anbraten. Das Fleisch aus der Pfanne nehmen und die Gemüse der Beize, die Tomate und die gelbe Rübe würfelig schneiden und im Bratensatz anbraten. Aus der Pfanne nehmen und das Mehl hineingeben. Vorsichtig schön braun rösten. Ablöschen mit 3 dl Beize und die Schwarzbrotkruste dazugeben. Das Fleisch wieder beigeben und unter öfterem Wenden zugedeckt 1 ½ Stunden schmoren. Die Sauce durchsieben und nach Wunsch mit etwas Rahm verfeinern.
Als Beilage serviert man Spätzli, Polenta, Kartoffelstock oder auch Teigwaren.

Fribourger Safranbrot *(Cucheôle)*

750 g	Mehl
20 g	Hefe
150 g	Zucker
2 dl	Milch
1 dl	Rahm
1	Ei
50 g	Butter
1 Msp.	Safran
1	Prise Salz
1	Ei zum Bestreichen

Das Mehl wird in eine große, vorgewärmte Schüssel gesiebt. Die Hefe mit dem Zucker gut anrühren und 2 EL Milch und 1 EL Mehl verrühren. Diese Masse zu dem gesiebten Mehl geben, zudecken und an einem warmen Ort 20 Minuten stehen lassen.
Die Milch erwärmen, die Butter dazugeben und schmelzen lassen. Den Rahm dazugießen und die ganze Flüssigkeit zum Mehl geben und gut verarbeiten. Das Ei aufschlagen, den Safran und das Salz zugeben, auflösen und zu der Masse geben. Alles zu einem glatten Teig verarbeiten. Diesen in eine bemehlte Schüssel legen, mit einem feuchten Tüchlein zudecken und an einem warmen Ort 1 ½ Stunden aufgehen lassen.
Aus dem Teig zwei längliche Brote formen, diese werden mit der Spitze eines Messers gitterförmig verziert. Diese «Brote» etwa 15 Minuten kühl stellen, dann mit dem aufgeschlagenen Ei bestreichen. Im vorgeheizten Ofen bei 180° 30–40 Minuten backen.

Anmerkung
Zu diesem Chilbigericht wird der Moutarde de Bénichon, der sogenannte Chilbisenf, gegessen.

Fribourger Käsefondue

1	Knoblauchzehe
4 dl	Weißwein
250 g	Emmentaler Käse, gerieben
300 g	Fribourger Vacherin
150 g	Greyerzer, gerieben
50 g	Raclettekäse, gerieben
1	Gläschen Kirsch
2 TL	Stärkemehl
	Pfeffer, Muskat
	Weißbrot, wenn möglich nicht zu frisch, in Würfel geschnitten

Knoblauchzehe pressen und das Fondue-Caquelon damit ausreiben. Den Weißwein darin erwärmen und unter stetigem Rühren den Käse beigeben. Bei guter Hitze aufkochen lassen und dann das mit Kirsch angerührte Stärkemehl beifügen und leicht köcheln lassen. Mit Pfeffer, Muskat würzen. Von der Herdplatte auf den Spirituskocher setzen.
Das Essen geht folgendermaßen vor sich: Man sticht mit der Gabel die Weißbrotwürfel an und rührt damit das Fondue um, damit es auch schön sämig bleibt und nicht ansetzt. Dazu trinkt man Schwarztee, der bekömmlicher ist als Weißwein, den man aber auch anbieten kann.

Anmerkung
Der für das Fondue verwendete Wein sollte nicht zu alt sein und einen gewissen Säuregrad aufweisen. Typische Fondue-Weine sind etwa: La Côte, Neuenburger Wein, Fendant, Zürichseewein, Bielerseewein.

Chilbisenf *(Moutarde de Bénichon)*

2 EL	Senfpulver
2 dl	Weißwein
120 g	Kandiszucker
20 g	Zimtpulver
1 Prise	Nelkenpulver
1 Prise	Sternanis
2 EL	Bienenhonig
120 g	Rohzucker
1 Prise	Salz
100 g	Mehl
½ dl	Birnenhonig (eingedickter Birnensaft)

Das Senfpulver gut verrühren mit dem Weißwein und 48 Stunden ziehen lassen. Den Kandiszucker, Zimt und Nelkenpulver, und den Sternanis in 6 dl Wasser aufkochen. Zugedeckt etwa 30 Minuten ziehen lassen, durch ein Haarsieb gießen, in eine Pfanne geben, das gesiebte Mehl beifügen und unter ständigem Rühren 15 Minuten sämig kochen. Den eingedickten Birnensaft, den Honig, den Rohzucker, Salz und die Senf-Weinmischung beigeben. Unter ständigem Rühren auf kleinem Feuer weiterkochen, bis eine geleeartige Masse entsteht. Sofort heiß, wie Konfitüre, in Gläser abfüllen. Im Kühlschrank ungefähr 12 Tage haltbar.

Diese «Konfitüre» ißt man in Fribourg zu dem köstlichen Safranbrot.

Freiburger Hefen Kuchen

Man rührt 6 Loth Butter mit 6 ganzen Eiern, eines nach dem andern hineingeschlagen, recht stark ab; dann rührt man 1 Pfd. recht schönes Mehl, 3 bis 4 Loth an einer Zitrone abgeriebener Zucker, sammt ein Glas voll süßer Milch und 1 starker Eßlöffel voll guter Bierhefe dazu und rührt den Teig, bis er von der Schüssel und dem Kochlöffel losläßt; dann füllt man den Teig in ein mit Butter bestrichenes und mit Brod ausgestreutes Blech, läßt ihn an einem temperierten Ort recht schön gehen, überstreut ihn mit Zucker, und backt ihn schön gelb.

Kapuzinerbrötli

250 g	geriebene Mandeln
15 g	Zimt
250 g	Zucker
4	Eiweiß
4	Eigelb
	Weißmehl

Die Eiweiß steif schlagen und die geriebenen Mandeln, den Zucker und den Zimt langsam darunterrühren. Langsam abgesiebtes Weißmehl daruntermelieren, bis sich ein fester auswalzbarer Teig bildet. Diesen ½ cm dick auswallen und runde Stücke ausstechen.

Auf gebuttertes Blech legen, mit Eigelb bestreichen und im Ofen bei mittlerer Hitze 10 – 15 Minuten backen.

Solothurn

1481

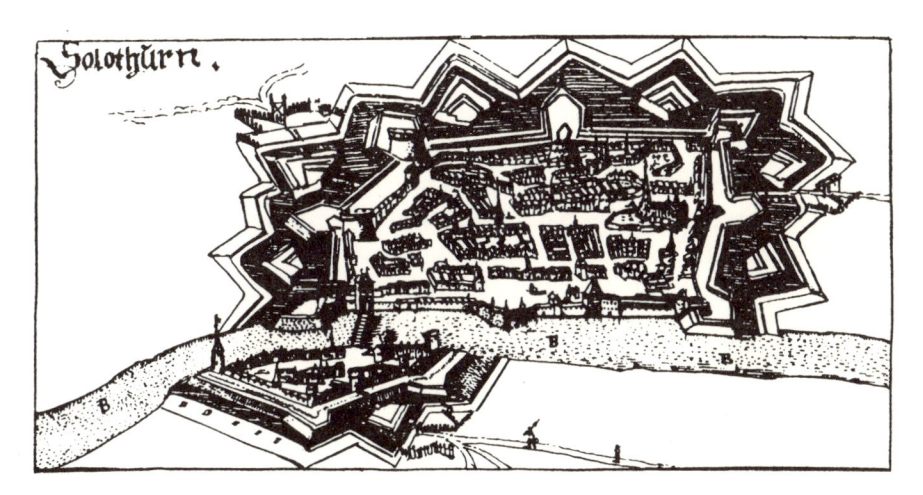

Solothurn ist eine der ältesten Städte der Schweiz. Schon in vorrömischer Zeit bestand an dem wichtigen Aareübergang eine befestigte Siedlung. Die Römer bauten ihre Hauptstraße vom Genfersee an den Bodensee durch Solothurn, und in burgundischer Zeit war die Stadt zeitweilig sogar königliche Residenz.
Noch mehr als Bern lehnte sich Solothurn in eidgenössischer Zeit an Frankreich an. Die bernische Expansionspolitik entlang der Aare bedrohte den solothurnischen Besitzstand; vielleicht ist es nur den besonders guten Beziehungen des Solothurner Patriziats zum französischen Königshof zu verdanken, daß die Stadt nicht auf den Status eines bernischen Protektorats herabsank (wie es dem schwächeren Biel etwas weiter westlich ergangen war). Kein anderer eidgenössischer Stand stellte so viele hohe Offiziere bis hinauf zum Generalsrang in der französischen Armee, und während Jahrhunderten residierte der bei den Eidgenossen akkreditierte französische Botschafter in Solothurn. Bis heute nennt man deshalb Solothurn auch die «Ambassadorenstadt».
Der «Berner Riegel» im Westen, Süden und Osten zwang die Solothurner, sich ihr aus wirtschaftlichen Gründen benötigtes Hinterland im Norden jenseits der Jurahöhen zu suchen. Da gerieten sie aber alsbald in Konflikt mit dem Fürstbistum Basel, das seinerseits in diesem Raum territoriale Interessen verfolgte. So gelang den Solothurnern bis ins 16. Jahrhundert nur der Erwerb einzelner Gemeinden, weshalb auch die heutigen Kantonsgrenzen einen «unlogischen» und komplizierten Verlauf nehmen.

Auf Solothurner Gebiet liegt die Stadt Olten, seit über 100 Jahren einer der wichtigsten Eisenbahnknotenpunkte der Schweiz. Hier kreuzen sich die kürzeste Verbindung von Deutschland nach Italien, die Gotthardbahn, und die West-Ost-Transversale von Genf an den Bodensee. Diese günstige Verkehrslage prädestinierte den Kanton, einer der Vorkämpfer in der Industrialisierung zu werden. Nicht von ungefähr sind deshalb die größte Schuhfabrik der Schweiz sowie ein Eisen- und Stahlwerk neben vielen anderen Unternehmen im Raume Solothurn angesiedelt.

Was ißt und trinkt der Solothurner? In keiner anderen Schweizer Stadt setzte sich die französische Küche so früh und vollständig durch wie in der Ambassadorenstadt. Manches raffiniert ausgeklügelte Gericht aus der Frühzeit kultivierten Lebens ist so zum überlieferten Erbgut der Solothurner Küche geworden. Besonders in den aristokratischen Kreisen hielten sich einige alte französische Spezialitäten, so z.B. das «Zungenturtli», eine Blätterteigpastete mit Zunge, Milken und Champignons gefüllt. Das Rezept soll von einer Madame de Besenval stammen, die bei ihren fürstlichen Gästen in hohen Ehren gestanden habe. – Doch auch einfachere Speisen haben Tradition: «Solothurner Leberspießli», «Weißes Kalbsragout» oder «Bratwurstkügeli an weißer Sauce» sind ursprüngliche Kreationen der Solothurner Küche.

Einen nennenswerten solothurnischen Rebbau gibt es heute nicht mehr. Im Angebot der Gasthäuser und Restaurants dominieren die Weine aus der Westschweiz und natürlich aus Frankreich, wie es der Ambassadorenstadt gebührt.

Linsensuppe

120 g   Linsen
100 g   Speck oder Schwarte
1   Zwiebel
1,2 l   Fleischbouillon
50 g   Butter
20 g   Mehl
Salz, Pfeffer

Die Linsen über Nacht in laumwarmem Wasser einweichen und dann gut durchspülen.

Die Zwiebel fein hacken und in Butter leicht andünsten, den Speck, ganz oder in Würfeli, dazugeben. Mit dem Mehl stäuben und kurz umrühren. Die Fleischbouillon dazugießen und etwa 2 Stunden leise kochen lassen.

Die Suppe kann man durch ein Passevite treiben, oder auch so, die etwas grobe Art, essen, und dann mit den Gewürzen abschmecken. Nach Geschmack wird ein Eßlöffel Rahm dazugegeben.

Weißrübensuppe

Zarte Weißrüben oder Reben werden gewaschen, in ganz kleine Würfel geschnitten, ebenso Kartoffeln. Dann kocht man sie im nötigen Wasser weich, stößt alles durchs Sieb wieder in die Brühe, schneidet eine Zwiebel ganz fein, röstet sie mit einem oder zwei Kochlöffeln Mehl in heißer Butter gelb, gibt sie in die Suppe und richtet dieselbe über gelb geröstete Brotbrösmeli an.

Buzebappe

600 g	geschälte Kartoffeln
600 g	roher Speck
700 g	weiße Rüben
2	Zwiebeln, gehackt
3 EL	Mehl
2 EL	Kümmel
4 dl	Rahm
30 g	Butter
	Salz, Pfeffer

Die geschälten Rüben und Kartoffeln in Stücke schneiden und knapp weichkochen. Den Speck während 15–20 Minuten im Dampfkochtopf garen. In Butter die Zwiebeln glasig dünsten und mit den pürierten Rüben und Kartoffeln vermischen. Sollte das Mus nicht fein genug sein, so läßt man es nochmals durchs Passevite. Mit gehacktem Kümmel, Salz und Pfeffer würzen. Mehl mit Rahm anrühren und beigeben, auf schwachem Feuer die Masse unter Rühren verfestigen lassen.
Den Speck in Stücke schneiden und mit gekochten süßen Birnen servieren.

Solothurner Krausi

2	große Zwiebeln
80 g	Butter
250 g	Weißbrot
1,5 dl	Milch
	Salz, Pfeffer
1 dl	Rahm
50 g	Butter

Die Zwiebeln in feine Streifen schneiden und in der Butter gut andünsten. Das Brot in Würfel schneiden und ebenfalls kurz mitdünsten. Die Milch dazugießen, mit Salz und Pfeffer ein wenig würzen. Etwa 20 Minuten kochen lassen, so daß das Brot und die Zwiebeln zu einem Brei verkocht sind.
Mit 1 dl Rahm und Butter verfeinern, je nach Geschmack nachwürzen und als Beilage zu einem Ragout servieren.

Leberspieß

4	Holzspieße
400 g	Kalbsleber
16	Specktranchen
50 g	Öl/Butter
20 g	Butter
1	kleine Zwiebel
1	Knoblauchzehe
1 dl	Bratensaft
	Salz, Pfeffer
ca. 25	frische Salbeiblätter
1 dl	Weißwein

Die Zwiebel und den Knoblauch fein hacken und in der Butter dünsten. Mit dem Weißwein ablöschen und den Bratensaft aufgießen. Würzen mit Salz, Pfeffer.
Die Leber in längliche, dünne Plätzchen schneiden und ein Salbeiblatt einrollen, abwechslungsweise mit den Specktranchen aufstecken. Den Spieß in sehr heißem Öl/Butter anbraten und würzen. Nochmals aufkochen.
Als Beilage paßt eine Rösti oder Salzkartoffeln. Die Spießli können aber auch auf Bohnen angerichtet werden. Mit wenig Sauce beträufeln.

Weinschnitten

3 dl	Rotwein
40 g	Rosinen
3 EL	Zucker
1	Zimtstengel
	Zeste einer halben Zitrone
4	dünne Weißbrotschnitten
30 g	Butter

Die Rosinen in lauwarmem Wasser gut durchspülen, abtropfen und eine Viertelstunde in Rotwein einlegen. Den Zucker, den Zimtstengel und die Zitronenzeste beigeben und kurz kochen lassen. Die Weißbrotschnitten in Butter goldgelb braten und mit der heißen Sauce übergießen.

Basel

1501

Seit 1833 ist das alte Basel in zwei Halbkantone geteilt: Baselstadt führt den schwarzen, Baselland den roten Bischofsstab im Wappen. Es waren die scharfen Gegensätze zwischen der konservativen Aristokratie in der Stadt und den liberalen Vordenkern auf der bäuerlichen Landschaft, die zur Zeit der demokratischen Erneuerung der Schweiz zu dieser Trennung führten. Während Unterwalden vorwiegend aus geographischen Gründen (der Geländestufe mit dem Kernser Wald) und Appenzell infolge der Reformation in einem Landesteil sich aufspalteten, sind hier also moderne politische Ursachen für die Kantonsteilung auszumachen.
Die Stadt Basel, am Rhein gelegen, wo der Fluß zum europäischen Strom wird, ist die eigentliche Pforte der Schweiz. Mehr als die Hälfte des schweizerischen Außenhandels wird über die Schiene, die Straße und den Wasserweg durch Basel abgefertigt, denn von Rotterdam bis zum Rheinknie ist der Fluß für große Lastschiffe befahrbar, und die durchgehende Autobahn von Hamburg nach Sizilien überquert bei Basel den Rhein.
Basel ist die älteste Universitätsstadt der Schweiz; seit 1460 lehrten die bedeutendsten Geister der Wissenschaft an der Hochschule: Erasmus von Rotterdam und der Arzt Paracelsus; die Mathematiker Jakob und Johann Bernoulli; der Kunsthistoriker Jacob Burckhardt und Friedrich Nietzsche; der Theologe Karl Barth und der Philosoph Karl Jaspers, um nur einige wenige Namen zu nennen. Ohne Freiheit gibt es keine Wissenschaft. Basel wurde, neben Genf, nach der

Reformation die weltoffenste Stadt der Schweiz, ja während einiger Zeit des ganzen Deutschen Reiches. Nicht zuletzt beweist dies die große Buchproduktion im 16. Jahrhundert, die fast ohne Eingriffe der Zensur erfolgen konnte. Gelehrte und streitbare Geister aus ganz Europa veröffentlichten in Basel ihre Schriften, bevor auch Leiden in den Niederlanden (Spinoza; Descartes) und Genf (Rousseau) sich allen neuen Tendenzen gegenüber offen zeigten.

Basel ist wohl die einzige Stadt der Welt, wo «Fasnacht» eine «ernste Sache» ist. Wenn in ganz Europa das fastnächtliche Treiben abgeschlossen ist, rüstet sich Basel zu den «drei schönsten Tagen im Jahr». Am Montag sechs Wochen vor Ostern um 4 Uhr früh erlöschen in der ganzen Innenstadt die Lichter. Die überall in den engen Gassen aufgestellten «Cliquen» (Fastnachtsgesellschaften) setzen sich auf das Kommando «dr Morgestraich – vorwärts! marsch!» mit Trommelschlag und vielstimmiger Piccolomelodie in Bewegung. Jede Clique hat ihre eigene Musikgruppe, die «Tambouren und Pfyffer», und führt auf den Schultern von Trägern oder auf einem Wagen die «Laterne» mit, eine mannshohe, kunstvoll mit «Sujets» bemalte, aus Holz und Papier oder Leinwand gefertigte und von innen beleuchtete Lampe. Bis Mittwochabend dauern die verschiedenen Veranstaltungen auf der Straße und in den Lokalen der Cliquen, alles in geregeltem und wohlgeordnetem, ja diszipliniertem Rahmen. Mit «Basler Mehlsuppe» und «Zwiebelwähe» können sich die Protagonisten von den Anstrengungen erholen. Seit 1834 wird der «Morgestraich» in dieser Form durchgeführt, und im Laufe der Zeit kamen immer neue Elemente hinzu, so die «Guggemusig» und jüngst die «Frauencliquen».

Basel ist nicht nur eine Hochburg der Fasnacht, ein Hort von Kunst und Gelehrsamkeit und eine wichtige Handelsstadt, sondern auch Weltzentrum der Pharmaindustrie.

Liestal, Hauptort des Kantons Baselland, ist die Heimat des ersten schweizerischen Nobelpreisträgers für Literatur (1919), Carl Spitteler. Der Durchschnittsschweizer aber kennt vor allem den «Baselbieter Kirsch» und die «Rahmtäfeli» (Caramels) aus dieser Landesgegend.

Die Landschaft liefert den Stadtbaslern leichte Weine zur herrschaftlichen Tafel. Es werden vorwiegend «Blauburgunder»-, «Riesling × Sylvaner»- und «Chasselas»-Reben angebaut. Die benachbarten Elsaß und Burgund in Frankreich sowie Südbaden in Deutschland aber sind mächtige Konkurrenten auf der Weinkarte in Basel, und jüngst hat ein wagemutiger Wirt es unternommen, nach alter Tradition in einer Kleinstbrauerei sein ausgezeichnetes «Ueli-Bier» zu brauen, sichtbar durch ein großes Fenster für alle Gäste des Lokals an der Rheingasse.

Lummelibraten

(Festessen für 6 – 8 Personen)

1	ganzes Rindsfilet (1,2 kg)
50 g	Spickspeck
3 EL	Öl
1	Zwiebel
2	Karotten
1	ganz kleiner Sellerieknollen
1 dl	Bouillon
1,5 dl	Bratensauce
1 dl	Rotwein
1 EL	Mehl
	Salz, Pfeffer

Das Filet häuten und mit dem Speck spicken. Das Filet kann auch beim Metzger fertig gespickt vorbestellt werden.
Eine große Bratkasserolle erhitzen und das mit Salz und Pfeffer gewürzte Filet kurz in Öl anbraten. Die in Würfel geschnittenen Gemüse dazugeben und mitbraten.
Unter öfterem Wenden und Begießen mit dem Bratfett ca. 40 – 60 Minuten im Ofen weiterbraten, je nach Wunsch rosa oder durchgebraten. Das Filet aus der Pfanne nehmen und warm stellen.
Das Mehl in den Bratensaft stäuben und kurz anrösten, mit dem Rotwein ablöschen, der Bouillon und der Bratensauce auffüllen und etwas einkochen lassen.
Je nach Geschmack mit Salz und Pfeffer würzen.
Das Filet am Tisch tranchieren und die Sauce darüber verteilen.

Basler Salm

1	ganzer Salm, etwa 1,2 kg schwer,
	oder 4 Salmtranchen im Gewicht von ca. je 180 – 200 g
1	Zwiebel
	Salz, Pfeffer
50 g	Mehl
60 g	Butter
50 g	Butter
1 dl	Fleischbouillon
	wenig gehackte Petersilie

Den ganzen Salm in fingerdicke Tranchen schneiden und mit Salz und Pfeffer würzen, leicht mit Mehl bestäuben. Die Butter in einer Pfanne erhitzen, die Fischtranchen sorgfältig hineinlegen und goldgelb braten.

Sobald sich das Fleisch von den Gräten löst, aus der Pfanne nehmen, die Gräte und die äußere Fischhaut entfernen, warm stellen. Die Butter zum Bratensatz geben und die in feine Scheiben geschnittenen Zwiebeln goldgelb darin braten, die Fleischbouillon dazugeben und aufkochen lassen, wenig gehackte Petersilie beigeben und die heiße Sauce über den Salm anrichten.

Laubfrösche

500 g	frischer Spinat, große Blätter
3	Eier
	Salz, Pfeffer
1	Zwiebel
1	Knoblauchzehe
30 g	Butter
250 g	Schweinefleisch vom Bäggli
250 g	Rindsschulterfleisch
120 g	Paniermehl

Die Spinatblätter waschen, Stiele entfernen und in kochendem Salzwasser kurz überwallen lassen, abkühlen und abtrocknen lassen.
Das Fleisch vom Metzger als Gehacktes geben lassen. Die Zwiebel und die Knoblauchzehe hacken, in Butter kurz andämpfen und das Fleisch dazugeben. Alles kurz anbraten und mit Salz und Pfeffer würzen.
Das Fleisch aus der Pfanne nehmen, in eine Schüssel geben und die Eier und das Paniermehl daruntermengen.
Die Spinatblätter zu einem runden «Blätz» auslegen (evtl. doppelt) und die Fleischmasse, man mißt einen Eßlöffel davon ab, daraufgeben. Mit Spinat umwickeln und mit den Blattenden nach unten in eine mit Butter bestrichene Auflaufform oder Kasserolle legen und in Fleischbouillon 20 Minuten dämpfen.

Anmerkung
Den Fond kann man weiter einkochen, zwei Eigelb dazugeben, tüchtig rühren und geschmolzene Butter langsam dazugeben. Wenn nötig noch mit Salz würzen.
Diese Sauce paßt hervorragend zu den «Laubfröschen».

Basler Pfnutli

Saure Äpfel schält und schneidet man in kleine Stücke, nicht größer als eine Haselnuß, macht Wein und Zucker zusammen heiß und rührt sechs Löffel voll Mehl mit dem heißen Wein zart an, schlägt drei ganze Eier darein und rührt es untereinander; dann werden die geschnittenen Äpfel darein gethan, so viel, daß sie vom Teig ganz

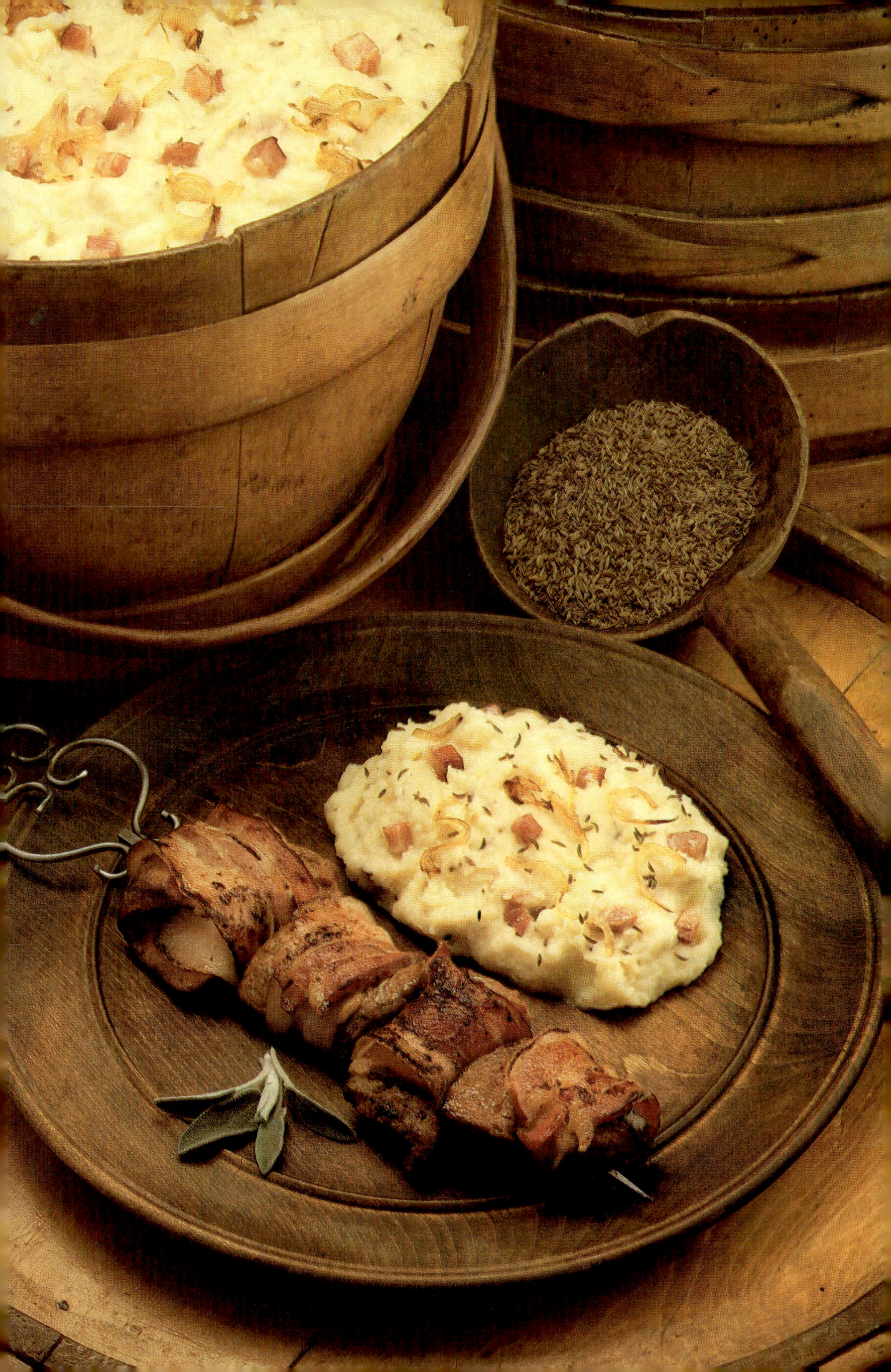

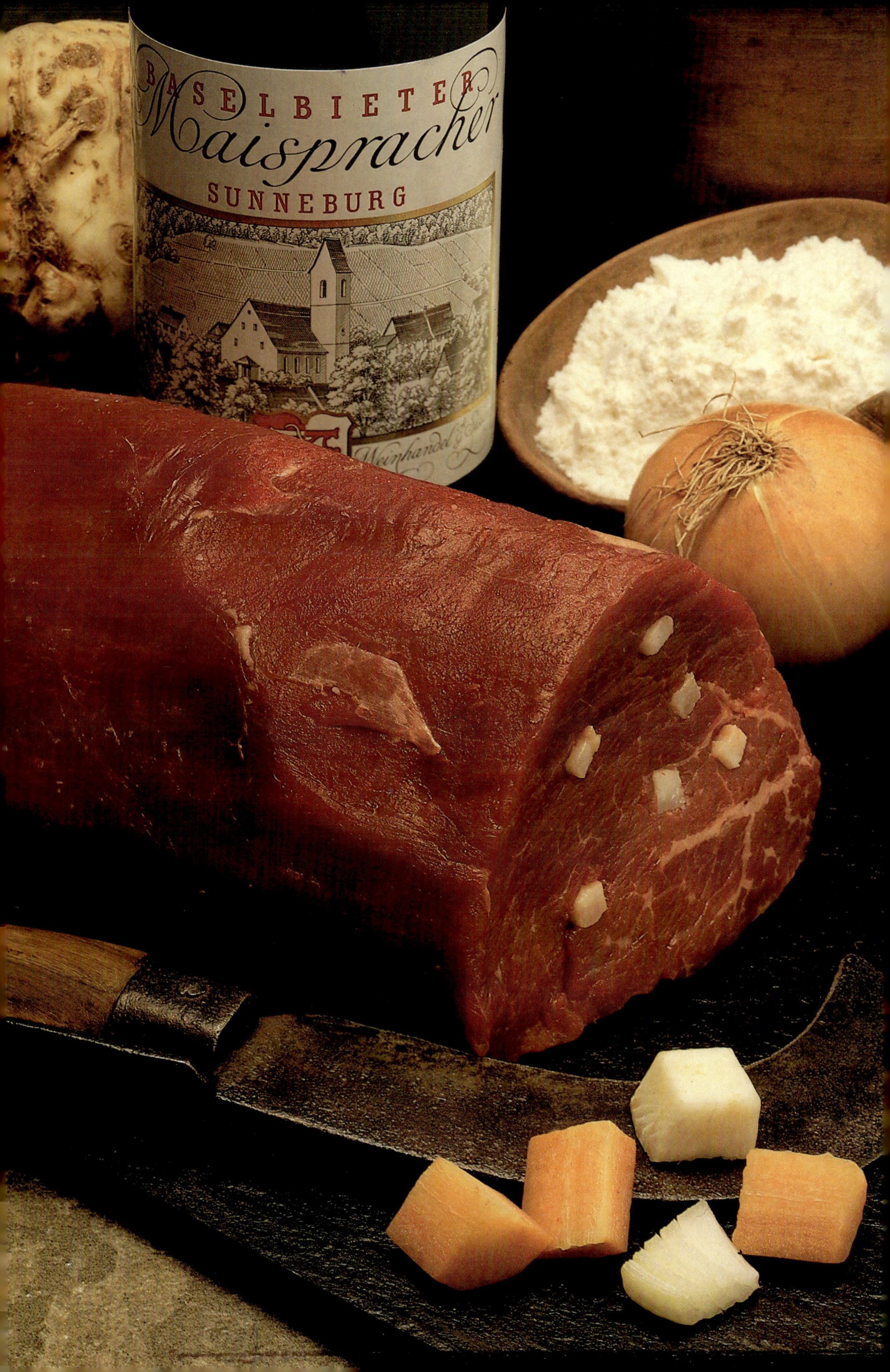
BASELBIETER
Maispracher
SUNNEBURG

bedeckt werden, thut sie Löffel um Löffel länglich geformt in heiße Butter und backt sie schön gelb.
Sobald sie aus der Pfanne kommen, werden sie in fein gestoßenem Zucker gewälzt und auf einen Teller angerichtet.

Basler Brunsli

3	Eiweiß
2 EL	Kirschwasser
220 g	Zucker
260 g	geriebene dunkle Schokolade
500 g	geriebene Mandeln
50 g	Kakao
1 Msp.	Zimtpulver
1 Msp.	Nelkenpulver

Die Eiweiß unter Zugabe von einer Prise Salz zu Schnee schlagen. Die übrigen Zutaten beigeben und gut untereinandermengen.
Den Tisch auszuckern, den Teig darauf fingerdick auswallen und mit kleinen Förmchen ausstechen. Ungefähr eine Stunde trocknen lassen. Bei mittlerer Hitze (170°) etwa 5 – 8 Minuten backen. Sie sollen außen knusprig und innen noch weich sein.
Wichtig ist, daß sie nach dem Auskühlen sofort in eine Blechdose gelegt werden, denn sonst werden sie hart.

Basler Leckerli

500 g	Honig
500 g	Zucker
500 g	Mandeln, gehackt
40 g	Zitronat, gehackt
40 g	Orangenzeste, gehackt
25 g	Zimt, gemahlen
4 g	Nelken, gestoßen
½	kleine Muskatnuß, gerieben
6 g	Hirschhornsalz (in der Apotheke erhältlich)
0,4 dl	Kirsch
600 g	Mehl
	Zuckerglasur

Den Honig erhitzen, den Zucker beifügen und kochen. Die Mischung wenig erkalten lassen und unter ständigem Rühren die Mandeln, Zitronat, Orangen-

zeste, Zimt, Nelken, Muskat und Hirschhornsalz beigeben. Das Mehl leicht erhitzen, sieben und der Masse zugeben. Das Ganze zu einem festen Teig verarbeiten.
Diesen auf dem Tisch auslegen; Kirsch anzünden und sofort über den Teig ausgießen, eventuelle Flammen ausblasen und den Teig sofort tüchtig verarbeiten. Man läßt ihn eine Stunde an einem warmen Ort stehen.
Den Tisch mit Mehl bestäuben und den Teig darauf auswallen und die «Guetzli» mit der Leckerliform oder in der Größe eines Kartenblattes ausstechen. Das Backblech ebenfalls mit Mehl bestäuben und die Leckerli darauf plazieren. Im vorgeheizten Backofen bei 230° 15–20 Minuten backen. Eventuell noch vorhandenes Mehl wird abgefegt und die Leckerli mit einer gekochten Zuckerglasur bestrichen. Man läßt sie nochmals im Backofen trocknen.

Schaffhausen

1501

Schaffhausen ist der einzige Kanton, der gänzlich «im Ausland» liegt, nämlich jenseits der natürlichen Grenze des Rheins «auf deutschem Gebiet». Am 1. April 1944 wurde dies der Stadt Schaffhausen zum Verhängnis, als ein Geschwader amerikanischer Bomber seine tödliche Fracht über dem vermeintlich deutschen Grenzbahnhof abwarf.

Die exponierte geografische Lage Schaffhausens bewirkte auch nach dem Eintritt in den Bund der Eidgenossen 1501 eine enge Bindung und Anlehnung an Deutschland. Besonders wirtschaftlich waren die Schaffhauser vom süddeutschen Raum abhängig: den größten Teil ihrer Weinproduktion verkauften sie im Schwarzwald, und Handwerk und Industrie arbeiteten vorwiegend für den deutschen Markt. Aber die Gründung des Deutschen Zollvereins 1833 beendete auf einen Schlag diese ökonomische Liaison; unvermittelt wurde die bis anhin kaum wahrgenommene politische Grenze zu einer fast unüberwindlichen wirtschaftlichen Schranke. Der kleine Kanton war plötzlich von seinem existenznotwendigen Hinterland abgeschnitten und geriet in eine tiefe Krise. Es dauerte Jahre, bis die Schaffhauser sich nach dieser Zäsur erholten, indem sie sich ökonomisch nach Süden, zur Schweiz hin, umorientierten. Der neue schweizerische Bundesstaat von 1848 erleichterte ihnen dieses Unterfangen, und schon bald prosperierte wieder eine vielseitige Industrie.

Ihre politische Zugehörigkeit zur Schweiz demonstrieren die Schaffhauser jeweils bei eidgenössischen Wahlen und Volksabstimmungen (nationalen Referenden). Während in der übrigen Schweiz seit Jahrzehnten eine stets sich vermindernde Stimm- und Wahlbeteiligung festzustellen ist (das Mittel liegt bei knapp 40%), trumpfen die Schaffhauser regelmäßig mit über 70% auf. Kein anderer Kanton erreicht auch nur annähernd diese hohe Beteiligung seiner Bürger am politischen Leben. Hier, am äußersten Rande der Schweiz, wird ein schweizerischer Patriotismus geradezu zelebriert, und politischer Alltag setzt würdig fort, was der bedeutendste Schaffhauser, der Historiker Johannes von Müller, in seinem großen Geschichtswerk im Zeitalter der Aufklärung über die Eidgenossenschaft begonnen hat.

Das Stadtbild Schaffhausen wird geprägt vom Munot, der mächtigen Festung auf steilem Hügel über dem Rhein. Der gewaltige Rundbau mit meterdicken Mauern und hohem Turm wurde 1564 – 85 errichtet und basiert auf den Grundsätzen von Albrecht Dürers Befestigungslehre. Der Munot ist ein einzigartiges Beispiel einer Höhenfestung der Renaissancezeit und galt damals als uneinnehmbares Bollwerk.

Ein einmaliges Naturschauspiel bietet dem Besucher der *Rheinfall,* der größte Wasserfall in Mitteleuropa. In seiner ganzen Breite von 150 m stürzt sich hier der Rhein über die 24 m hohen Kalksteinfelsen, bei Hochwasser im Frühsommer ein besonders faszinierendes Schauspiel, das schon Goethe auf seiner Schweizerreise beeindruckte. Dem Rheinfall auch verdankt die Stadt Schaffhausen ihre Entstehung, denn gegründet wurde sie im Frühmittelalter als Umschlag- und Stapelplatz für den flußabwärts gerichteten Warenverkehr.

Die Schaffhauser Küche ist besonders reich an Fischgerichten, und einige der direkt am Rhein oder in der malerischen Altstadt gelegenen Zunftlokale und Restaurants haben sich auf die Zubereitung von Hecht und Äschen spezialisiert. In der ganzen Schweiz berühmt ist die «Schaffhauser Zwiebelwähe» («Bölledünne»), und wer diese Stadt besucht, wird «Schaffhauser Züngli» mit nach Hause nehmen, ein schmelzend mundiges Gebäck aus der Rokokozeit.

Schaffhausen ist *der* Weinbaukanton in der deutschsprachigen Schweiz; etwa 12% des gesamten landwirtschaftlichen Rohertrages entfallen auf den Rebbau. Der Anteil ist damit gleich groß wie im Kanton Waadt. – Das Rebbaugebiet um Hallau ist das größte zusammenhängende Weinbauareal in der Ostschweiz, was der Landschaft einen ganz besonderen Reiz verleiht. Hallau, Trasadingen und Wilchingen sind echte Winzerdörfer; Rebbergfahrten auf Pferdefuhrwerken sind die besondere Attraktion für viele Besucher während des Sommers. Leichte Rotweine aus Blauburgundertrauben sind die Spezialität dieser Gegend; sie sind nach den Anbaugemeinden benannt. Daneben wird in beschränkter Menge auch «Riesling × Sylvaner» produziert, ein spritziger Weißwein als Begleiter zu den Schaffhauser Fischgerichten.

Gedämpfte Äschen aus dem Rhein

2	schöne, ganze Äschen
	Salz, Pfeffer
	Saft einer Zitrone
60 g	Mehl
4	ganze Salbeiblätter
2 EL	Öl
80 g	Butter

Die frischen Äschen werden ausgenommen und auf der Außenseite schräge Einschnitte gemacht, so verhindert man ein Zusammenziehen des Fisches. Der Fisch wird innen und außen mit Salz, Pfeffer und Zitronensaft gewürzt. In den Bauch jeder Äsche legt man zwei Salbeiblätter. Den Fisch in Mehl wenden. In einem hochrandigen Backblech wird die Butter zusammen mit dem Öl erhitzt; den Fisch dazugeben und im vorgeheizten Backofen etwa 170° unter öfterem Begießen mit Butter goldgelb braten lassen. – Aufgepaßt jedoch, die Butter darf nicht zu heiß werden. Die Fische aus dem Bratblech nehmen und auf eine Platte anrichten. Die Butter hellgelb schmelzen lassen und über die angerichteten Fische geben.

Kutteln nach Schaffhauser Art

800 g	Kutteln
40 g	Butter
1	Zwiebel
30 g	Mehl
1 dl	Weißwein
1 dl	Bouillon
½ EL	Tomatenpüree
1 EL	Rahm
	Zitronensaft
1 Prise	Kümmel
	Salz, Pfeffer

Die Kutteln in Salzwasser gut weichkochen, abtropfen lassen und in ganz feine Streifen schneiden. Die Zwiebel fein hacken, in der Butter glasig dämpfen und die Kutteln beigeben. Mit dem Mehl stäuben, ablöschen mit Weißwein und auffüllen mit der Fleischbrühe. Das Tomatenpüree beimischen und etwa 20 Minuten köcheln lassen.
Vor dem Servieren abschmecken mit Rahm, Zitronensaft, Kümmel und natürlich Salz und Pfeffer. Hervorragend passen hier Gschwellti (Schalenkartoffeln) dazu.

Bölledünne

Teig

200 g	Mehl, gesiebt
80 g	Butter
1 EL	Wasser
1 TL	Salz
1 Spritzer	Essig

Füllung

4	Zwiebeln
40 g	Butter
80 g	feine Speckwürfeli
1 EL	Maismehl (Maizena)
3 dl	Rahm
2	Eier
	Salz, Pfeffer

Das gesiebte Mehl in eine Schüssel geben und die weiche Butter in Flocken daruntergeben, in den Händen zerreiben. Salz in Wasser auflösen und mit dem Spritzer Essig dazugeben, zu einem festen Teig verarbeiten. 30 Minuten ruhen lassen. Ein rundes Kuchenblech ausbuttern und mehlen. Den Teig auswallen und das Blech damit auslegen.

Die Zwiebeln schälen und in feine Scheiben schneiden und in Fett glasig dünsten, aus der Pfanne nehmen und den Speck goldgelb anbraten. Die Zwiebeln wieder beigeben und mit dem Maismehl bestäuben. Rahm und Eier verrühren, mit Salz und Pfeffer abschmecken. Alles zu einer Masse vermischen und auf den mit der Gabel eingestochenen Teigboden geben.

Bei 180° etwa 40 Minuten backen. Der Bölledünne sollte heiß oder lauwarm serviert werden.

Gefüllter Böllen

Man nimmt große Böllen, ziehet davon die äußerste rohe Hülsen ab, höhlet sie soviel als möglich aus; hacket dieses mit gekochtem Fleisch fein, thut wenig Essig und Salz dazu, füllt damit die Böllen zu, und läßt sie in einer Casserolle, ohne sie zu decken, im Anken gelb braten.

Man kann daran eine Sosse thun von gehacktem Peterlein und Chalotten, mit einer Bratisbrühe aufgekocht.

Schlatheimer Rickli

6	Eier
260 g	Zucker
200 g	Butter
760 g	Mehl
1 Prise	Salz
1 ½ TL	Backpulver
	Zeste einer halben Zitrone
1 EL	Kirschwasser
	Puderzucker
	Fett oder Öl zum Fritieren

Eier, Zucker und die Prise Salz in eine tiefe Teigschüssel geben und mit dem Schneebesen schaumig rühren. Die abgeriebene Zitronenschale und den Kirsch dazugeben. Die Butter schmelzen, erkalten lassen und dazugießen. Das Mehl und das Backpulver dazusieben und unter die Masse melieren. Diesen weichen Teig eine halbe Stunde kalt stellen.

Den Teig 4 mm dick auswallen und davon Rechtecke in der Größe von 7 × 12 cm schneiden. An jedem Rechteck der Länge nach zwei Einschnitte anbringen. Die Ecken der Rechtecke von unten nach durch die beiden Schlitze ziehen. Diese Küchlein auf dem Teigbrett etwas flachdrücken, ungefähr eine halbe Stunde kühl stellen und in 170° heißer Friture 2 – 3 Minuten goldbraun backen. Gut abtropfen lassen und mit Puderzucker bestreuen.

Appenzell

1513

Aus irgendeinem unerklärlichen Grunde mag man in der ganzen Schweiz die Appenzeller. Nur die Tessiner noch genießen ähnliche Sympathien. Das heißt nicht, daß man mit allen appenzellischen Eigenheiten und Vorgehensweisen einverstanden wäre, so zum Beispiel mit der Tatsache, daß die Appenzeller Frauen gegen Ende des 20. Jahrhunderts immer noch keine vollständige Gleichberechtigung in der Politik erlangt haben. Doch solche Mängel sieht man den Appenzellern nach – und wohlweislich läßt man sich mit ihnen über derartige Nichtigkeiten auf keinen Disput ein, denn der träfe Appenzeller Witz vermag den Kritiker handkehrum bloßzustellen. Verlierer in einem Wortgefecht ist nie der Appenzeller!
Im Mittelalter bildete das Land Appenzell den größten Teil des agrarischen Hinterlandes für das Kloster St. Gallen; es war «des Abtes Zelle». Übergriffe der Klostervögte veranlaßten die Bauern schon früh, Rückhalt bei den fernen Eidgenossen zu suchen, und 1513 schließlich wurden sie in den Bund aufgenommen – allerdings, wie Basel, mit der Auflage, im Falle eines Streites unter den übrigen Bundesmitgliedern «stille zu sitzen», also nicht Partei zu ergreifen.
Als 1597 die äußeren Gemeinden des Kantons das reformatorische Glaubensbekenntnis angenommen hatten, kam es zur Teilung des Landes in «Appenzell Außerrhoden» und «Appenzell Innerrhoden». Die Landsgemeinde als oberstes demokratisches Entscheidungsorgan, also die jährliche Versammlung aller

Basler Mehlsuppe

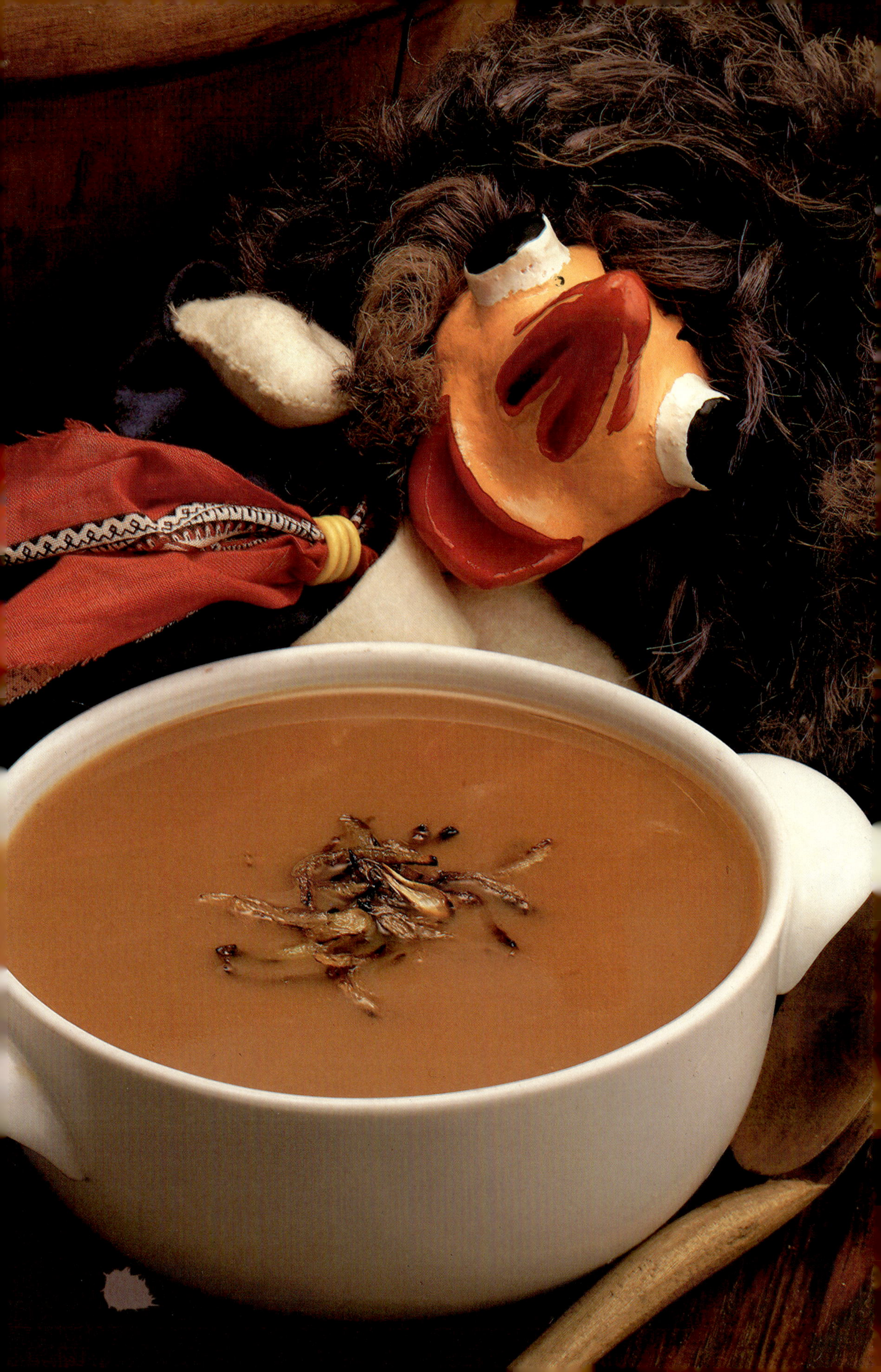

Schachenmann
SCHAFFHAUSEN
1983
Schaffhauser
RIESLING
×
SYLVANER
Schachenmann
SCHAFFHAUSEN

stimmberechtigten Bürger unter freiem Himmel, blieb in beiden Halbkantonen erhalten. Während aber Innerrhoden sich gemäß seiner Tradition als Bauernstaat in katholisch-konservativer Grundhaltung bis ins 20. Jahrhundert hinein kontinuierlich weiterentwickelte, begannen die Außerrhoder sich der Welt zu öffnen, und unter Führung einiger hervorragender Köpfe wurde das Land zu einem Hort liberalen Gedankengutes wie auch kulturellen und pädagogischen Engagements. Daß das «Kinderdorf Pestalozzi» gerade in Appenzell Außerrhoden gebaut wurde, hat sicher auch mit der weitblickenden und noblen Haltung dieses Volkes zu tun.

Das geographische Rückgrat des Appenzellerlandes ist das Alpsteingebirge mit dem Säntisgipfel, der weitherum die ganze Ostschweiz überblickt. Die Kleinbauern bewohnen das Hügelland in über die Auen verstreuten «Heimetli», wie sie ihre in die Landschaft eingepaßten niedrigen Holzhäuser nennen. Ganz im Gegensatz dazu das herrschaftliche Dorf Trogen: vier- und fünfstöckige steinerne Paläste und eine Barockkirche umstellen den zentralen Dorfplatz, auf dem in den geraden Jahren die Landsgemeinde abgehalten wird. Der Besucher glaubt sich urplötzlich auf eine «Piazza della Signoria» in der Toskana versetzt. Es waren vor 200 Jahren die Vertreter der angesehenen und mächtigen Familie Zellweger, die mit ihren Bauten dem Platze sein Gepräge gaben.

Die Appenzeller haben die schönste aller Schweizer Volksmusiken (es gibt derer so viele fast wie Küchenspezialitäten). Bereits die Zusammensetzung der Kapelle gibt Aufschluß über die Eigenheit dieser Musik, die unverwechselbar von den übrigen Stilrichtungen sich abhebt: Geige, Bratsche, Cello und Kontrabaß bilden den vielstimmigen Melodienteppich, während als fünftes Instrument das Hackbrett virtuos solistisch eingesetzt wird. Nicht nur die getragenen «Zäuerli», aus den Kuhreihen hervorgegangen, sondern auch die fröhlichen «Tänzli» bergen neben aller Lüpfigkeit immer einen Hauch von Wehmut in sich.

Die Eßgewohnheiten der Appenzeller sind noch stark geprägt von der Tradition des Senntums. An Duftfülle und Geschmacksintensität nimmt es kein anderer Käse mit dem «Appenzeller Rässkäs» auf, und die Fleischspezialitäten «Pantli» und «Mostmöckli» sind als Zwischenmahlzeit eine wahre Kraftnahrung. «Appenzeller Chäshörnli», ein Teigwarenauflauf, sind zwar keine Festmahlzeit, aber ein urchiges und währschaftes Alltagsmenü.

Was viele nicht wissen (notabene: nicht einmal ein Schweizer Weinatlas): Auch das Land Appenzell hat einen eigenen Wein, der im nördlichsten Zipfel des Kantons, im Wienacht-Tobel, angebaut wird. Die geschützte Lage läßt sowohl den weißen als auch den roten Wein zu guten Tropfen heranreifen, jedoch in so geringen Mengen, daß nur an besonderen Tagen eine Flasche «Wienachtwy» oder «Landsgmendwy» aus dem Keller geholt wird. Im übrigen entspricht es der Bescheidenheit der Appenzeller, sich alltags mit einem sauren Most oder dem landeseigenen «Locher Bier» aus Oberegg zu begnügen.

Bölledünne

Gsöd-Suppe

250 g	Gerste
120 g	Borlotti- oder weiße Bohnen
60 g	Butter
1	kleiner Sellerieknollen
1	Karotte
1	kleiner Lauchstengel
1	kleiner Kohlkopf
	Salz, Pfeffer
5 dl	Fleischbouillon
1	kleiner Bund Petersilie

Nach Belieben kann man beispielsweise ein Ripplistück vom Hals mitkochen und das Gericht als Eintopf servieren.

Am Abend vorher die getrockneten Bohnen einweichen.
Die Gemüse waschen, zurüsten, feinblättrig schneiden und in der Butter gut andünsten. Die Gerste und die abgetropften, eingeweichten Bohnen dazugeben und ein wenig mitdünsten. Mit der Fleischbouillon und wenig Wasser ablöschen, eventuell das Fleisch beigeben und das Ganze auf kleinem Feuer 2 ½ Stunden kochen lassen. Nach Geschmack würzen mit Salz, Pfeffer und gehackter Petersilie.

Anmerkung
Diese köstliche Appenzeller Spezialität kann man unter Zugabe von einem Deziliter Rahm verfeinern.

Chäshörnli mit Apfelmus

Chäshörnli

300 g	Hörnli (Teigwaren)
2	Zwiebeln
50 g	Butter
150 g	Appenzeller Käse
1 dl	Rahm
	Salz, Pfeffer
80 g	Butter

Apfelmus

6	Äpfel
1 dl	Apfelsaft
½	Zimtstengel
1	Gewürznelke
100 g	Zucker
2 dl	Rahm

Chäshörnli
Die Hörnli in Salzwasser weichkochen und abschütten. Die Zwiebeln schälen, in feine Streifen schneiden und in Butter weichdünsten, vermischen mit den Teigwaren, den Rahm darunterstreichen und mit Salz und Pfeffer würzen.
Den Appenzeller Käse raffeln und über die Hörnli streuen. Butter hellbraun erhitzen und zuletzt darübergeben.

Apfelmus
Die Äpfel schälen und entkernen. Im Apfelsaft mit dem Zucker und eventuell ein wenig Zitronensaft, dem Zimtstengel und der Nelke kochen. Die Äpfel passieren und nach Geschmack mit Zucker süßen. Den steifgeschlagenen Rahm über das Apfelmus geben und als Beilage servieren.

Anmerkung
In einfacheren Verhältnissen wurde der Rahm bei den Chäshörnli weggelassen. Lediglich beim Abschütten des Kochwassers wurde von diesem wenig zurückbehalten und so die erwünschte Feuchtigkeit erzielt.

Chüngel in der Beize

1	Chüngel (Kaninchen)
750 g	Kartoffeln
70 g	Butter
100 g	Speck
1	Knoblauchzehe
1 ½ EL	Mehl
2 dl	Rotwein
1 dl	Fleischbouillon
1 dl	Rahm
	Salz, Pfeffer

Beize

5 dl	Rotweinessig
5 dl	Rotwein
5 dl	Wasser
2	große Zwiebeln, besteckt mit 5 Nelkenköpfchen
1	Lorbeerblatt
	einige Pfefferkörner
1	Karotte

Das ganze Kaninchen in Ragoutstücke zerteilen (oder schon fertige vom Metzger) und in eine tiefe Schüssel geben. Sämtliche Zutaten der Beize dazugeben, die Gemüse in Würfel geschnitten.
3 – 4 Tage in der Beize ziehen lassen, herausheben und gut abtropfen lassen. Den Speck feinwürfelig schneiden und zusammen mit den Ragoutstücken, den

abgetropften Gemüsen aus der Beize und dem feingehackten Knoblauch in der heißen Butter gut anbraten. Mit dem Mehl bestäuben und dieses kurz mitrösten, mit Wein ablöschen und mit Bouillon auffüllen. Zugedeckt auf kleinem Feuer eine Stunde kochen lassen.

Dann die Kartoffeln schälen, in gleich große Würfel schneiden, beigeben und eine weitere halbe Stunde garen lassen. Vor dem Anrichten nachwürzen mit Salz und Pfeffer, mit dem Rahm die Sauce verfeinern und dann in eine tiefe Schüssel anrichten.

Appenzeller Biberfladen

320 g	Zucker
1 kg	halbweißes Ruchmehl
1 Prise	Salz
30 g	Vanillezucker
400 g	Honig
½ dl	Milch
3	Eier
je 1 EL	Zimt-, Muskatnuß-, Kardamom- und Ingwerpulver
30 g	Backpulver

Der Honig, die Milch, der Zucker und die Prise Salz werden in eine Pfanne gegeben und langsam erhitzt. In eine Schüssel geben und unter öfterem Rühren erkalten lassen.

Sobald die Masse noch lauwarm ist, werden die Gewürze, der Vanillezucker und die Eier daruntergemischt. 750 g des Mehles und das Backpulver sieben und zur Masse mischen. Das restliche Mehl unter diesen Brei arbeiten, und nach Wunsch kleine oder größere Teigstücke abschneiden und zu runden Fladen auswallen. Das Backblech gut fetten und die Teigstücke darauflegen. Mit Milch bestreichen und im Ofen bei mittlerer Hitze (180°) etwa 20 Minuten backen.

Appenzeller Rahmfladen

300 g	geriebener Teig (s. Seite 218)
2 EL	Mandeln, gerieben
50 g	Zucker
3	Eier
30 g	Butter
3 EL	Mehl
3 dl	Rahm
1 Prise	Salz
1 Msp.	Zimt
30 g	Weinbeeren
2 EL	Mandeln, gehobelt

Eine Tortenform mit nicht allzu dünn ausgewalltem Teig belegen und mit den geriebenen Mandeln bestreuen. Den Zucker mit den Eigelb schaumig rühren, und nach und nach die übrigen Zutaten beifügen. Zuletzt das steif geschlagene Eiweiß darunterziehen und diese Masse auf den Kuchenteig füllen. Die gehobelten Mandeln darüberstreuen und 40 Minuten backen.

St. Gallen

1803

Während Zürich, Basel, Lausanne und viele andere Schweizer Städte bereits römische oder keltische befestigte Plätze waren, Bern, Freiburg, Burgdorf u. a. im Mittelalter von Adligen gegründet wurden, ist die Stadt St. Gallen ein typischer Vertreter jener Siedlungen, die um ein Kloster herum entstanden sind. Schon zur Zeit Karls des Großen (um 800) stand die Abtei St. Gallen im ersten Range unter den Klöstern des Reiches, und bis 1798 besaß der Abt den Rang eines Fürsten des Deutschen Reiches. Das Kloster St. Gallen war ein Zentrum althochdeutscher Dichtkunst und der Musik sowie eine «Hochschule der Kochkunst».
Zu Beginn des 15. Jahrhunderts lösten sich die selbstbewußt gewordenen Stadtbürger aus der Herrschaft des Abtes. 1451 schloß der Abt einen ewigen Pakt mit mehreren eidgenössischen Orten, 1454 taten dies auch die Stadtbürger; die miteinander zerstrittenen Kloster und Stadt St. Gallen schützten sich auf diese Weise vor den Ansprüchen des jeweils anderen. Nachdem die Stadt die Reformation angenommen hatte, ergab sich die groteske Situation, daß der katholische Abt jedesmal die reformierte Stadt durchqueren mußte, wollte er seine außerhalb liegenden Territorien besuchen. Und die Stadtregierung verlangte, daß dieser Durchmarsch nur mit gesenkten Fahnen und Ehrenzeichen erfolgen dürfe ...
Kein Kanton besitzt eine derart amorphe territoriale Struktur wie der Kanton St. Gallen. Rapperswil am Zürichsee, Sargans am Eingang zu Graubünden,

Rorschach am Bodensee, um nur drei Eckpfeiler zu nennen, sind Bestandteil St. Gallens. Und mitten drin das Appenzellerland, «wie ein Fünffrankenstück im Kuhdreck», sagen die Appenzeller. 1803 wurde der Kanton unter der Ägide Napoleons aus ehemaligem Klosterbesitz, der Stadt und früheren Untertanenlanden willkürlich zusammengesetzt und in dieser neuen Form wieder Mitglied der Eidgenossenschaft. Treibende Kraft der Neuorganisation war der St. Galler Politiker Karl Müller-Friedberg, weshalb man denn auch oft spöttisch vom «Kanton Müller-Friedberg» sprach, wenn man St. Gallen meinte. Seit 1847 heißt St. Gallen der «Schicksalskanton», denn er lieferte die entscheidende letzte Stimme für die Auflösung des Sonderbundes einiger konservativer Kantone; damit wurde der Weg frei für die Umwandlung der Schweiz in den modernen Bundesstaat.

Die Stadt St. Gallen wurde im 19. Jahrhundert zum Zentrum der ostschweizerischen Stickereiindustrie. Im umliegenden Kantonsgebiet und in Appenzell lebten etwa 100000 Menschen von den Erträgen der Stickerei, die hier zum Kunsthandwerk von höchster Vollendung gediehen war. Aber nach dem 1. Weltkrieg brach eine große Krise über die Textilindustrie herein; die Jahresausfuhr an Stickereien betrug 1935 noch 7% ihres Vorkriegsvolumens. Die Stadt verlor einen Sechstel ihrer Bevölkerung, denn vielen war die Lebensgrundlage entzogen worden.

Inzwischen hat sich die Lage wieder stabilisiert. Neue Industriezweige haben sich angesiedelt, und St. Gallen ist zum Zentrum der ostschweizerischen Dienstleistungsbranchen geworden. «Echte St. Galler Stickerei» ist wieder ein begehrtes Spitzenprodukt textilen Kunsthandwerks und wird in die ganze Welt exportiert.

Der Grundriß der Stadt ist immer noch geprägt von der einstmals zentralen Klosteranlage, wenn auch viele der Gebäude heute weltlichen Zwecken dienen. In ihrer Mitte aber steht als Wahrzeichen der Stadt die mächtige Kathedrale, eines der eindrücklichsten Zeugnisse des barocken Kirchenbaus in der Schweiz. Und die Stiftsbibliothek genießt Weltruf, sowohl wegen ihrer baulichen Ausgestaltung als auch wegen der literarischen Schätze, die bis weit ins Frühmittelalter zurückreichen.

St. Gallen ist berühmt für seine Wurstspezialitäten. «St. Galler Bratwurst» und «St. Galler Schübling» werden inzwischen in der ganzen Schweiz von den Metzgereien und Supermärkten angeboten. Es gibt kein Schützenfest, keinen Sportanlaß, keinen Jahrmarkt ohne Bratwurststand, und was wäre ein Picknick am Waldrand oder eine Gartenparty ohne «Bratwurst vom Grill»! Zum alle zwei Jahre in St. Gallen durchgeführten Kinderfest ebenso wie zur jährlich im Oktober stattfindenden OLMA, der nationalen Messe für landwirtschaftliche Produkte, werden jeweils besonders große und schmackhafte «Spezialbratwürste» angeboten.

Der Weinbau genießt im heutigen Kanton St. Gallen alte Tradition und konzentriert sich auf die Hanglagen des Rheintals zwischen Sargans und Bodensee. Über 90% der Erträge sind Rotweine, die aus Blauburgundertrauben gewonnen werden. Die Weine sind leicht und bekömmlich; man trinkt sie in der ganzen Ostschweiz auch zu einfachen Mahlzeiten. Zur Bratwurst oder zum Schübling mit Kartoffelsalat gehört wohl ein Bier, am ehesten aus der Brauerei «Schützengarten» in St. Gallen.

St. Galler Käsesuppe

200 g	Schwarzbrot
150 g	Käse, gerieben
30 g	Butter
1	Ei
1	Zwiebel
1 ¼ l	Fleischbouillon

Das feingeschnittene Schwarzbrot wird lagenweise mit dem Käse in einen feuerfesten Tontopf geschichtet. Dann die Butterflocken darauf verteilen und das Ganze mit der kochenden Fleischbrühe übergießen. Diese Suppe wird zugedeckt im Ofen ½ Stunde gebacken. Kurz vor dem Anrichten ein verquirltes Ei und gelbgeröstete Zwiebeln daruntermischen. Bei starker Hitze wird das Ganze nochmals kurz überbacken.

St. Galler Bauernbratwurst

4	Bauernbratwürste
2	große Zwiebeln
1 dl	Rotwein
2 dl	Bratensauce
	Salz, Pfeffer
½ dl	Öl

Die Bratwürste werden in Salzwasser überbrüht, und auf dem Rost oder in der Pfanne gebraten.
Sollten die Würste in der Pfanne gebraten werden, werden diese, sobald sie eine goldgelbe Farbe haben, aus der Pfanne genommen und an einen warmen Ort gestellt.
Die Zwiebeln in feine Ringe schneiden, zum Bratsatz geben und hellbraun braten. Mit dem Rotwein ablöschen und Flüssigkeit stark einreduzieren. Die Bratensauce dazugeben und weiter einkochen. Wenn nötig mit Salz und Pfeffer würzen.
Die heiße Sauce über die Würste geben.
Als Beilage paßt Rösti oder auch das köstliche St. Galler Bauernbrot (Rezepte siehe Seiten 179 f und 186).

Sammetsuppe

60 g	Butter
2	Eier
30 g	Mehl
2,5 dl	Milch
1,2 l	Fleischbouillon
	Salz, Pfeffer
	gehackte Petersilie

Die Butter mit den Eiern schaumig schlagen und das gesiebte Mehl dazugeben und alles mit der Milch mischen. Die vorher zubereitete Fleischbouillon aufkochen und unter Rühren die Mischung einlaufen lassen. Eventuell würzen und mit gehackter Petersilie bestreuen.

Rheintaler Türkenriebel

120 g	Weißmehl
320 g	Riebelmehl (weißer, fein gemahlener Mais)
	Salz
2 dl	Wasser
120 g	Butter
50 g	Butter

Das Mehl mit dem Mais gut vermischen, das Wasser salzen und aufkochen und zu dem Mehlgemisch gießen. Über Nacht ziehen lassen.
Die Butter in einer großen, flachen Bratpfanne erhitzen und darin kleine Brokken von dem gestockten Brei brechen und goldgelb braten, eventuell etwas nachsalzen.
Vor dem Servieren die restliche Butter beigeben und nochmals kurz rösten. Der Türkenriebel wird nach alter Sitte mit der Pfanne auf die Tischmitte gestellt; und ein jeder bedient sich mit seinem Suppenlöffel, welcher dann mit dem Riebel kurz in Milchkaffee getaucht wird.

Anmerkung
Die ursprüngliche Variante besteht nur aus Riebelmehl und mit 1 dl Milch und 1 dl Wasser.
Der türkische Beiname deutet auf Mais hin, der im Volksmund auch Türkenkorn genannt wird. Die Verbreitung des Maises in Europa ging nämlich mit großer Wahrscheinlichkeit im 16. Jahrhundert von der Türkei aus.

Schaffleisch mit Rüben

700 g	Schaffleisch, Brust oder Hohrücken
	Salz, Pfeffer
1	Karotte
1	kleiner Sellerie
200 g	gelbe Rüben
200 g	Kartoffeln
50 g	Mehl

Das Fleisch in etwa 30 g schwere Würfel schneiden, in eine Pfanne mit kaltem Wasser geben und auf den Siedepunkt bringen. Kurz überwallen lassen, das Wasser abschütten und wieder mit neuem heißem Wasser auffüllen, bis das Fleisch knapp bedeckt ist. Durch diesen Vorgang wird der Schafgeschmack reduziert.
Die Gemüse rüsten, in Würfel schneiden und nach einer Stunde Kochzeit dem Fleisch beigeben. Die Kartoffeln schälen, in Würfel schneiden, ebenfalls dazugeben und fertigkochen lassen. Sollte zuviel Flüssigkeit vorhanden sein, kann in einem separaten Pfännchen das Mehl mit etwas von dieser Flüssigkeit angerührt und die Sauce damit gebunden werden. Nach Belieben würzen mit Salz und Pfeffer.

Anmerkung
Wer den Schafgeschmack nicht besonders liebt, verwendet anstelle des Schaffleisches besser Lammfleisch.

Apfelrösti

4	säuerliche Äpfel, wenn möglich mürbe
80 g	Butter
250 g	Brotwürfeli
30 g	Zucker

Die Äpfel schälen und in dünne Streifen schneiden, zusammen mit den Brotwürfeli und der Butter in eine flache Röstipfanne geben und zugedeckt 10 Minuten dämpfen. Mit einem Löffel durchrühren, den Zucker darübergeben und zuletzt auf einer Seite goldgelb Farbe nehmen lassen.
Im Aargau wird sie «Öpfelbröisi» genannt, und da werden noch Rosinen und Zimtzucker dazugegeben.
Im allgemeinen trinkt man einen Milchkaffee dazu. Meist ist die Apfelrösti eine Hauptmahlzeit, eventuell angereichert durch Käse und Brot.

Anmerkung
Die Apfelrösti ist in fast allen Kantonen beheimatet. Jedoch wird sie von Kanton zu Kanton in verschiedenen Variationen zubereitet.

St. Galler Klostertorte

(für eine Springform von 26 cm ⌀)

160 g	Butter
130 g	Zucker
1	Ei
1	Eiweiß
300 g	Weißmehl
10 g	Backpulver
1 Prise	Salz
50 g	Schokoladenpulver
1 TL	Zimt
130 g	Mandeln, gerieben
300 g	Aprikosenkonfitüre
½ dl	Milch
1	Eigelb zum Bestreichen

Die Butter zusammen mit dem Zucker, dem Ei und Eiweiß schaumig rühren, die Milch dazugeben. Das gesiebte Mehl, Salz, Backpulver, Schokoladenpulver und die geriebenen Mandeln im Sturz beigeben und gut untereinanderarbeiten. Zugedeckt mit einem feuchten Tuch eine Stunde ruhen lassen.
Die Form bebuttern und mehlen. Den ausgewallten Teig darin ausschlagen, etwas zurückbehalten zum Ausgarnieren. Die Konfitüre auf dem Teigboden ausstreichen. Den restlichen ausgewallten Teig in Streifen schneiden und gitterförmig über die Torte geben. Mit einem aufgeschlagenen Eigelb bestreichen und im Ofen bei etwa 180° 40–45 Minuten backen.
Anstelle der Aprikosenkonfitüre kann man auch Johannisbeer- oder Himbeerkonfitüre gebrauchen.

Holderezune *(Toggenburger Holundermus)*

1 kg	frische Holunderbeeren
80 g	Butter
2 EL	Mehl
2 dl	Rahm
100 g	Zucker
1 Msp.	Zimtpulver

Die Butter erhitzen und darin das Mehl leicht anrösten, mit dem Rahm auffüllen und die gewaschenen Holunderbeeren dazugeben. Alles zu einem dicken Brei verkochen. Den Zucker und den Zimt dazugeben. Wird als Nachspeise mit viel geschlagenem Rahm am Sonntag serviert.

Graubünden

1803

Als Schweiz in der Schweiz kann man den flächenmäßig größten Kanton mit gutem Recht bezeichnen: drei Sprachen, zwei Konfessionen, eine noch recht föderalistische Struktur, eine außergewöhnliche Vielfalt. Man kann sich fragen, was dieses «Land der 150 Täler», von denen jedes einen eigenen Charakter und eine entsprechend große Autonomie hat, zusammengeschmiedet hat.
Die Geschichte Graubündens ist durch zwei Umstände geprägt: gemeinsames Interesse, den Verkehr über die Alpen zu beherrschen, und Kampf der Menschen gegen die Naturgewalten.
Zu den frühesten Bewohnern des südöstlichen Zipfels der Schweiz gehörten die Räter, deren Spuren noch heute in manchen Bräuchen und in der rätoromanischen Sprache zu finden sind. Die vierte Landessprache der Schweiz kämpft ums Überleben. Ihre Uneinheitlichkeit – es gibt nicht weniger als fünf geschriebene romanische Sprachen und etwa so viele Dialekte wie Dörfer – ist der Erhaltung der Sprache natürlich nicht förderlich.
Beherrscht und stark beeinflußt wurden die Räter von römischen und schließlich von deutschen Kaisern. Um die wirtschaftlichen Vorteile, welche die Alpenpässe brachten, zu sichern und ihre Autonomie gegen fremde Mächte, vornehmlich Habsburger, zu verteidigen, schlossen sich die bäuerlichen Talgenossenschaften, die weltlichen und geistlichen Herren zu drei Bünden zusammen: dem Gotteshausbund, dem Grauen Bund, der dem Kanton später den Namen gab, und dem Zehngerichtebund. Der Druck von außen schweißte die

eigenständigen Bergbewohner trotz unterschiedlicher Religion und verschiedener Sprachen (deutsch, rätoromanisch und italienisch) zusammen.
Während Jahrhunderten war der Paßverkehr ein wichtiger Wirtschaftsfaktor für die Bündner Täler mit ihrer kargen Landwirtschaft. Die Eröffnung der Gotthardbahn 1882 war demnach wirtschaftlich ein schwerer Schlag. Brachte sie doch den Transitverkehr über die Bündner Alpenpässe zum Erliegen. Dafür entwickelten sich dann, besonders im Zuge des Baus der Rhätischen Bahn, des kühnsten Schmalspurbahnnetzes, die Bündner Kurorte. Der Fremdenverkehr wurde zum wichtigsten Wirtschaftszweig und ist es bis heute. Das Bündnerland hat dem Touristen viel zu bieten. Sucht er die Idylle landschaftlich noch unversehrter Täler oder die internationale Atmosphäre weltbekannter Ferienorte wie St. Moritz, Davos oder Arosa mit ihren zahlreichen Sommer- und Wintersportmöglichkeiten – auf seine Rechnung kommt er in jedem Fall.
Dem Fremdenverkehr zugute kam auch die Weltoffenheit und Gewandtheit der Zuckerbäcker. Jahrhundertelang betrieben Engadiner, Puschlaver und Bergeller in Europa, hauptsächlich in Italien, ihre Läden. Sie waren die ersten, die in Venedig Kaffee als Getränk servierten; bis dahin war dieser nämlich ausschließlich als Medizin serviert worden. Nach Hause zurückgekehrt, bauten sie aus ihren Ersparnissen die prächtigsten Häuser. Die heute noch vollständig intakten Dörfer Guarda, Zuoz, Ftan und Sent geben Zeugnis von der faszinierenden Architektur des Engadiner Bauernhauses. Obwohl sich Wohnräume, Stall und Scheune unter einem Dach befanden, wirkt das prunkvolle, sgraffitogeschmückte Haus mit seinen dicken Mauern und den tiefliegenden, unsymmetrisch angeordneten Fenstern wie ein Palazzo.
Von ihren Auslandaufenthalten zurückgebracht haben die erfolgreichen Zuckerbäcker und Kaffeehausbesitzer nicht nur materiellen Wohlstand, sondern auch neue Rezepte. Ihr Backwerk ist weltberühmt, insbesondere die Engadiner Nußtorte und das Bündner Birnbrot.
Die wohl bekanntesten Spezialitäten des Landes sind das luftgetrocknete Bindenfleisch oder Bündnerfleisch und der Bündner Rohschinken. Hauchdünn aufgeschnitten, mit frisch gemahlenem Pfeffer gewürzt, nach Belieben mit Cornichons, Tomaten und einem kräftigen, dunklen Brot serviert, dazu einen «Herrschäftler» oder einen «Bündner» Veltliner – eine unübertreffliche Gaumenfreude!
So wenig es *den* Bündner gibt, gibt es *die* Bündner Küche. Die drei Sprachgebiete Graubündens finden auch in der entsprechenden kulinarischen Vielfalt ihren Ausdruck. So könnte man auf einer eintägigen Reise im Engadin eine Bündnerplatte frühstücken, in S. Bernardino nach italienischem Rezept zu Mittag essen, und am Abend in Chur eine Bündner Gerstensuppe bestellen.

Bündner Gerstensuppe *(Schoppa da giotta)*

für 10 Personen

- 50 g Butter
- 150 g Zwiebeln
- 100 g Karotten
- 100 g Abschnitte von Rohschinken und Bündnerfleisch
- Gewürze
- 150 g Gerste grob
- 30 g Mehl
- 150 g Lauch
- 50 g Sellerie
- 3 l Bouillon
- 3 dl Rahm
- 2 Eigelb

Die Zwiebeln fein hacken, die Gemüse und das Fleisch feinwürfelig schneiden und in der Butter andünsten. Gerste dazugeben und diese auch kurz mitdünsten. Das Ganze mit Mehl stäuben und mit der Bouillon auffüllen. 1½ Stunden kochen unter öfterem Abschäumen.

Das Eigelb mit dem Rahm verquirlen, dazugeben und mit den Gewürzen abschmecken.

Bündner Teller

Heute ist das Bündnerfleisch oder Bindenfleisch, wie es in Graubünden genannt wird, weltbekannt.

Früher wurde das beste feinfaserige, fettreiche Muskelfleisch der Rinderkeule mit einer Mischung aus Wacholderbeeren, Pfeffer, Salz und Kräutern eingerieben. Danach wurde das Fleisch mehrere Monate in der würzigen Gebirgsluft des Bündnerlandes getrocknet.

Heute wird das Bündnerfleisch fabrikmäßig hergestellt und schmeckt fast so ausgezeichnet.

Bündnerfleisch wird hauchdünn aufgeschnitten und locker auf ein Holzbrettchen angerichtet. Köstlich schmecken dazu der in ähnlichem Verfahren hergestellte Rohschinken und Mesolcina, ein mit Knoblauch gewürztes Schinkenfleisch. Dies wird ebenso dünn aufgeschnitten.

Diese herrliche Fleischplatte genießt man mit Cornichons, Tomaten und Zwiebelringen. Nicht fehlen darf die Pfeffermühle, damit sich jeder selbst nach Belieben Pfeffer frisch darübermahlen kann.

Zuozer Rehpfeffer

1,8 kg	Rehfleisch, mit Knochen	
40 g	Butter	
1	kleine Sellerieknolle	
1	Karotte	
30 g	Mehl	
½ dl	Rahm	
2 dl	Rehblut (oder Schweineblut)	
	Salz, Pfeffer	

Beize

½ dl	Rotweinessig	
4 dl	Rotwein	
1	Zwiebel, halbiert und gespickt mit Nelke und Lorbeerblatt	
4	Wacholderbeeren	
1	kleiner Tannenzweig	
je 2–3	Korianderkapseln und Salbeiblätter	

Garnitur

80 g	Steinpilze	
80 g	Eierschwämme	
80 g	Magerspeck	
100 g	Trauben	
40 g	Butter	

Die Zutaten für die Beize in eine Pfanne geben und aufkochen, erkalten lassen und über die Rehfleischstücke gießen. Mindestens 12 Tage marinieren, nicht zu vergessen dabei ist, das Fleisch täglich zu wenden.

Danach das Fleisch aus der Beize nehmen, gut abtrocknen und in der Butter allseitig anbraten. Die Karotte und den Sellerie in kleine Würfelchen schneiden und diese kurz mitdünsten. Die Fleischstücke mit Mehl bestreuen, nochmals in der heißen Butter wenden und mit der abgesiebten Marinade ablöschen. Im Ofen zugedeckt bei 200° 1 ½ Stunden schmoren.

Die Steinpilze in dünne Scheiben schneiden und mit den Eierschwämmen gut waschen, abtropfen und in Butter weichdünsten, leicht salzen.

Nach Belieben kann man die Trauben schälen, in Butter sautieren und zu den Pilzen geben.

Die Kasserolle aus dem Ofen nehmen, die Fleischstücke auf einen Teller geben und warm stellen. In der Zwischenzeit die Sauce zur Hälfte einreduzieren und den Rahm und das Blut beigeben. Die Sauce mit Salz und Pfeffer abschmecken und knapp auf den Siedepunkt bringen, über das angerichtete Fleisch gießen.

Den Speck in feine Streifchen schneiden, goldgelb backen und zusammen mit den Pilzen und den Trauben über das Fleisch geben.

Maluns

500 g	*Kartoffeln*
200 g	*Mehl*
100 g	*Butter*
50 g	*Butter*
	Salz, Pfeffer

Die Kartoffeln in der Schale kochen und ein bis zwei Tage stehen lassen. Schälen und die eine Hälfte der Kartoffeln durch die Röstiraffel reiben und die andere in feine Scheibchen schneiden. Alles in eine Schüssel geben und mit dem Mehl und Salz vermischen.
Eine große Eisenpfanne auf den Herd stellen, und die Butter darin erhitzen.
Die Mehl-Kartoffel-Masse beigeben und in heißer Butter unter ständigem Rühren und Wenden rösten, bis sich kleine goldbraune Klümpchen bilden, die aber noch weich sein sollten. Zuletzt ein Stückchen frische Butter beigeben, mit etwas Pfeffer und Salz würzen.
Sofort auf den Tisch geben und essen. Dazu passen Apfelmus und Alpkäse ausgezeichnet.

Capuns

250 g	*Mehl*
3	*Eier*
1 dl	*Milch*
1 TL	*Salz*
2	*Landjäger oder Bündner Salsiz*
	(oder Abschnitte von Rohschinken und Bündnerfleisch)
1	*Zwiebel*
je 1	*Bund Schnittlauch und Petersilie*
100 g	*gekochter Schinken*
16	*große Mangoldblätter*
1 EL	*Butter*
80 g	*Speckwürfeli*
100 g	*geriebener Bündner Bergkäse*
1 dl	*Milch*
½ dl	*Fleischbouillon*
80 g	*Butter*

Das Mehl, die Eier, Salz und die Milch in eine tiefe Schüssel geben und zu einem festen, gleichmäßigen Teig verarbeiten. Die Landjäger, Salsiz oder Bündnerfleischabschnitte mit dem Schinken in feine Würfelchen schneiden und daruntermischen, wie auch die feingehackte Zwiebel und Kräuter.
Die großen Mangoldblätter sorgfältig waschen, ausbreiten und von den dicken Rippen befreien. Etwas Teigmasse der Länge nach daraufgeben und so rollen,

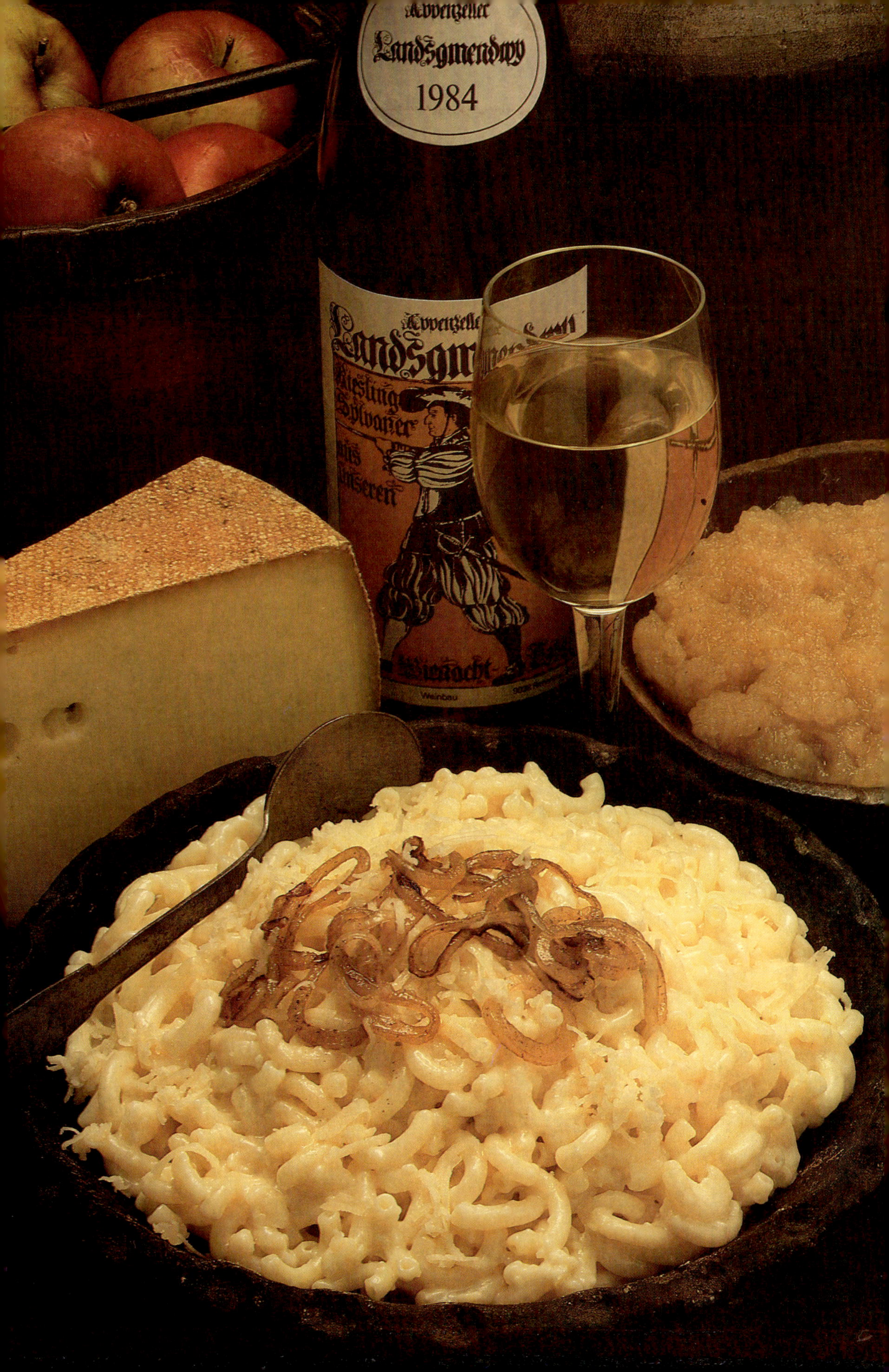
1984

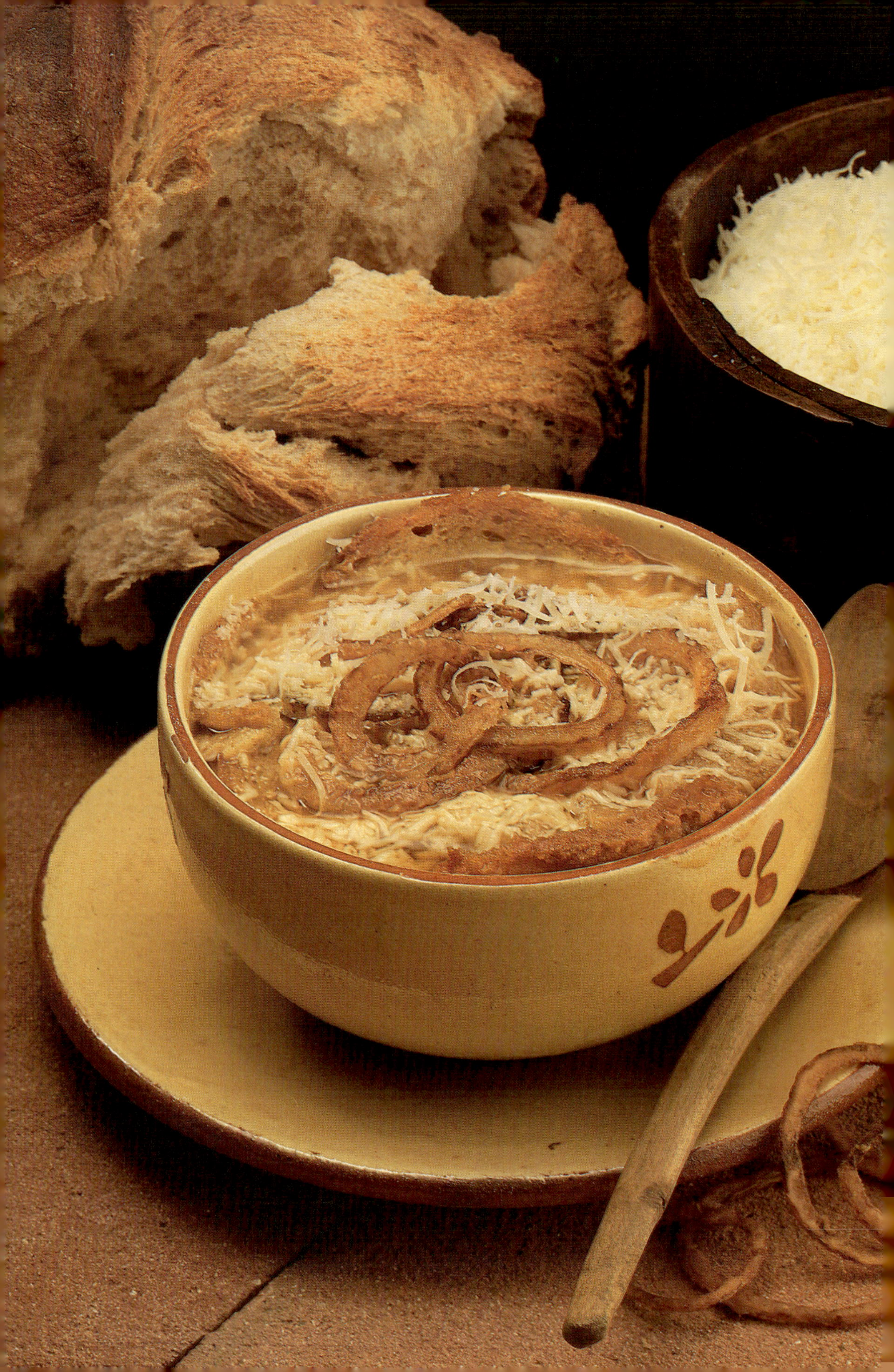

daß die Masse gut eingepackt ist. Zur Not mit einem Zahnstocher nachhelfen. Die Butter erhitzen und die Krautrollen kurz darin allseitig andämpfen. Mit 1 dl Milch und ½ dl Fleischbouillon auffüllen. Zum Kochen bringen und die Capuns darin eine Viertelstunde sorgfältig kochen lassen. Aus dem Sud nehmen, gut abtropfen lassen und in eine Porzellanplatte anrichten. Die Speckwürfelchen in Butter anrösten und über die mit Bergkäse bestreuten Capuns gießen.

Conterser Bock

1	Ei, hartgekocht

Omelettenteig

4	Eier
200 g	Mehl
2,5 dl	Milch
1 EL	Öl
	wenig Salz

Süße Rotweinsauce

½ l	Rotwein
125 g	Zucker
2 dl	Wasser
2	Nelken
1	Zimtstengel
1	Zitronenscheibe

Das hartgekochte Ei schälen und in den Omelettenteig tauchen, der so dick sein muß, daß er am Ei hängenbleibt.
Dieses in den Teig getauchte Ei in heißes Fett legen und ausbacken. Herausheben, in den Teig tunken und wieder im heißen Fett goldgelb backen. Auf diese Weise fortfahren, bis der Bock dick und groß ist. Der fertige Bock wird noch warm in 8 gleich große Stücke geschnitten, von denen jedes noch ein kleines Stückchen Ei enthalten soll. Mit Rotweinsauce übergießen und sofort servieren.

Omelettenteig
Eier verquirlen, Mehl, Milch und Öl beigeben und gut durchrühren, würzen mit wenig Salz.

Rotweinsauce
Alle Zutaten außer dem Rotwein mischen und gut aufkochen. Den Wein beifügen, nochmals wenig erhitzen, durchpassieren und servieren.

Mürbe Torte der Jungfer Rödel, der Churer Bäckerin

Für ein kleines Tortenblech nimmt man 250 g Mehl, 200 g Butter, 1 Ei, 3 kleine Eßlöffel Zucker, 1 Handvoll Mandeln, 1 Zitrone feingewiegt, 2 – 3 EL Kirschwasser.

Dies wird langsam untereinander gemengt und gut gerührt. Hauptsache für die Güte der Teige: die Butter bei allfälligem Erwärmen ja nicht zu weich werden lassen und den Teig abends vor dem Gebrauch anmachen und im Sommer über nacht in den Keller stellen.

Zur Fülle verwendet man frische oder eingemachte Früchte: Kirschen, Beeren, Äpfel, Trauben usw. Frische Früchte müssen, wenn auf den Teigboden ausgelegt, sehr stark mit Zucker bestreut, in manchen Fällen auch mit etwas Zimt und gestoßenen Mandeln überstreut werden.

Diese Torten sollen langsam, hellgelb und nicht hart backen. Der Boden darf nur dünn, der Deckel dicker sein. Ersterer wird, bevor die Fülle hereinkommt, mit einer Handvoll gestoßener Mandeln bestreut, damit sehr saftige Früchte nicht durchrinnen, was sonst das Backen des Bodens verhindern würde.

Bündner Birnbrot

1 kg	gedörrte Bündner Langbirnen (oder andere weiche Dörrbirnen)
250 g	gedörrte, entsteinte Zwetschgen
250 g	Feigen
125 g	gehacktes Zitronat
250 g	Nußkerne, grob gehackt
2 TL	Zimt
1 TL	Anis
½ TL	Nelkenpulver
1,5 dl	eingedickter Birnensaft
50 g	Rosinen
4 cl	Kirschwasser
500 g	Weißbrotteig

Die gedörrten Früchte werden über Nacht eingeweicht und dann in würfelgroße Stücke geschnitten. Dann gibt man die Gewürze, die Nüsse, Rosinen, den Kirsch und den Birnensaft dazu und vermischt alles zu einer festen Masse.

Wie auf Seite 185 beschrieben, 500 g schweren Weißbrotteig zubereiten und auswallen. (Man kann diesen auch beim Bäcker kaufen.)

Die Füllung wie eine dicke Wurst auf die Mitte des ausgewallten Teigs legen. Die Seiten darüberlegen und nach Belieben verzieren. Bei 180° – 200° backen.

Aargau

1803

Den Aargauer gibt es sowenig wie *den* Schweizer. Der Aargau ist ein äußerst heterogenes Gebilde, nicht gewachsen, sondern *gemacht,* zusammengewürfelt aus eidgenössischen Untertanenlanden (bernischer Aargau im Südwesten, Freiamt im Reußtal, Grafschaft Baden) und dem vorderösterreichischen Fricktal. Noch heute hat dieser uneinheitliche Kanton kein dominierendes städtisches Zentrum, das ihn zusammenhalten könnte, dafür aber viele kleine, alte Städtchen, verstreut über das ganze Gebiet. Viele von ihnen haben ihren historischen, auf die Gründungszeit zurückweisenden Kern bewahrt, obwohl sich mittlerweile um manche dieser Städte eine industrielle Peripherie gelegt hat.
Der Entwicklung der Städte förderlich waren die Flüsse; denn die Flußläufe dienten im Mittelalter in viel höherem Maß dem Verkehr als heute. Und an Flüssen mangelt es dem Aargau wahrhaftig nicht! Beim sogenannten «Wassertor», der geografischen Mitte des Kantons, vereinigen sich die mächtigen Flüsse Aare, Reuß und Limmat in einem gigantischen Trichter und münden bei Koblenz in den Rhein. Ähnlich der Schlüsselposition des Gotthardmassivs in den Alpen ist die Bedeutung des Aargaus hinsichtlich der Flüsse. So gehört der Aargau denn auch, obwohl einer der jüngsten Kantone der Eidgenossenschaft, zu den ältesten und bedeutendsten geschichtlichen Zentren der Schweiz. Schon die römischen Statthalter haben die hervorragende strategische Lage des helvetischen «Wassertors» erkannt. Die Ausgrabungen von Vindonissa (Windisch) und Augusta Rauricorum (Kaiseraugst) geben Zeugnis von der Bedeutung dieser römischen Stützpunkte. Im Mittelalter haben sich sechs Adelsgeschlechter

als Stadtgründer betätigt. Die aargauischen Städte sind eine Art Denkmäler ihrer Herrschaft. Den Habsburgern gelang es schließlich, alle Städte außer Klingnau und Kaiserstuhl in ihren Besitz zu bringen, bis sie nach und nach als Untertanengebiete an die Eidgenossenschaft übergingen und 1803, wider ihren Willen, zu einem Kanton vereinigt wurden. Seine künstliche Einheit ist bis heute allenthalben spürbar. So hört man im ehemals österreichischen Fricktal noch heute: «Ich gehe in die Schweiz», wenn einer nach Aarau will. Die Aargauer aus den bernischen Gebieten jassen mit französischen Karten, diejenigen von Baden mit deutschen. Die Wirtshausschilder weisen noch deutlicher auf die Verschiedenartigkeit der einzelnen Kantonsteile hin: Im bernischen Teil ist das wohlhabendste Wirtshaus jeweils der «Bären», im Fricktal sieht man den kaiserlichen Adler mit den zwei Köpfen, Krone und Zepter, und im katholischen Freiamt trifft man die Symbole der Evangelisten.

Von großer Vielfalt ist der Aargau aber auch land(wirt)schaftlich. In den noch vorwiegend bäuerlich geprägten Rhein-Seitentälern dominieren Obst- und Akkerbau, im etwas rauheren Freiamt die Milchwirtschaft. Das fruchtbare Seetal ist die «Visitenstube» des Kantons.

Die reichhaltigen landwirtschaftlichen Erzeugnisse finden Eingang in den Speisezettel. Beim bis heute erhaltenen Rezept «Schnitz und drunder» sind es die Kartoffeln, die unter die gedörrten Apfelschnitze kommen. Früher holte die Großmutter diese aus ihrem Schnitztrog, der nie leer wurde, weil jeden Herbst ein neuer Vorrat an Dörrobst angelegt wurde. Weitere beliebte Apfelrezepte sind die «Öpfelchüechli» und die Apfelrösti oder «Apfelbröisi», wie sie im Aargau heißt, ein urchiges Rezept aus Äpfeln, Brot, Zucker, Rosinen und Zimt.

«Rüebli git schöni Büebli.» Dieser Urgroßmutterspruch bedeutet nichts anderes, als daß die Buben, die viel Karotten essen, besonders schön würden. Natürlich wußte man damals noch nicht sehr viel über den Wert des natürlichen Vitamin A für unsere Gesundheit. – Was läßt sich Angenehmeres denken, als die Vitamine der Karotten in Form der delikaten Aargauer Rüeblitorte zu sich zu nehmen!

Brot- und Bettlersuppe

　　200 g　Schwarzbrot
　　　80 g　Butter
　　　20 g　Mehl
　　　1,2 l　Fleischbouillon
　　　　　　Schnittlauch und Petersilie

Das Brot wird in der Butter goldgelb geröstet. Einen Eßlöffel Mehl dazugeben und das Ganze noch ein wenig rösten. Mit Fleischbouillon auffüllen und eine halbe Stunde kochen lassen.
Nach Belieben Petersilie oder Schnittlauch beifügen.

Schnitz und drunder

250 g	süße, gedörrte Apfelstückli
500 g	Räucherspeck
	Salz
30 g	Butter
700 g	Kartoffeln

Die Apfelstückli werden mit dem Rauchfleisch in leichtem Salzwasser fast weichgekocht. Die Kartoffeln schälen, und wie für Salzkartoffeln, mit dem Fleisch auf kleinem Feuer etwa eine Stunde kochen.
Nach Belieben kann man 1 – 2 Eßlöffel Zucker zugeben oder nach Bedarf den Kartoffeln das nötige Salz.
Den Speck aus der Pfanne nehmen, in Scheiben schneiden. Die Kartoffelstückli im Topf mit Butterflocken belegen, schmelzen lassen. Apfel- und Kartoffelstückli vorsichtig leicht durcheinanderschütteln und in einen flachen Topf anrichten, die Speckscheiben obenauf legen und servieren.

Anmerkung
Eine alte Variation dieses Gerichts wird folgendermaßen zubereitet: Die Kartoffeln schälen und würfeln. Eine Zwiebel fein hacken, in Butter andünsten und die Kartoffelwürfeli beigeben. Die Äpfel entkernen und vierteln, den Speck in Portionen schneiden. Alles in den Topf geben, bedecken mit einer leichten Fleischbouillon, gut durchrühren und etwa 45 Minuten kochen. Nach Geschmack würzen mit Salz und einer Prise frischem Muskat.

Öpfelchüechli *(Bachis)*

8 – 10	saftige Äpfel
40 g	Zucker
7,5 dl	Milch
5	Eier
2 EL	Mehl
2 EL	Weißwein
2 EL	Zucker
130 g	Butter
	Zucker
	Zimt

Die Äpfel werden geschält, in kleine Würfel geschnitten und mit dem Zucker bestreut. Die Milch abmessen, in ein Geschirr geben und die 5 Eier dazugeben. Mehl, Zucker, Weißwein beigeben und mit dem Schneebesen tüchtig verquirlen und danach die Apfelwürfeli beigeben. Jetzt erhitzt man, am besten in einer Teflonpfanne, die Butter und backt schöne Pfannkuchen. Mit Zimt und Zucker bestreuen.

Gefüllte Kalbsbrust

Man schneidet die Brust auf, hacket Spinatkraut, druckt es aus. Röstet Brotsamen in frischem Anken; wenn sie halb gelb sind, thut man das Kraut dazu und röstet es vollends gelb. Thut dann Nidlen und Salz dazu, kochet es, bis es dick ist: hebt Ihr dies vom Feuer, so rührt das Gelbe von dreu Eiern dazu.

Füllt mit diesem die Brust, und nähet sie zu. Macht nun Anken in der Casserolle heiß, dämpft darin die Brust gelb, thut Suppe dazu, und läßt sie kochen. Richtet Ihr die Brust an, löst den Faden davon ab.

In die Soße wird das Gelbe vom Ey und ein Stücklein frischen Anken gerührt; wenn es anfängt kochen, richtet die Soße an.

Aargauer Rüeblitorte

5	Eigelb
250 g	Zucker
	Schale und Saft einer halben Zitrone
½ TL	Zimtpulver
1 Prise	Nelkenpulver
1 TL	Backpulver
250 g	geriebene Mandeln
250 g	Rüebli, am besten kleine, zarte
1 Prise	Salz
4 EL	Maizena
50 g	Paniermehl
5	Eiweiß

Glasur

120 g	Puderzucker
½	Eiweiß
1 EL	Kirschwasser

Die Eigelb, den Zucker, die abgeriebene Schale und den Saft der Zitrone in eine Schüssel geben und zu einer sämigen Creme schwingen. Die Rüebli schälen, raffeln und zusammen mit den geriebenen Mandeln unter die Eicreme ziehen. Das gesiebte Maizena, Zimt- und Nelkenpulver, Backpulver und Salz dazumischen. Das Eiweiß steif schlagen und mit einem Holzspatel vorsichtig unter die Masse melieren. Eine Springform ausbuttern, den Boden mehlen und die Seitenwände mit Paniermehl bestreuen. Die Masse in die Form füllen und 50 – 60 Minuten bei 180° backen.

Sorgfältig auf ein Tortengitter anrichten und erkalten lassen. Die Zutaten der Glasur miteinander vermischen und die Torte damit überziehen. Nach Wunsch kann man die Glasur weglassen und einfach mit Puderzucker überstäuben. Falls man die Torte mit Marzipankarotten dekorieren möchte, so bestellt man diese am besten in der Bäckerei.

Badener Chräbeli

500 g	*Puderzucker*
500 g	*Mehl*
4	*Eier*
	Saft und Schale einer halben Zitrone
2 EL	*Anispulver*
1 Msp.	*Zimtpulver*
1 Msp.	*Backpulver*

Die Eier verquirlen, den Zucker beigeben und schaumig rühren. Nun gibt man den Saft und die Schale der Zitrone und die Gewürze dazu. Nach und nach wird nun ¾ des Mehles zu der Masse gesiebt, wobei man jeweils das Mehl sofort unter die Masse verarbeitet und das Ganze nun zu einem festen Teig knetet. Je nach Feuchtigkeit des Teiges benötigt man den Rest des Mehles hierfür.

Nun werden fingerdicke lange Rollen geformt, die durch Schrägschnitte wieder mehrere kleine Rollen ergeben. Jede dieser wird in der Mitte flachgedrückt und auf eine Hufeisenform gedreht. An der Außenseite werden 3 – 4 kleine, schräge Einschnitte gemacht. Nun legt man sie auf ein gebuttertes Blech und läßt sie bei Zimmertemperatur mindestens 20 Stunden stehen.

Am nächsten Tag werden sie bei schwacher Hitze (150°) 15 – 20 Minuten gebakken. Sie müssen jedoch ihre weiße Farbe behalten. Damit sie weich und zart werden, läßt man die Chräbeli 2 – 3 Tage offen herumstehen, gibt sie dann in eine Blechdose und öffnet diese erst wieder nach 2 Wochen.

Thurgau

1803

Fast das ganze Südufer des Bodensees wird vom Kanton Thurgau eingenommen, in der Schweiz weitherum bekannt als «Mostindien». Denn Tausende von hochstämmigen Obstbäumen, verteilt über die sanften Hügel und in die Ferne ausgreifenden Wiesen, prägen das Landschaftsbild. Süßmost und Apfelwein wird in Dutzenden von Betrieben in kleinen und kleinsten Mengen gewonnen, aber alles zusammen erheblich mehr, als die Schweizer allein konsumieren können.

Der größte Teil des Kantons Thurgau war bis 1798 unselbständig und wurde von mehreren eidgenössischen Orten gemeinsam verwaltet. Ähnlich wie in Teilen des Aargaus wollten alle alten Orte der Schweiz (jene, die bis 1353 dem Bund beigetreten waren) an dem Überfluß teilhaben, den dieses reiche Agrarland produzierte. So wurde denn auch der Hauptort des heutigen Kantons, Frauenfeld, zum beliebten Treffpunkt für die Abgesandten der regierenden Kantone; man war hier gewissermaßen auf neutralem Boden, und keiner der Teilnehmer an der «Tagsatzung» konnte irgendwelche Prärogative für sich in Anspruch nehmen.

Daß die Thurgauer «Schelme» seien und «lange Finger» hätten (also dem Diebstahl nachgehen), kann die schweizerische Kriminalstatistik nicht belegen, obwohl der Volksmund es so meint. Da die eidgenössischen Vögte (die Steuereinnehmer, welche in Vertretung ihrer Kantonsregierungen das Land verwalteten), die Untertanen hart drückten und oft geradezu ausbeuteten, wußten sich die Thurgauer manchmal nicht anders zu helfen, als daß sie hin und wieder etwas

Bündner Teller, Capuns

1984
MAIENFELDER
Bündner Herrschäftler
Beerli Auslese
SORGFÄLTIG AUSGESUCHT DURCH

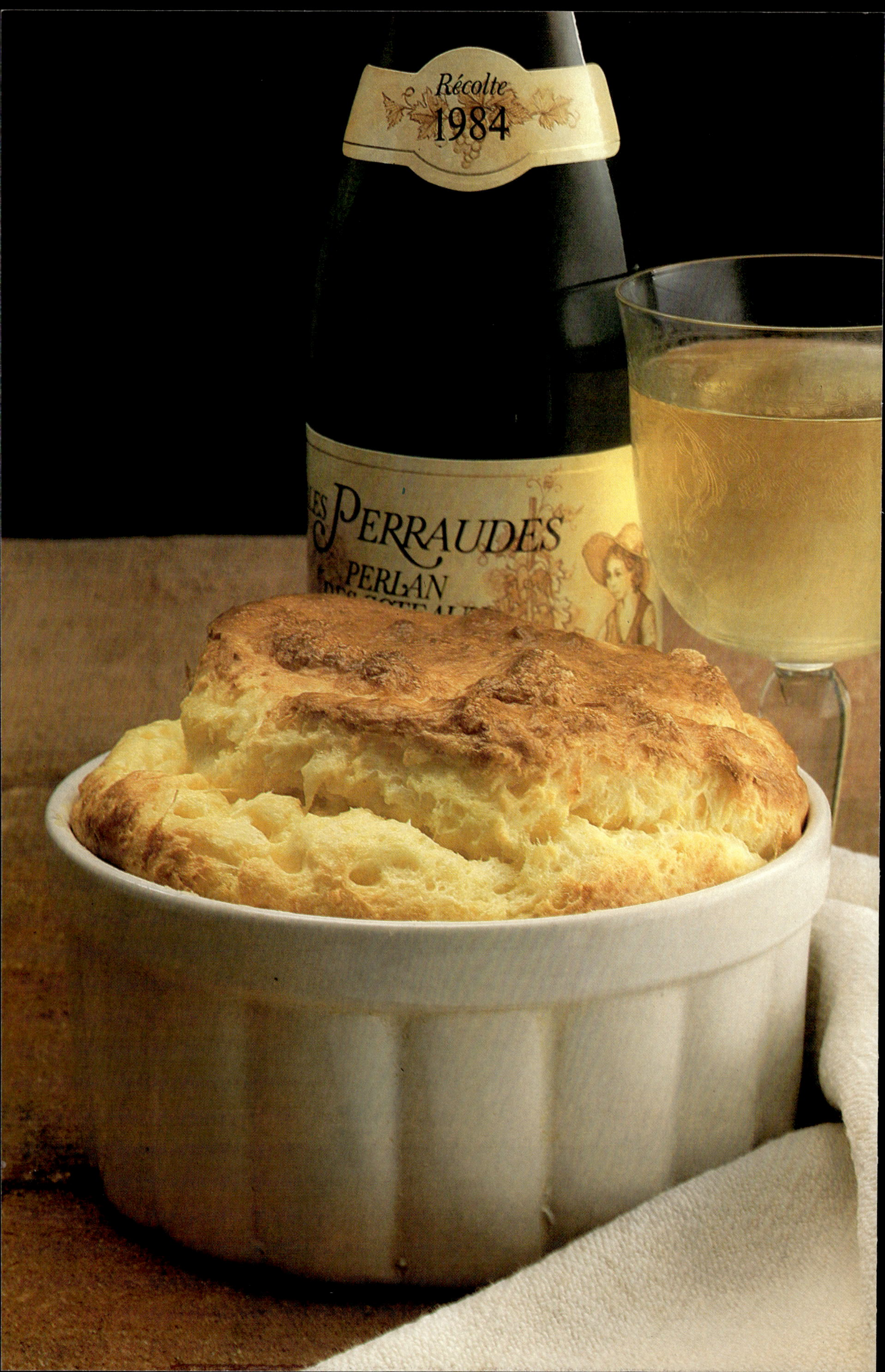
Récolte
1984
PERRAUDES
PERLAN

von ihren Erträgen illegal beiseite schafften. Daher wahrscheinlich der ihnen immer noch anhaftende «unseriöse» Ruf betreffs ihres Lebenswandels.
Der Kanton Thurgau ist das Land der großen und kleinen Dörfer; ein eigentlich städtisches Zentrum gibt es nicht, doch hat jeder Kantonsteil eine Ortschaft von regionaler Ausstrahlung: Frauenfeld, Weinfelden, Bischofszell im weiten Tal der Thur, Amriswil am Übergang zum See und schließlich Kreuzlingen, Romanshorn und Arbon am Ufer des Bodensees. Im Gegensatz aber zu St. Gallen und Aargau, die beide auch erst 1803 aus ehemaligen Untertanengebieten zusammengeflickt wurden, bildet der Thurgau eine lang bestehende territoriale Einheit, die politisch nie ernsthaft gefährdet war.
Noch heute bietet der Kanton Thurgau dem Menschen Raum zum Wachsen und Gedeihen. Als «Paradies» und «Garten Eden» wurde das Land schon im 18. und frühen 19. Jahrhundert von reisenden Schriftstellern und Dichtern beschrieben. Friedrich Hölderlin weilte während einiger Zeit als Lehrer hier, Eduard Mörike lobte die sanft gewellte Weite, und Annette von Droste-Hülshoff pries die malerische Gegend. Aber daß der junge Napoleon III., der spätere Kaiser der Franzosen, auf Schloß Arenenberg über den Gestaden des Bodensees aufwuchs, Thurgauer Bürger war und den Landesdialekt akzentfrei sprach, weiß man heute fast nicht mehr.
Nicht nur Obst- und Mostbauern sind die Thurgauer, nein, auch bedeutende Käseproduzenten. Der größte Teil des «Emmentalers», des berühmten «Schweizer Käses» mit den großen Löchern, stammt nicht mehr aus der Heimat des Berner Dichters Gotthelf, sondern aus dem Thurgau. Auch als Gemüse- und Getreidebauern bereichern die Thurgauer den schweizerischen Speisezettel. So beliefern sie die Konservenfabrik Bischofszell gänzlich mit den einheimischen Gemüsen und Feldfrüchten von hervorragender Qualität. Und ganz besonders erwartet man im Juni die «Thurgauer Erdbeeren», die ein durchwegs rotes Fruchtfleisch und ein kräftiges Aroma aufweisen.
Es versteht sich, daß auch die Thurgauer den Fisch ausgezeichnet zu bereiten wissen, gibt es doch in den Dörfern am Bodensee noch immer eine große Zahl von Berufsfischern. Gebackene Gangfische, Felchen an Weißweinsauce und Seeforellen bekommt man in einigen renommierten Restaurants zwischen Eschenz und Arbon, und die «Thurgauer Apfeltorte» zum Dessert darf natürlich nicht fehlen. Auch mit Zwiebeln, Kartoffeln und Teigwaren verstehen die Thurgauer umzugehen, häufig in Verbindung mit einheimischem Käse.
Auf den zahlreichen Schloßgütern des früheren Landadels und auf den Klosterbesitzen wurde seit Jahrhunderten der Weinbau gepflegt. Die Tradition wird in reduziertem Umfange weitergeführt; die Südlagen im Thurtal und die Reben am Seeufer bringen rote und weiße Weine von guter Qualität hervor. Besonders erwähnenswert ist der bukettreiche «Riesling × Sylvaner» vom Hang des Schlosses Arenenberg bei Salenstein.

Käsesoufflé

Eglifilets Arenenberg

500 g	Eglifilet
	Salz, Pfeffer
	Saft einer Zitrone
50 g	Mehl
80 g	Butter
1	Apfel
70 g	Rosinen
40 g	Mandeln, gehobelt
100 g	Butter
	Petersilie, frisch gehackt

Die frischen Eglifilets mit Salz, Pfeffer und Zitronensaft würzen. Die Fischfilet im Mehl wenden und in Butter goldgelb braten.

Den Apfel schälen und in feine, kleine Scheiben schneiden und zusammen mit den eingeweichten, inzwischen abgetropften Rosinen in Butter schwenken, leicht salzen. Die Eglifilets anrichten und mit der Apfel-Rosinen-Garnitur belegen und mit der schäumend heißen Butter übergießen. Obenauf die gehackte Petersilie und die leicht gerösteten Mandeln geben.

Amriswiler Buuretopf

300 g	Kochspeck
6	Dörrbirnen
60 g	Apfelstückli, gedörrt
1	kleiner Sellerieknollen
1	Rüebli
1	Weißkabis
300 g	Kartoffeln
4	Zwiebeln
2 dl	Apfelwein
	Salz, Pfeffer
1 dl	Öl
1	Lorbeerblatt
1	Nelke
40 g	Mehl
2 Paar	Bauernschüblinge

Die Dörrfrüchte über Nacht in kaltem Wasser einweichen. Den Speck in kleine Stücke schneiden, die Schwarte vorher wegschneiden und zur Seite legen. Den Speck und die Schwarte in heißem Öl anbraten. Die Gemüse waschen, rüsten und in mittlere Würfel schneiden, dem Speck (ohne Schwarte) beigeben und mitbraten. Aus der Pfanne nehmen, warm stellen und das Mehl in die Pfanne geben und schön braun rösten. Mit wenig Einweichwasser der Dörrfrüchte und

mit dem Apfelwein ablöschen. Würzen mit Salz und Pfeffer, der Nelke und dem Lorbeerblatt. Den Speck, die Gemüse, die Äpfel und die in Stücke geschnittenen Birnen dazugeben und 40 Minuten schmoren lassen.
Die Kartoffeln schälen, in kleine Würfel schneiden und ebenfalls beigeben. Die Bauernschüblinge obenauf geben und alles nochmals 25 Minuten schmoren lassen, bis die Kartoffeln weich sind, die Würste in Stücke schneiden und vorsichtig unter den Eintopf mischen.

Kachelfleisch *(Weißes Schweinsvoressen)*

750 g	Schweinsragout
1	Zwiebel
1	Lorbeerblatt
1	Gewürznelke, etwas Thymian
	Salz, Pfeffer
1	kleiner Lauchstengel
2 EL	Essig
1 EL	Mehl
2 dl	Rahm

Das Schweinefleisch in eine hochrandige Pfanne geben, mit kaltem Wasser knapp auffüllen und auf den Siedepunkt bringen. Mit Hilfe eines Kochlöffels den Schaum entfernen und die Gewürze mit dem halbierten Lauchstengel beigeben.
Auf kleinem Feuer knapp weichkochen, die Gewürze, die Zwiebel und den Lauch entfernen. Die Sauce in eine andere Pfanne absieben und ein wenig einkochen lassen. Das Mehl mit dem sauren Rahm anrühren, dem Fond beigeben und gut aufkochen lassen. Nach Geschmack würzen mit Salz und Pfeffer und das Fleisch wieder in die Sauce geben.

Thurgauer Schweinehals

800 g	Schweinehals
1 kg	Kartoffeln
1 l	Fleischbouillon
	Salz

Der Schweinehals wird in Ragoutstücke geschnitten, gesalzen und in einer Pfanne leicht angebraten. Mit der nicht zu starken Fleischbrühe auffüllen und zugedeckt weichschmoren. Wenn das Fleisch fast gar ist, werden 3 cm große Kartoffelwürfel beigegeben und fertiggekocht.
Dieses Gericht ist sehr kräftig und wird meistens im Winter zu Sauerkraut gegessen.

Thurgauer Leberknöpfli

250 g	Kalbsleber
250 g	Mehl
1	Ei
50 g	Butter
1 EL	gehackte Petersilie
	Salz, Pfeffer
4 EL	Paniermehl
1	Zwiebel

Die Leber fein hacken und ein verquirltes Ei dazugeben. Leicht würzen mit Salz und Pfeffer, dann das gesiebte Mehl und 1 dl Wasser daruntermengen. Alles zu einem Teig klopfen und die feingehackte Petersilie beigeben.
Wenig von dieser Teigmasse auf das Holzbrett streichen und mit einem Spatel Streifchen in kochendes Salzwasser schaben. Man kann dazu auch ein Spätzlisieb benutzen.
Einige Minuten in kochendem Salzwasser ziehen lassen, in kaltem Wasser abschrecken. Butter erhitzen und die Spätzli darin goldgelb anbraten und in eine Schüssel anrichten. Die Zwiebel fein hacken, in der Butter anziehen, Paniermehl beigeben und über die Knöpfli gießen.

Gebratene Tauben

Die gerupften und gereinigten Tauben werden mit Butter, einer Zwiebel und einigen Gelbrübenscheibchen, Salz und Pfeffer unter mehrmaligem Begießen ungefähr ¾ Stunden gebraten. Der Saft wird mit einigen Eßlöffeln Bratenjus aufgekocht.
Oder die Tauben werden mit Salz und Pfeffer eingerieben, mit einigen gequetschten Wacholderbeeren in frischer Butter auf beiden Seiten hübsch gelb gebraten, die Sauce mit dem Fond aufgerührt und mit ½ Schoppen süßem oder saurem Rahm aufgekocht.
Eine Würze von Basilikum, wovon etwas in den Leib der Tauben gesteckt wird, ist bei jeder Bereitungsart sehr beliebt.

Schweizer Kuchen

Man nimmt ½ Pf. Semmelmehl, ½ Pf. fein gestoßener Zucker, ⅜ Pf. frische Butter, ½ Loth fein gestoßener Zimmet und 5 Eier.
Die Butter und das Mehl werden mit dem Gelben der 5 Eier wohl verrieben, der Zimmet dazu gethan und im Ofen gebacken. Wenn der Kuchen 10–15 Minuten im Ofen ist, wird er herausgenommen und carreauweise geschnitten, mit gesiebtem Zucker bestreut und wieder in den Ofen gethan und vollends gebacken.

Thurgauer Apfeltorte

300 g	geriebener Teig (s. Seite 218)
5	Äpfel
100 g	Haselnüsse, gemahlen
60 g	Weinbeeren

Guß

2 dl	Milch
1 dl	Rahm
1	Ei
80 g	Zucker
1 Prise	Zimt
15 g	Vanillezucker

Den Teig auswallen und auf ein gebuttertes und gemehltes Blech legen. Den Teigboden mit den gemahlenen Haselnüssen ausstreuen und mit den Weinbeeren belegen. Die Äpfel schälen und in dünne Schnitze schneiden, den Boden damit belegen. Den Guß über die Äpfel geben und im Ofen bei 170° 30 – 40 Minuten langsam backen.

Tessin

1803

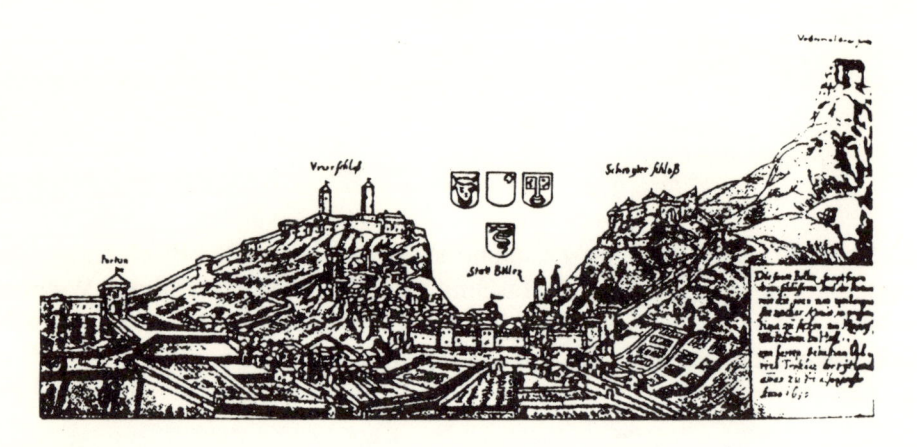

Als einziger Landesteil der Schweiz liegt der Kanton Tessin ganz im Süden der Alpenkette. Die direkteste Verbindung vom Tessin in die Zentral- und Nordschweiz führt über bzw. durch den Gotthard, die kürzeste Alpentransversale zwischen Nord- und Südeuropa. Der kompakte Verkehrsstrang von Paßstraße, Eisenbahnlinie und Autobahn füllt das enge Tal des oberen Tessins vollständig aus und läßt den Menschen wenig Raum zum Leben und Arbeiten auf dem ohnehin kargen Boden.
Alle übrigen Schweizer lieben das Tessin und mögen die Tessiner. Ist es einerseits die heimliche Sehnsucht nach dem lichten und warmen Süden, die in allen Bewohnern der Alpennordländer schlummert, so ist anderseits die Sympathie für sprachliche und kulturelle Minderheiten in der Schweiz stets lebendig. Denn nicht nur durch die Alpenbarriere und das südländische Klima hebt sich das Tessin deutlich vom Rest der Schweiz ab, noch viel mehr ist es die italienische Sprache, die im ganzen Kanton von den Einheimischen gesprochen wird.
Und dann ist da vielleicht noch ein wenig Schuldgefühl bei den Deutschschweizern zurückgeblieben. Während 300 Jahren nämlich verwalteten die alten Kantone das Tessin gemeinsam als Untertanenland in beinahe imperialistischer Manier, so daß es verwundert, wie die Tessiner unter dem Motto «Liberi e Svizzeri» zu Anfang des 19. Jahrhunderts treu zur Schweiz hielten, als ihnen die Möglichkeit des Anschlusses an Italien offenstand. Ein bißchen späte Reue mag also dabeisein, wenn heute die übrige Schweiz den Tessinern fast jeden Wunsch erfüllen möchte, und sei es gar den einer eigenen Universität im italienischsprachigen Landesteil. – Wenn die Tessiner nur selbst es wollten ...

Das kleine Volk der Tessiner hat es immer verstanden, sich vom mächtigen Nachbarn gleicher Kultur und Sprache nicht vereinnahmen zu lassen. Dabei kam den Tessinern durchaus zustatten, daß Italien bis 1860 zu sehr mit seiner eigenen Staatwerdung beschäftigt war, um sich noch um dieses widerspenstige Randgebiet kümmern zu können. Und als schließlich Mussolini begehrlich auf die «natürliche Grenze am Alpenkamm» schielte und auch schon eine neue europäische Landkarte zeichnete, war das Tessin politisch, wirtschaftlich und auch militärisch fest im schweizerischen Staatsverband verankert.

Bedeutende Köpfe haben die Tessiner schon in der Zeit des eidgenössischen Untertanenregiments hervorgebracht; diese mußten allerdings ihre Laufbahn vorzugsweise in fernen Ländern absolvieren. Maler und Architekten zog es nicht nur nach Italien, sondern bis weit nach Rußland und später nach Amerika. Trotzdem gibt es im Tessin einige wichtige Werke der Baukunst zu bewundern, so die Kirche in Riva San Vitale, einen prächtigen Zentralbau der Renaissance, oder jenes in einzigartiger Lage errichtete Gotteshaus Sant'Abbondio auf der Höhe von Gentilino. Auf dem nahen Friedhof ruhen der Dichter Hermann Hesse, der Dirigent Bruno Walter, das Lyrikerpaar Hugo und Emmy Ball. Sie fanden hier im Tessin ihre letzte Heimat.

Der Kanton Tessin ist das klassische «Ferienland» der Schweizer, so wie es Kalifornien oder Florida für die Amerikaner sind. Die warme Sonne, das tiefblaue Wasser der Seen, die malerischen Dörfer und das magische Licht des Südens vermitteln einem den Eindruck, viel weiter als bloß drei Auto- oder Eisenbahnstunden von Zürich weg zu sein. Diese Entdeckung machen immer mehr Menschen, und dem Tessin droht die Gefahr der Überfremdung von Norden her; die ursprüngliche Italianità wird zunehmend durch eine fortlaufende Germanisierung gefährdet, besonders da seit dem Zweiten Weltkrieg auch die Deutschen das Land entdeckt haben.

Wenn auch da und dort die Restaurants bereits «Kraut mit Wurst» anpreisen, so findet man doch noch viele echte Tessiner Grotti, welche die einheimische Eßkultur pflegen. Und die Tessiner verstehen es, kulinarische Höhepunkte zu setzen. «Minestrone», eine kräftige Suppe aus den Saisongemüsen, leitet jede große Mahlzeit ein (sie wird oft auch kalt gegessen); «Tessiner Gnocchi», aus Kartoffeln bereitet und mit Käse überbacken, können als kleine Vorspeise oder Beilage zu einem Fleischgericht serviert werden; «Polenta» oder «Risotto» begleiten den Rindsbraten («Stufato»), die Kalbsschnitzel («Piccata») oder das Kaninchen («Coniglio»). Und dazu trinken die Tessiner ihren eigenen Wein, den «Nostrano». Als dunkelroter «Merlot del Ticino» werden die besten Tropfen in Flaschen abgefüllt und von manchem Liebhaber auch mit über die Alpen nach Hause genommen.

Busecca *(Tessiner Kuttelsuppe)*

für 6 Personen

1 kg	Kutteln, in Streifen geschnitten
100 g	Borlottibohnen
1	Sellerieknolle
2	Karotten
1	Zwiebel, fein gehackt
1	kleiner Lauchstengel
1	Kartoffel
½	Wirz, in Streifen geschnitten
200 g	Tomaten
	Salz, Pfeffer
2	Knoblauchzehen, fein gehackt
2 ½ l	Fleischbouillon
100 g	Sbrinz
	frischer Majoran

Die Borlottibohnen über Nacht einweichen. Am anderen Morgen das Wasser abschütten, die Bohnen in eine Pfanne geben und mit kaltem Wasser auffüllen. Auf kleinem Feuer 40 Minuten kochen lassen. Die Gemüse rüsten und in kleine Würfelchen schneiden. Die Bohnen abschütten und zusammen mit den Gemüsen wiederum mit der kalten Fleischbrühe aufsetzen. Die Tomaten in heißem Wasser überwallen lassen, schälen, entkernen und in Würfel schneiden. Diese und die Kutteln in die kochende Fleischbouillon geben und alles zusammen mit den Gewürzen während 1 ½ – 2 Stunden kochen lassen.
Der geriebene Käse wird über die Suppe gestreut. Dazu ißt man frisches Weißbrot oder Tessinerbrot.

Coniglio alla ticinese

2 kg	Kaninchen
80 g	Butter
	Salz, Pfeffer
80 g	Mehl
100 g	Sellerie, Karotten und Zwiebeln, in Würfel geschnitten
2,5 dl	Rotwein
3 dl	Bratenjus
2 TL	gehackter, frischer Majoran, Thymian

Das Kaninchen zerlegen, würzen, im Mehl wenden und in der heißen Butter allseitig anbraten. Das Fleisch aus der Pfanne nehmen und die Gemüsewürfelchen darin weiterdünsten. Mit Rotwein ablöschen und mit dem Bratenjus auffüllen. Die Fleischstücke in die Sauce geben und zugedeckt weichgaren. Die Innereien, Herz, Nieren und Leber, in Würfel schneiden und der Sauce beigeben.
Abschmecken mit Salz, Pfeffer und den frischen italienischen Kräutern. Das Kaninchen wird auf einem Risottosockel angerichtet.

Kastanien-Eintopf

400 g	Eßkastanien
1	Weißkabis (Weißkohl)
400 g	Kartoffeln
400 g	Speck
4	Luganighe oder Schweinsbratwürste
2,5 dl	Fleischbouillon

Die Kastanien einschneiden, etwa 10 Minuten kochen, dann schälen. Den Kohl in einzelne Blätter zerteilen und diese in kochendes Salzwasser geben und garen, dann gut abtropfen lassen. Die geschälten Kartoffeln und den Speck in Würfel, die Würste in dicke Scheiben schneiden.
Eine feuerfeste Form mit der Hälfte der Kohlblätter auslegen. Den Speck, die Kartoffeln und die Wurstscheiben mit den gegarten Kastanien vermischen und auf dem ausgelegten Kohl verteilen. Die Bouillon dazugießen und mit den restlichen Kohlblättern überdecken. Die Form zudecken und im vorgeheizten Ofen bei 180° 1 Stunde garen. Dazu ein Glas Rotwein, am besten einen Merlot, servieren.

Risotto con funghi

350 g	unglasierter Reis, Vialone
50 g	Butter
1	kleine Zwiebel
1 dl	Weißwein
4 dl	leichte Fleischbouillon
30 g	Steinpilze, nach Belieben mehr; getrocknete sollen einen halben Tag aufgeweicht werden
100 g	Butter
100 g	Reibkäse
	Salz, Pfeffer

Die Zwiebel fein hacken und in der Butter anziehen, den Reis beigeben und glasig dünsten. Mit dem Weißwein ablöschen, die Fleischbouillon dazugießen und die Steinpilze beigeben. Auf kleinem Feuer unter öfterem Rühren 15–20 Minuten kochen lassen. Nach Bedarf etwas mehr Flüssigkeit dazugeben. Der Reis sollte auf alle Fälle noch körnig sein. Nun wird die frische Butter und der geriebene Käse daruntergemengt, mit Salz und Pfeffer gewürzt.
Zuletzt Butterflocken über den Reis geben und geriebenen Käse separat dazu servieren.

Anmerkung
Beim noch typischeren Tessiner Risotto nimmt man anstelle des weißen Weines die gleiche Menge Merlot del Ticino.

Polenta

250 g	Maisgrieß oder Bramata-Mais
1 – 1,5 l	Milch/Wasser, je zur Hälfte
60 g	Butter
120 g	geriebener Käse
	Salz, Pfeffer, wenig Muskat

Milch und Wasser in einer flachen Pfanne auf den Siedepunkt bringen, salzen und pfeffern und den Mais einlaufen lassen. Unter ständigem Rühren knapp auf dem Siedepunkt 25 Minuten kochen lassen. Den Butter und den Käse dazumischen und nach Belieben nachwürzen.
Angerichtet wird die Polenta in Kugeln. Nach alter Tradition wird sie jedoch im Kupferkessel über offenem Feuer zubereitet, und die letzten 10 Minuten wird der Brei nicht mehr umgerührt. Dann wird der Kessel gestürzt und die Polenta mit dem Garnfaden geschnitten.

Anmerkung
Im Bedrettotal auf der Alp wird die Polenta mit Rahm zubereitet, die «Polenta grassa», die «fette Polenta». Diese muß man jedoch mindestens eine Stunde auf kleinem Feuer kochen.
Eine weitere beliebte Variation der Polenta im Tessin ist die «Polenta negra», eine Polenta mit Buchweizengrieß.

«Heiße Maroni»

An den ersten beiden Sonntagen im Oktober wird in fast allen Dörfern des Tessins ein alter Brauch gefeiert, die «Festa delle Castagne».
Aber auch nördlich der Alpen ist der herrliche Duft aus den Maronipfannen an kühlen, nebligen Herbsttagen unwiderstehlich.

Gebratene Kastanien

Die Kastanien werden auf der gewölbten Seite kreuzweise eingeschnitten, mit Wasser leicht befeuchtet. Nun gibt es die speziellen Maronipfannen, aber man kann auch eine Grillpfanne mit Deckel verwenden. In diese gibt man die Kastanien und bratet sie auf mittlerem Feuer unter häufigem Rütteln, bis die Schalen platzen. Das Kastanienfleisch sollte weich und leicht mehlig sein.

Gekochte Kastanien

Die Kastanien werden wieder auf der gewölbten Seite eingeschnitten und in einer Pfanne mit leicht gesalzenem Wasser bedeckt. Nun werden die Kastanien 45 Minuten gekocht.
Individuell gibt es jetzt die verschiedensten Möglichkeiten, die gekochten Kastanien zu essen. Der Tessiner ißt sie zum Milchkaffee, aber auch zu Rahm und Apfelmus schmecken sie ausgezeichnet. Auch kann man die gekochten Kastanien pürieren und Schlagrahm darunterziehen – eine köstliche, luftige Angelegenheit.

Vermicelles

Eine der beliebtesten Süßspeisen der Tessiner. Sie ist aber in der ganzen Schweiz bekannt und erfreut sich einer außergewöhnlichen Beliebtheit.

800 g	Kastanien
1 Prise	Salz
2 dl	Milch
1 dl	Rahm
100 g	Zucker
1	Vanillestengel
1 EL	Kirsch

Die Kastanien auf der gewölbten Seite einschneiden und auf dem Feuer braten, schälen und alle braunen Häutchen entfernen. In eine Pfanne geben, mit 1 dl Wasser auffüllen, die 2 dl Milch beigeben und weichkochen. Die Kastanien abschütten, den Saft in eine Schüssel geben und durch das feinste Passiersieb drücken.
Den Vanillestengel aufschlitzen und zusammen mit dem Saft aufkochen und dann abpassieren. Das Kastanienpüree beifügen und unter Rühren einkochen. Den Rahm und den Zucker beigeben und die Masse erkalten lassen. Nach Belieben mit Kirsch parfümieren.
Diese Masse wird nun durch eine Kastanienpresse oder einen kleinen Fleischwolf getrieben. Dazu serviert man steifgeschlagenen Rahm und nach Belieben ein Meiringer Meringue.

La sagra del paese *(Tessiner Brottorte)*

1,2 l	Milch
1	Vanillestengel
280 g	altes Brot
3	Eier
160 g	Zucker
1 Prise	Salz
60 g	geriebene Schokolade
	Zeste einer Zitrone
120 g	Rosinen
50 g	Pinienkerne
3 TL	Tessiner Grappa

Die Milch zusammen mit dem längs aufgeschnittenen Vanillestengel aufkochen. Das alte Brot in Würfel schneiden und mit der kochenden Milch übergießen und zugedeckt stehen lassen.
Die Eier und Zucker zusammen mit der Prise Salz schaumig rühren und zu der Milch-Brotmasse geben. Die gewaschenen Rosinen, die Schokolade, den Grappa und die abgeriebene Zitronenschale beifügen. Eine Springform gut buttern und mit den Pinienkernen ausstreuen. Die Masse etwa 3 cm hoch einfüllen.
Bei 180° – 200° etwa 1 Stunde backen.

Anmerkung
Diese Torte wird immer am Tag des Dorfheiligen zubereitet.

Waadt

1803

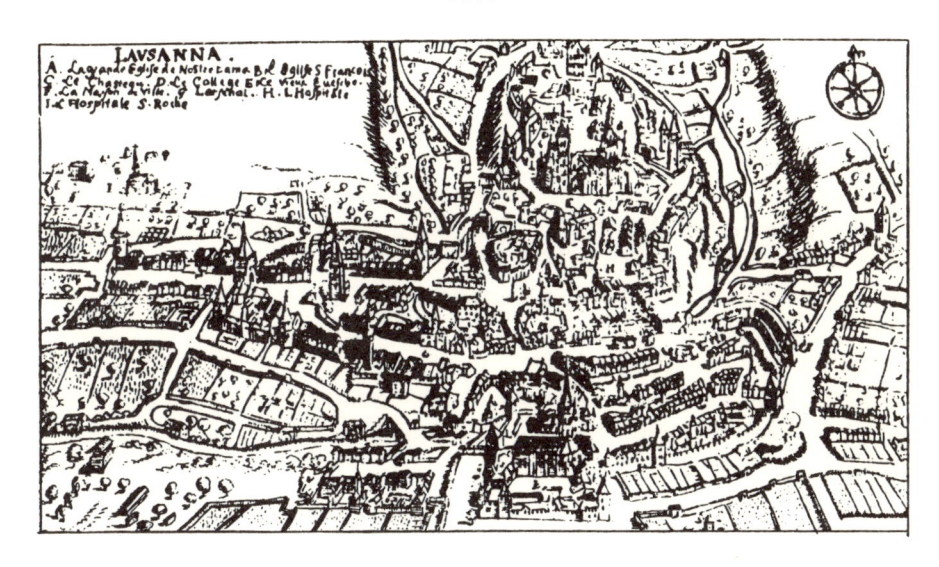

«Pays de Vaud» – schon der Name ist Ausdruck des Selbstverständnisses des bevölkerungsreichsten westschweizerischen Kantons. Das Waadt*land* versteht sich mehr als geschlossene Einheit denn als Teil eines Ganzen, als «Kanton». Geografisch ist das Land tatsächlich recht stark in sich geschlossen. Die Waadtländer Alpen, die Rhone, der Genfer See, der Jura und der Neuenburgersee bilden seine natürlichen Grenzen. Als einziger Kanton, abgesehen von Bern, vereint die Waadt die drei natürlichen Regionen der Schweiz in sich: den Jura, das Mittelland und die Alpen.
Der Deutschschweizer verbindet mit dem Kanton Waadt vor allem die Rebberge an den Ufern des Genfersees, oder vielmehr des «Lac Léman» – die Waadtländer bestehen wegen «gutnachbarschaftlicher Beziehungen» zu Genf auf dieser Bezeichnung. An den sonnigen Hängen der «Waadtländer Riviera», den berühmten Weinbauregionen «La Côte» und «Lavaux», gedeihen Rebsorten, die ausgezeichnete Weine hervorbringen. Dichter haben diese herrliche Landschaft mit ihrer mediterranen Atmosphäre gepriesen. Voltaire glaubte hier seine «antikische Ideallandschaft» zu erkennen, Pezay sprach vom «Land, wo es keine Gärten gibt, weil es selber ein Garten ist». Bei der Eisenbahnfahrt von der Deutschschweiz nach Lausanne wird der Passagier nach einem Tunnel bei Puidoux schlagartig mit dem überwältigenden See- und Rebbergpanorama überrascht. Viele Passagiere würden, so sagt man im Scherz, bei diesem Anblick un-

verzüglich ihre Retourfahrkarte aus dem Fenster werfen. So reisten denn auch die ersten Touristen ins Waadtland, um die von großen Schriftstellern beschriebenen Schönheiten zu entdecken. Die Bewunderer des englischen Dichters Lord Byron pilgerten im 19. Jahrhundert an die Gestade des Genfersees, um die Orte zu besichtigen, welche diesen inspiriert hatten, insbesondere das Schloß Chillon, das nach der Veröffentlichung von «The Prisoner of Chillon» weltberühmt wurde. Glanzzeiten erlebte der Tourismus um die Jahrhundertwende und nach dem Zweiten Weltkrieg. Aber auch heute noch ziehen die überaus zahlreichen historischen Denkmäler, die landschaftliche Vielfalt sowie berühmte Kliniken und Erziehungsinstitute ein internationales Publikum an.

Verwöhnt werden die Gäste nicht nur mit hervorragenden Weinen aus einheimischen Gewächsen, sondern auch mit köstlichen Landesspezialitäten. Besonders bekannt sind hier die Wurstwaren, die «Charcuterie», wie der Welsche sagt. Die geräucherten Würste und Schinken aus Payerne, die «Saucisses au foie et aux choux» sind wahre Delikatessen.

Ein guter Tropfen findet hier den Weg nicht nur ins Weinglas, sondern auch in verschiedene Gerichte, so etwa ins Fondue, einer hiesigen Spezialität, von den Waadtländern jedoch etwas anders zubereitet als von den Neuenburgern oder Freiburgern. Eine «tarte au vin» bildet den krönenden Abschluß einer delikaten Mahlzeit. Schon des guten Weines wegen muß hier eine Qualitätsküche geführt werden!

Waadtländer Pot-au-feu

400 g	Kartoffeln
1	Lauchstengel
1	Zwiebel
1	Wirsing
200 g	Karotten
1	Sellerieknollen
	Lorbeerblatt, Nelke, Pfefferkörner
2	Markknochen
1,2 kg	Hohrücken

In einer hohen Pfanne Wasser zum Sieden bringen, leicht salzen und das Rindfleisch, die Knochen, das Lorbeerblatt, die Gewürznelken und die Pfefferkörner beigeben. Knapp auf dem Siedepunkt halten und nach einer Stunde die Gemüse, in Würfel geschnitten, den Wirsing in quadratische Blätter, beigeben. Nach etwa 2 Stunden auch die in Würfel geschnittenen Kartoffeln dazugeben und weichgaren.

Die Kräuter aus der Brühe nehmen, das Fleisch in schöne Scheiben schneiden und auf dem Gemüse anrichten.

Waadtländer Grießsuppe

   2 dl   Milch
     1   Brotschnitte
  60 g   Butter
    1 l   Fleischbouillon
  30 g   Grieß
     2   Salatblätter
          Salz, Pfeffer
          nach Belieben geriebener Greyerzer Käse

Das Brot in kleine Würfelchen schneiden und in der Butter goldgelb rösten. Den Grieß beigeben und mit der Fleischbouillon auffüllen. Die Milch und die in Streifen geschnittenen Salatblätter dazugeben. Die Suppe gut eine halbe Stunde kochen lassen.
Nach Belieben etwas gehackte Petersilie beigeben. Würzen mit wenig Muskat, Salz und Pfeffer. Geriebenen Käse separat dazu servieren.

Saucisses au foie mit Lauchgemüse

            nach Belieben Anzahl Waadtländer Saucisses mit Leber
     2   Zwiebeln
     2   Knoblauchzehen
  20 g   Mehl
  50 g   Butter
800 g   Lauch
   5 dl   Fleischbouillon

Der Lauch wird in 3 cm lange Stücke geschnitten, halbiert und gewaschen. Die Zwiebeln und den Knoblauch fein hacken, in der Butter andünsten und den Lauch beigeben. Kurz mitdünsten lassen und mit dem Mehl stäuben. Die Fleischbouillon beigeben und zugedeckt auf schwachem Feuer weichgaren.
Als Beilage serviert man die Saucisses und Salzkartoffeln.

Anmerkung
Die Waadtländer «Saucisses au foie» sind mit Leber angereichert. Daneben gibt es die großen «Saucisses au choux», die mit Kabis (Kohl) angereicherten Würste.

Bricelets

250 g	Butter
350 g	Zucker
2	Zitronen, Zesten
4	Eier
1 Prise	Salz
550 g	gesiebtes Weißmehl

Die Butter, den Zucker und das Salz mit der Zitronenschale vermischen und gut durcharbeiten. Nach und nach die verquirlten Eier und das gesiebte Mehl hinzugeben und zu einer Masse vermischen.
Den Teig etwa 2 Stunden in den Kühlschrank stellen und ruhen lassen. Kleine Kugeln formen, auf das heiße Bretzeleisen geben, den Deckel zudrücken und goldbraun backen.

Anmerkung
Die Bricelets gibt es auch in salziger Ausführung: 350 g Mehl, 2 kleine TL Salz, 1,5 dl Wasser, 120 g flüssige, kalte Butter, 1 EL Mohn.
Mehl und Wasser verarbeiten, die übrigen Zutaten beigeben und rasch zu einem Teig verarbeiten.

Waadtländer Rosinenbrot

500 g	Weißmehl
2 TL	Salz
40 g	Butter
2 dl	Milch
1 dl	Wasser
20 g	Hefe
½ dl	Orangensaft
180 g	Rosinen
1 EL	flüssigen Honig
	Zeste einer halben Orange

Das Mehl sieben und mit dem Salz vermischen. Die Butter bei geringer Wärme schmelzen lassen. Die Hefe, mit 1 dl Wasser angerührt, und die Milch dem Mehl beigeben und zu einem Teig kneten.
Die Rosinen, zwei Stunden in Orangensaft eingelegt, zusammen mit dem Honig zum Teig geben und nochmals gut durchkneten. Den Teig zu einer glatten Kugel formen, mit einem feuchten Tuch bedecken und an einem warmen Ort zwei Stunden ruhen lassen. Das Brot rund formen, auf das leicht gemehlte Backblech legen und nochmals 20 Minuten ruhen lassen.
Bei 200° etwa 50 Minuten backen.

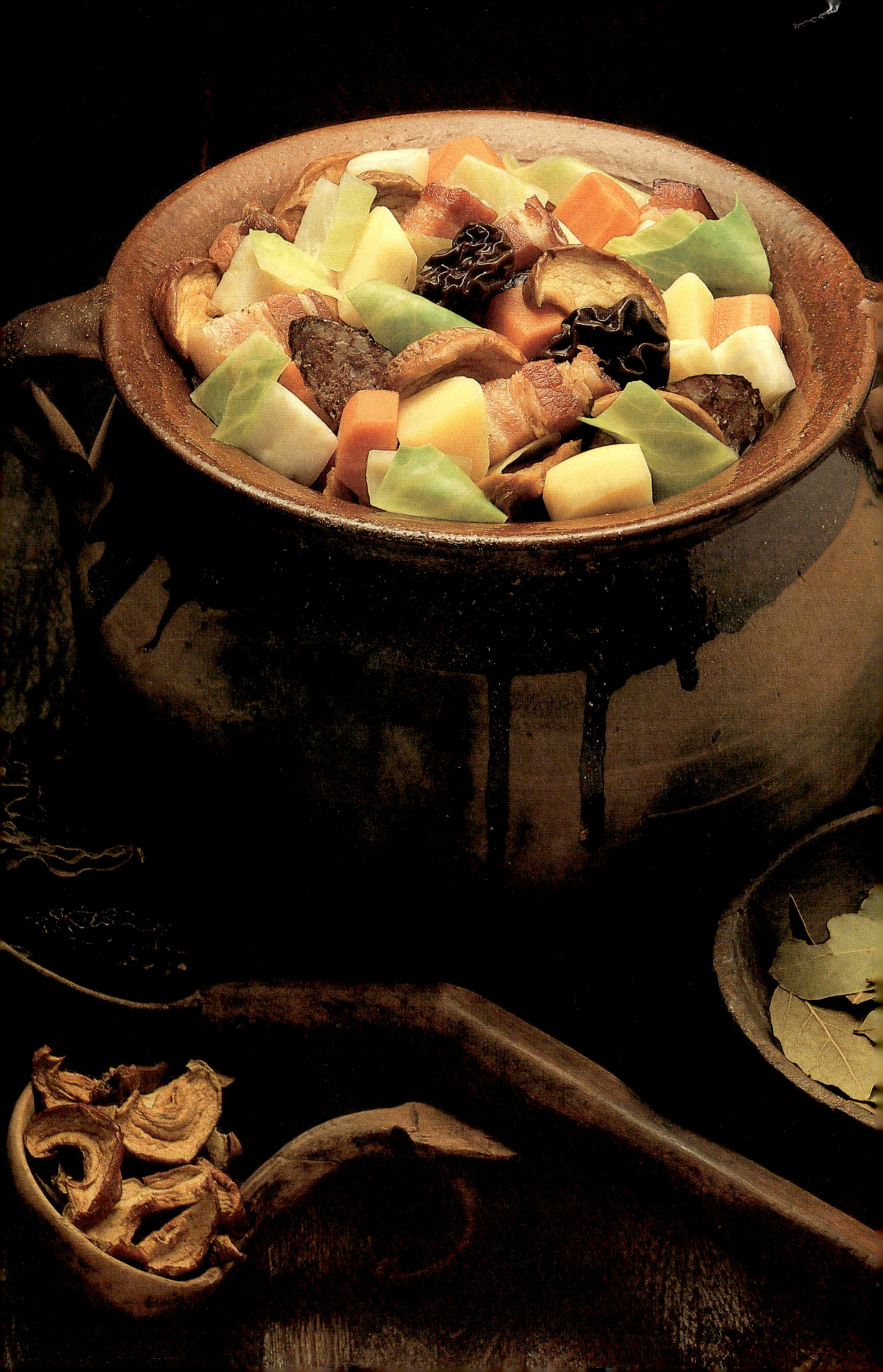

SELEZIONE D'OTTOBRE
19 84
MARCA DI QUALITÀ
SELEZIONE
D'OTTOBRE
DELLA VENDEMMIA
SOLO IL MEGLIO
MERLOT DEL TICINO
SELEZIONATO E VINIFICATO DA
MATASCI FRATELLI TENERO (SVIZZERA)

Tarte au vin vaudoise *(Waadtländer Weinkuchen)*

300 g	geriebener Teig (Rezept siehe Seite 218)
3 dl	Waadtländer Weißwein
120 g	Zucker
1 Prise	Zimt
1 EL	Mehl
30 g	Butter

Den geriebenen Teig zubereiten. Auswallen und auf ein gebuttertes, gemehltes Backblech legen und den Boden mit einer Gabel stupfen. Das Mehl mit der Hälfte des Zuckers über den Boden verteilen. Den Wein, den restlichen Zucker und den Zimt vermischen und alles auf den gezuckerten Kuchenboden gießen. Die Butterflöckli darüber verteilen und den Kuchen bei 220° – 240° während 30 Minuten backen.
Der Zucker des Kuchens sollte durch die starke Hitze leicht karamelisieren, was den begehrten Geschmack des Kuchens ausmacht.

Nillon-Kuchen

Die wichtigste Zutat, der Nillon, ist sehr schwer erhältlich. Es gibt ihn vor allem in der Westschweiz. Wenn die Nüsse im Herbst fallen, werden sie gebrochen und viele zum Pressen in die Mühle gebracht. Aus 6 Kilo Nüssen erhält man etwa 3 Liter frisches Baumnußöl. Was beim Pressen zurückbleibt, ist der sogenannte Nillon, steinharte Kuchen, die zersägt und von den Kindern geknabbert werden. Die andere Möglichkeit, den Nillon zu verarbeiten, ist der Kuchen.

300 g	geriebener Teig (s. Seite 218)
100 g	Nillon
3 dl	Milch
½ dl	Baumnußöl
50 g	Zucker
½ dl	Rahm
2	Äpfel
30 g	Mehl
20 g	Butter

Den Nillon am Vortag durch eine Raffel reiben und mit der kochenden Milch übergießen. Am nächsten Morgen den Zucker, das Baumnußöl und den Rahm beifügen und gut vermengen. Einen geriebenen Teig zubereiten und etwa 3 mm dick auswallen, diesen auf ein gebuttertes und gemehltes Blech legen, leicht mit der Gabel einstechen. Die Äpfel schälen und in ganz feine Scheiben schneiden und auf den Teig legen. Die Masse auf den Teigboden mit den Äpfeln gießen und mit wenig Zucker bestreuen. Den Kuchen bei 220° etwa 30 Minuten backen.

Coniglio alla ticinese con Polenta

Wallis

1815

Das Wallis, eine riesige Kathedrale, deren Mittelschiff die Rhone-Ebene bildet – ein Vergleich des Walliser Autors Maurice Zermatten, der sich, bei näherem Hinsehen, geradezu aufdrängt. Das Wallis ist wohl ein Bergland, seine Struktur wird aber von «dem Tal» schlechthin bestimmt, das es zusammenschließt und ihm eine gewisse Einheit verleiht. «Vallis», von den Römern ursprünglich «Vallis Poenina» genannt, bedeutet nämlich «Tal». Natürliche Abgeschlossenheit des Talstaates auf der einen, als Paßstaat Verflechtung ins Weltgeschehen auf der andern Seite. Den Römern, den Sarazenen und auch den Franzosen ging es vor allem um die Kontrolle der Alpenpässe nach Italien. Der absolutistischen Herrscher aus Frankreich müde, schlossen sich die vom übrigen Gebiet der Schweiz doch ziemlich abgeschiedenen Walliser 1815 der Eidgenossenschaft an. Bis heute ist das Wallis aber eine Welt für sich geblieben, einheitlich in Konfession und Bürgerschaft der Bevölkerung: 95 Prozent Katholiken, 80 Prozent Kantonsbürger. Doch diese Einheit ist trügerisch. Eine Unterteilung des Kantons ist primär durch die Sprachgrenze gegeben: Französisch ist die Sprache des unteren Teils, Deutsch die des oberen. Das Seilziehen um die sprachliche Vorherrschaft hat sich heute zugunsten des französischsprachigen Unterwallis entschieden, wobei von einer Benachteiligung der deutschsprachigen Minderheit kaum mehr die Rede sein kann. 1790 wurden noch Todesurteile gegen Führer einer Bewegung verhängt, die ein einheitliches, französisch abgefaßtes Zivil- und Strafgesetzbuch erbaten!

Ein Gefälle zwischen den beiden Landesteilen besteht aber in wirtschaftlicher und sozialer Hinsicht. Ist doch das Durchsetzungsvermögen bei der Regierung der auf hochmoderne Agrikultur abgestellten Weinbauern, Obstpflanzer und Gemüsegärtner des Unterwallis zweifellos größer als das der Oberwalliser Bergbauern mit ihren zum Teil noch altväterischen und primitiven Agrarmethoden. Obwohl der Tourismus, neben der später einsetzenden Industrialisierung, dem Straßen- und Schienenverkehr, das Land geöffnet hat, sind in abgelegenen Tälern Relikte aus vorgeschichtlicher Zeit vorhanden. So findet man in manchen Bauernhäusern ein Geschirr, dessen Formen sich kaum von denen neolithischer Funde unterscheiden. Die Sprache mit ihrem Vokalreichtum und dem vollen Klang der Endungen weist mehr Anklänge an das Althochdeutsche auf als jede andere Mundart.

Als das Ferienland par excellence darf das Wallis bezeichnet werden. Es ist ein Land der Superlative. Um nur einige zu nennen: Der höchste Berg der Schweiz, der Dom (4545 Meter), ist nur einer der 51 Walliser Viertausender; die höchste Luftseilbahn Europas führt auf das Klein Matterhorn, den «kleinen Bruder» des wohl berühmtesten und meistfotografierten Berges der Welt, des Matterhorns; der fast 25 Kilometer lange Aletschgletscher ist Europas längster Gletscher; die auf 1200 Meter gelegenen Visperterminen sind die höchsten Weinberge Europas; die fruchtbare Talsohle mit ihren riesigen Obst- und Gemüsekulturen gilt als das «schweizerische Kalifornien».

Natürlich bestimmt die reiche Vegetation auch die Speisekarte. Die Volksspeise ist die «Walliser Chuchisuppe», eine nahrhafte Gemüsesuppe, die mit Brot als Hauptmahlzeit gereicht wird. Auf dem sandigen Boden des Rhonetales gedeiht der Spargel besonders gut. Mit selbstgetrocknetem Rohschinken belegt und mit würzigem Walliser Raclettekäse überbacken schmecken diese herrlich. Das Oberwallis mit seiner ausgedehnten Viehwirtschaft ist ein großer Käselieferant. Dieser findet Eingang in viele Gerichte. Wer kennt nicht das Walliser Raclette! Ein halbierter Käselaib wird über dem Feuer zum Schmelzen gebracht und die fließende Oberschicht auf einen Teller geschabt. Dazu serviert man Salzkartoffeln, Cornichons und Perlzwiebeln – und natürlich einen spritzigen Walliser Weißwein. Notabene ist das Wallis der größte Weinproduzent der Schweiz. – Ein Superlativ mehr!

Walliser Chuchisuppe

	Blumenkohl, Lauch, Sellerie, Karotte
1	Zwiebel
	Petersilie
2 EL	Reis
5 EL	Hörnli
1,5 l	Wasser
	Salz
100 g	Butter

Die Gemüse, zusammen etwa ein Teller voll, werden nach dem Rüsten fein geschnitten und in Salzwasser halbweich gekocht. Dann gibt man die Teigwaren, den Reis und die Kartoffelwürfeli bei und gart die Suppe fertig.
Vor dem Anrichten wird sie mit der Butter und eventuell etwas Salz verfeinert. Diese Suppe wird als Mahlzeit mit Brot gereicht, dazu wird auch Kompott oder rohes Obst gegessen.

Escalope agaunoise *(Schnitzel mit Schinken und Tomaten)*

2	Tomaten
4 Scheiben	Raclette- oder Greyerzer Käse
4 Scheiben	gekochter Schinken, dünn geschnitten
8	Kalbsschnitzel, sehr dünn geschnitten
	Salz, Pfeffer
2–3 EL	Mehl
2	Eier
100 g	feingeriebenes Weißbrot
3 EL	Butter

Die Tomaten in dünne Scheiben schneiden. Je drei davon mit einer Käsescheibe in den Schinken einwickeln. Die Schnitzel flachklopfen und würzen. Die Schinkenfüllung auf 4 Schnitzeln anordnen, mit den restlichen Schnitzeln zudecken. Mit Mehl bestäuben, durch verklopftes Ei ziehen und im geriebenen Brot gut panieren. In der Butter langsam beidseitig ausbacken.

Spargeln Walliser Art

1,3 kg	Walliser Spargeln
50 g	Butter
200 g	Rohschinken
150 g	Raclettekäse in Scheiben
1	Tomate
	Salz, Pfeffer

Die Spargeln vom Kopf gegen das Ende sehr gut schälen, so daß alle harten Teile entfernt werden. In Salzwasser unter Zugabe von 30 g Butter und einer Prise Zucker knackig kochen. Butter in einem Pfännchen schmelzen lassen und die Rohschinkentranchen darin kurz braten und über die angerichteten Spargeln legen. Die Tomate in Scheiben schneiden, darübergeben und alles mit dem Raclettekäse belegen.
Im heißen Ofen überbacken. Mit frischem Pfeffer aus der Mühle bestreuen.
Nach Wunsch kann die Butter auch so lange erhitzt werden, bis sie einen herrlichen Nußgeschmack bekommt, und dazu gegessen werden.

Raclette

Bereits im 16. Jahrhundert wurde im Wallis Raclette gegessen. Eine Überlieferung erzählt folgendes zur Geschichte dieser beliebten Speise.
An einem kalten, nebligen Herbsttag arbeiteten Winzer in ihren Rebbergen. Um sich zu wärmen, entfachten sie in der Mittagspause ein kleines Feuer. Der damalige Winzerimbiß stellte sich zusammen aus Brot und Käse nebst Wein.
Der eine Winzer hatte so kalt, daß er sich nahe ans Feuer setzte. Der Bergkäse, den er in den Händen hielt, fing an zu schmelzen. So wurde also Raclette erfunden.
Bis um die Jahrhundertwende blieb es das Leibgericht der Sennen und Bauern. Erst anläßlich einer landwirtschaftlichen Exposition im Jahre 1909 wurde das Raclette den Journalisten als Beigabe zu den Walliser Weinen angeboten.
Von da an machte das Raclette einen Triumphzug durch die ganze Schweiz. Heute wird das Raclette in fast jeder Schweizer Stadt gegessen. Für die Zubereitung dieser beliebten Käsespeise zu Hause stehen heute zahlreiche Geräte und Öfen zur Verfügung, die das offene Feuer ersetzen – nicht aber dessen besondere Ambiance!
Im Wallis wird das Raclette bei jedem Fest gegessen, vor allem im Freien. Der Walliser entfacht ein Feuer mit Lärchenholz, legt eine flache Steinplatte ans Feuer. Der würzige Raclette-Käse wird halbiert und nahe an das Feuer gelegt. Sobald er anfängt zu schmelzen, wird er mit einem Messer auf einen Teller geschabt. Dazu reicht man geschwellte Kartoffeln, Cornichons und Perlzwiebeln. Das Raclette wird sehr heiß gegessen, und den Käse kann man mit frischem Pfeffer aus der Mühle würzen.
Traditionsgemäß trinkt man zum Raclette einen kühlen Fendant oder – für empfindlichere Mägen – einen Schwarztee.
Etwas zum Käse: Am besten ist der Käse aus dem Wallis, die Alpweiden liegen bis über 2000 Meter über Meer, dort wo die besten Kräuter wachsen und das Gras von einer besonderen Würze ist. Heute jedoch wird auch in anderen Bergkantonen Raclettekäse hergestellt.

Walliser Käsekuchen

300 g	geriebener Teig (s. Seite 218)
300 g	Greyerzer, gerieben
100 g	Specktranchen
100 g	Zwiebeln, blättrig geschnitten
20 g	Butter
50 g	Mehl
2 dl	Milch
1 dl	Rahm
2	Eier
	Salz, Pfeffer, Muskat

Das Kuchenblech buttern, mehlen und mit dem ausgewallten Teig auslegen. Zwiebeln und Specktranchen in wenig Butter glasig dünsten und auf den Teigboden verteilen, den Käse darüberstreuen. Mehl, Milch, Rahm, Gewürze und Eigelb verquirlen, den Eischnee darunterziehen und die Masse auf das Blech gießen. Bei mittlerer Hitze 25 Minuten backen.

Gomser Cholera

450 g	geriebener Teig (s. Seite 218)
2	Äpfel
200 g	Gomser Käse
250 g	Kartoffeln
2	Zwiebeln
2	Eigelb
50 g	Butter in Flocken

Den geriebenen Teig zubereiten und halbieren. Die eine Hälfte auswallen und auf ein gebuttertes und gemehltes Blech von 24 cm ⌀ auslegen und mit einer Gabel mehrmals einstechen. Die Kartoffeln schälen, weichkochen und in Scheiben schneiden. Diese salzen und zusammen mit den weichgedünsteten, fein geschnittenen Zwiebeln auf den Kuchenboden verteilen. Die Äpfel schälen, entkernen und in Scheiben zusammen mit dem ebenfalls in Scheiben geschnittenen Käse über die Kartoffeln streuen. Die Butterflocken darüber verteilen und mit der anderen Hälfte des geriebenen Teiges belegen. Mit dem Eigelb bestreichen und 50–60 Minuten bei 180° backen.

Neuenburg

1815

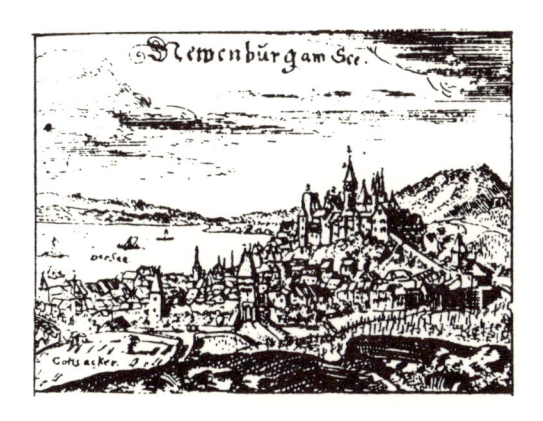

Ein kleines, zweistöckiges Haus – ein für den Kanton Neuenburg (Neuchâtel) treffender Vergleich. Klein, weil er, abgesehen vom Kanton Jura, der bevölkerungsärmste Kanton der welschen Schweiz ist. Zweistöckig, weil in den beiden «Stockwerken» Mieter mit völlig verschiedenen Lebensweisen und Mentalitäten wohnen. Die Bewohner des fruchtbaren unteren Kantonsteils, am Ufer des Neuenburgersees und im Val-de-Ruz, verlegten sich eher auf die Landwirtschaft, insbesondere auf den Weinbau. Im wasserarmen, kargen Jurahochland mit seinen langen, kalten Wintern dagegen (La Brévine, das «schweizerische Sibirien», verzeichnet fast allwinterlich Temperaturen bis minus 40 Grad!) begannen die «Bergler» schon im 17. Jahrhundert eine Uhrenindustrie aufzubauen. La Chaux-de-Fonds und Le Locle entwickelten sich zu eigentlichen Uhrenmetropolen. Bis Mitte der siebziger Jahre gehörte der Kanton Neuenburg zu den reichsten Kantonen der Schweiz. Mit Beginn der Rezession änderte sich die Situation des einseitig auf die Uhrenindustrie ausgerichteten Neuenburger Juras schlagartig. Innerhalb weniger Jahre ging die Uhrenproduktion um 70 Prozent zurück. Die Gründe dafür sind mannigfach. Verspätete Anpassung an neue Techniken und der hohe Frankenkurs trugen sicher wesentlich zu diesem Einbruch bei.

Die wirtschaftlichen und geografischen Voraussetzungen prägten verschiedene Menschentypen aus. Den Bewohnern des unteren Kantonsteils sagt man eine konservative Gesinnung nach. Man findet hier auch nicht wenige adelige Familien, vom preußischen König im 18. und 19. Jahrhundert geadelt. Bis Mitte des 19. Jahrhunderts war Neuenburg ein Fürstentum, unter der Oberhoheit des Preußenkönigs, und wurde 1814 auch als solches in die Eidgenossenschaft aufgenommen. So leisteten die Offiziere der neuenburgischen Truppen ihren Treueeid sowohl der Eidgenossenschaft als auch dem preußischen König.

In Neuenburg rühmt man sich der besonderen Pflege der Tafelfreuden. Köstlich sind die bekannten «Bondelles», kleine, zappelfrische Fischlein aus dem Neuenburgersee; ob in Butter, mit Sauce oder grilliert, sie schmecken hervorragend. Für die delikaten Geschmacksunterschiede der Pilze hat man hierzulande einen besonders ausgeprägten Sinn. So findet man in dieser Gegend die größte Auswahl an eßbaren Pilzen.

Man lernt hier wahrlich nicht nur ein gepflegtes Französisch, sondern auch gut essen!

Bondelles aus dem Neuenburgersee

2 dl	*Weißwein vom Neuenburgersee*
500 g	*Bondellesfilets*
1	*Schalotte*
50 g	*Butter*
2 dl	*Rahm*
	Petersilie, gehackt
	Sauerampfer, fein geschnitten
	Salz, Pfeffer

Die Schalotte fein hacken und in Butter glasig dünsten, die Fischfilets in die Pfanne geben und mit dem Weißwein ablöschen. Nun ganz leise, auf nicht zu starkem Feuer, den Fisch 2 Minuten ziehen lassen. Die Filets aus dem Sud nehmen und warm stellen.

In der Zwischenzeit den Sud einreduzieren und mit dem Rahm auffüllen. Zur gewünschten Dicke einkochen lassen und die gehackten Kräuter beigeben. Die Fischfilets nun wieder der Sauce beigeben und mit Salz und Pfeffer würzen. Dazu paßen Blattspinat und Salzkartoffeln hervorragend.

Kalbshaxen

4	*Kalbshaxen, etwa 2 cm dick*
	Salz, Pfeffer
2 EL	*Mehl*
50 g	*Butter*
2 dl	*Weißwein*
1 dl	*Fleischbouillon*
1	*Zwiebel*
2	*Knoblauchzehen*
1	*Bund Petersilie*
1	*Bund Schnittlauch*
	Salz, Pfeffer

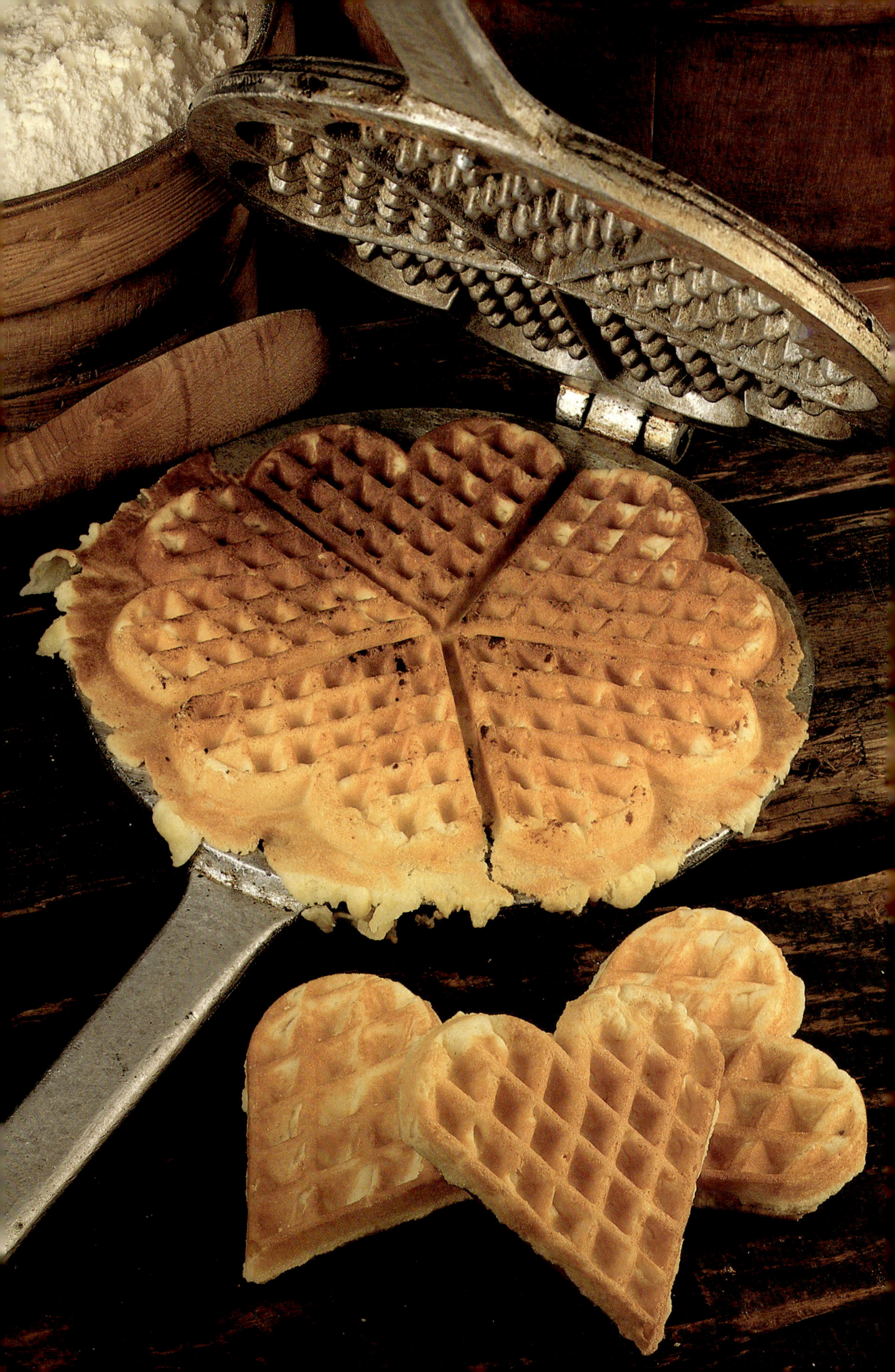

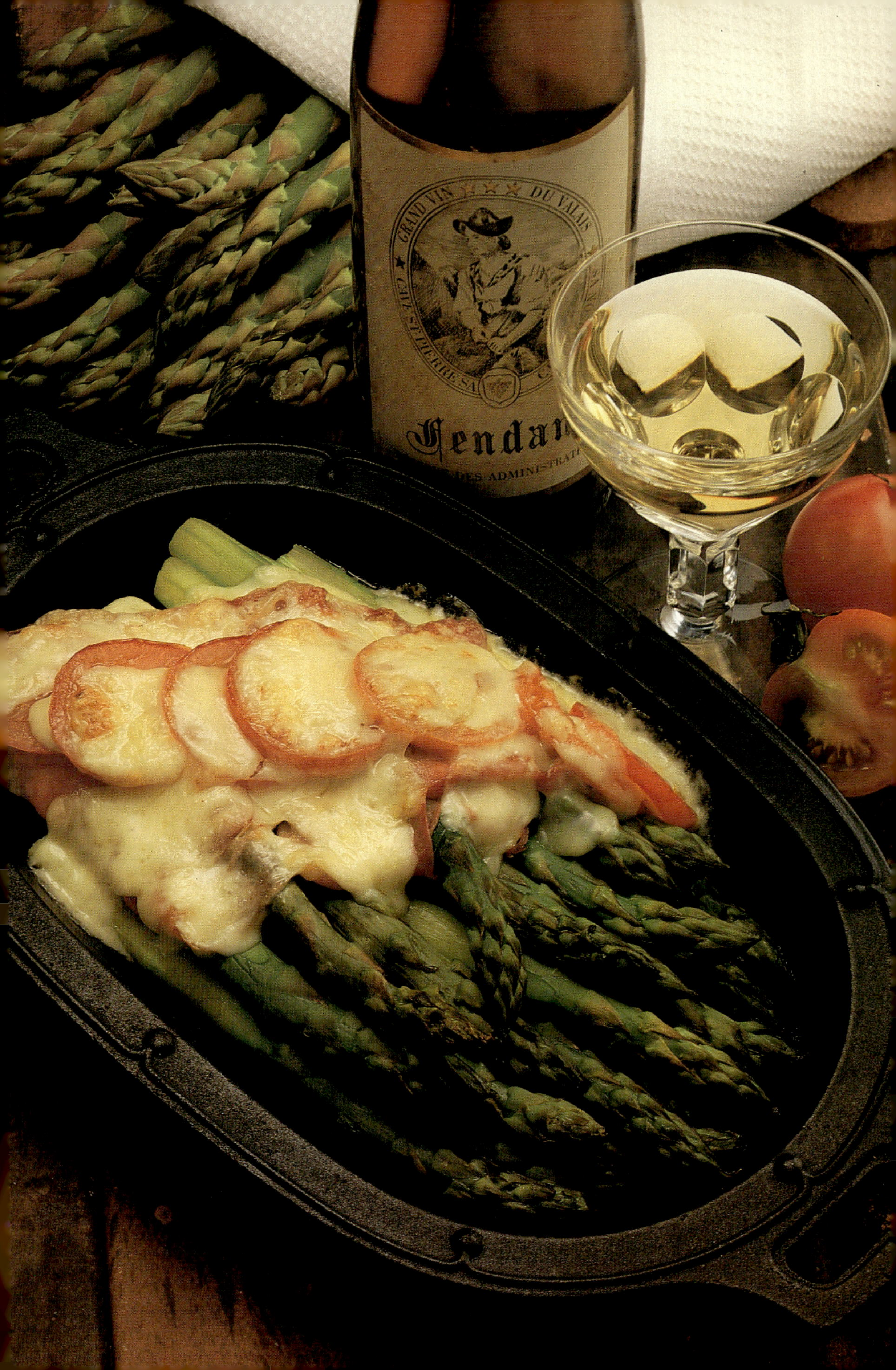
GRAND VIN
DU VALAIS

Die Kalbshaxen werden gewürzt mit Salz und Pfeffer und dann mit dem Mehl bestäubt. Die Butter in der Bratpfanne erhitzen und die Kalbshaxen beidseitig anbraten. Die gehackte Zwiebel und Knoblauchzehe dazugeben und kurz mitdämpfen. Mit dem Weißwein ablöschen und mit der Fleischbouillon auffüllen. Zugedeckt etwa 75 Minuten auf kleinem Feuer kochen lassen. Die Petersilie und Schnittlauch fein hacken und einen Teil der reduzierten Sauce beigeben. Nach Belieben weiter würzen mit Salz und Pfeffer.
Die Kalbshaxen auf eine Platte anrichten und mit den gehackten Kräutern garnieren.

Neuenburger Spinatfladen

300 g	geriebener Teig (s. Seite 218)
1	Zwiebel
60 g	Speck
20 g	Butter
400 g	junger Spinat
50 g	Mehl
2 dl	Milch
1 dl	Rahm
2	Eier
	Salz, Pfeffer, Muskat
100 g	Käse

Das Kuchenblech buttern, mehlen, mit dem Teig auslegen und mit einer Gabel mehrmals einstechen. Die gehackten Zwiebeln und Speckstreifen in Butter andünsten, den Spinat waschen, entstielen und beigeben, alles gut vermengen. Auf das Kuchenblech ausstreichen. Den geriebenen Käse darüberstreuen und einen gleichen Guß wie beim Walliser Käsekuchen darübergeben.
Bei mittlerer Hitze ungefähr 25 Minuten backen.

Schmelzbrötli

110 g	Zucker
1	Eigelb
1	Ei
1	Prise Salz
10 g	Vanillezucker
	Zeste und Saft einer Zitrone
1,2 dl	lauwarme Milch
190 g	Mehl
10 g	Backpulver
50 g	flüssige Butter

Spargeln Walliser Art

Den Zucker mit dem Ei und Eigelb schaumig rühren, den Zitronensaft und die Zeste, Salz und Vanillezucker dazugeben und weiter schaumig rühren. Die lauwarme Milch beigeben und weiterrühren. Nun gibt man das gesiebte Mehl und das Backpulver hinzu und rührt es gut 6 Minuten lang. Die lauwarme, flüssige Butter wird nun langsam unter die Masse meliert. Diese füllt man zu ¾ in die gebutterten Briocheförmchen ein. (Beim Bäcker sind die Formen erhältlich.)
Den Ofen 5 Minuten vorheizen, und dann die Brötchen bei offenem Zug bei 180° ungefähr 12 Minuten backen.

Blechkuchen

300 g	*geriebener Teig (s. Seite 218)*
100 g	*Zucker*
80 g	*Mehl*
2,5 dl	*Weißwein*
2 TL	*Zimtpulver*
50 g	*Butter*

Den geriebenen Teig zubereiten und auswallen. Ein Kuchenblech von 22 cm ⌀ mit Butter ausstreichen, leicht mehlen und den Teig darin auslegen. Den Zucker und das Mehl vermischen und auf den Teigboden gleichmäßig ausstreuen. Den Zimt mit dem Neuenburger Weißwein anrühren und auf das Zucker-Mehl-Gemisch gießen.
Die Butter in Flöckchen obenauf geben und während 30–40 Minuten bei 200° goldbraun backen.

Genf

1815

Wie in keiner andern Stadt der Schweiz weht in Genf (Genève) ein Hauch von weiter Welt. Diplomaten, Wissenschaftler, Politiker aus aller Herren Länder begegnen sich nicht nur am internationalen Flughafen Cointrin. Der nach dem Ersten Weltkrieg ins Leben gerufene Völkerbund hatte seinen Sitz in Genf. Obwohl die Nachfolgeorganisation des Völkerbundes, die UNO, ihren Hauptsitz nach New York verlegt hat, blieb Genf weiterhin europäischer Sitz der Vereinten Nationen. Im Sog des von Henri Dunant gegründeten Internationalen Komitees vom Roten Kreuz (IKRK) und der UNO siedelten sich unzählige andere internationale Organisationen in Genf an. Alle diese Einrichtungen machen Genf zu einer Weltstadt, in der sich die Genfer zahlenmäßig in die Minderheit versetzt sehen.
Woher diese Weltoffenheit Genfs? – Im Hochmittelalter war Genf als Bischofssitz bereits in weite internationale Beziehungen hineinverflochten. Als die Genfer im 16. Jahrhundert den Bischof verjagten, die Reformation annahmen und Calvin riefen, der die Rhonestadt zu einem «protestantischen Rom» machte, wurde Genf ein beliebter Zufluchtsort für die Hugenotten aus Frankreich. Aber auch im 19. und zu Beginn des 20. Jahrhunderts nahm Genf zahlreiche politische Flüchtlinge auf, deren prominentester Lenin war.
Die landschaftlich einzigartige, jedoch auch strategisch wichtige Lage am Ende des Genfersees, des «Lac Léman», erkannten schon Könige und Kaiser: von Cäsar und Augustus bis zu den Herrschern von Burgund und Savoyen, von deutschen Kaisern bis zu Napoleon Bonaparte. Die freiheitsliebenden Genfer

leisteten den Fürsten und Königen immer wieder erfolgreich Widerstand. Die «Escalade», ein alljährliches Volksfest, erinnert an den Widerstand gegen die Savoyer, die 1602 die Stadt zu erstürmen versuchten. Mit allen zur Verfügung stehenden Mitteln, zu denen auch die Kochtöpfe tapferer Hausfrauen zählten, schlugen die Genfer ihren Gegner in die Flucht.

Genf, Weltstadt, im Zentrum des internationalen Geschehens, geografisch aber am Rande der Schweiz: am äußersten westlichen Zipfel, nur durch eine dünne Nabelschnur mit der Schweiz verbunden. Ungefähr vier Kilometer grenzen an die Waadt, mehr als hundert hingegen an Frankreich!

Der Einfluß der großen westlichen Nachbarn schlägt sich auch in der Kochkunst nieder. Hier wird vielfach nach französischen Rezepten gekocht. Die Speisekarten von Genf gleichen denjenigen von Dijon und Paris.

Der «Omble chevalier», eine Ausbeute des Genfersees, ist weithin bekannt und besonders geschätzt seines delikaten Aromas wegen.

Der schwarze Kaffee darf hier nach Tisch nicht fehlen. Dazu werden nach alten Hausrezepten gebackene Kuchen, Kleingebäck oder Friandises serviert.

Daß ein Hirsebrei nicht nur auf dem Eßtisch Verwendung finden kann, hat eine Genfer Patriotin bewiesen: Bei der «Escalade» soll sie einem Savoyer einen siedenden Hirsebrei über den Kopf gestülpt haben.

Käsesoufflé

3 dl	Milch
6	Eigelb
120 g	Sbrinz Käse, gerieben
1 Prise	Muskat
1 EL	Kartoffelmehl
	Salz, Pfeffer
6	Eiweiß
40 g	Butter
50 g	Paniermehl

Die Eier trennen, das Gelbe zusammen mit dem Kartoffelmehl, der Milch, dem Käse und den Gewürzen in eine Schüssel geben und gut verrühren. Eine Auflaufform ausbuttern, mit dem Paniermehl ausstreuen. Die Eiweiße, mit einer Prise Salz, mit dem Schneebesen zu Schnee schlagen und vorsichtig unter die Milch-Eier-Masse melieren. Diese dann nochmals nach Geschmack würzen und in die Souffléform einfüllen.

Den Ofen auf 180° vorheizen und das Soufflé hineingeben und während 25–30 Minuten backen. Der Auflauf sollte stetig steigen; auf keinen Fall darf der Ofen während des Backens geöffnet werden.

Das Soufflé muß sofort serviert werden, sonst fällt es zusammen.

Genfer Schweinsvoressen

	750 g	Schweinehals, in 40 g schwere Würfel geschnitten
	50 g	Erdnußöl
		Salz, Pfeffer
	2 dl	Rahm
	1 dl	Schweineblut
	30 g	Mehl

Beize

	7 dl	Genfer Gamay
	2	Wacholderbeeren
	1	Lorbeerblatt
	1	Nelke
	2	Knoblauchzehen, gepreßt
	1	kleiner Sellerieknollen
	1	Zwiebel
	1	Karotte

Die Gemüse für die Beize rüsten, in kleine Würfel schneiden und zusammen mit den Kräutern und dem Wein in eine Schüssel geben. Das in Würfel geschnittene Schweinefleisch in die Marinade geben und etwa 3 Tage darin ziehen lassen. Jeden Tag sollte das Fleisch gewendet werden.
Danach das Fleisch aus der Beize nehmen, gut abtropfen lassen, wenn möglich abtrocknen. Erdnußöl erhitzen und die Fleischstücke darin anbraten. Mit Mehl bestäuben und nochmals im heißen Fett wenden.
In der gleichen Zeit die Marinade mit den Gemüsen und Kräutern aufkochen und auf ⅓ einreduzieren lassen. Diese Reduktion durch ein Sieb zum angebratenen Schweinefleisch gießen. Das Ganze in eine Kasserolle geben und zugedeckt im Ofen bei 170° etwa 1 ½ Stunden schmoren. Danach das Fleisch aus der Sauce nehmen und warm stellen. Jetzt den Rahm beifügen und gut aufkochen lassen. Das Blut hinzugeben und vorsichtig auf den Siedepunkt bringen und mit Salz und Pfeffer würzen.
In Genf ißt man Kartoffelstock dazu.

Kartoffelstock

Kartoffeln werden geschält, in leichtem Salzwasser weich gekocht. Danach werden sie abgetropft durch ein Passiersieb gedrückt. Dieser Brei wird mit Milch und Butter glatt gerührt. Bei einer luxuriöseren Variante ersetzt man einen Teil der Milch durch Rahm.

Omble chevalier nach Genfer Art

50 g	Butter
2	fein geschnittene Schalotten
1 EL	gehackte Petersilie; Estragon
1	kleiner Bund feingeschnittener Schnittlauch
4	Ombles chevalier (oder andere Saiblinge)
	Saft einer halben Zitrone
	Salz, Pfeffer
2 dl	Weißwein

Sauce

	Fischsud, der sich vom Pochieren der Fische ergibt
2,5 dl	Rahm
½ dl	Weißwein
	Salz, Pfeffer

Die Ombles chevalier (ein sehr delikater Fisch aus der Familie der Saiblinge) sauber ausnehmen, innen würzen mit Salz und Pfeffer, einige Kräuter in den Bauch geben. Die Schalotten in Butter in einer flachen Pfanne hellgelb dünsten, die gehackten Kräuter beigeben und die Ombles chevalier auf die Schalotten-Kräutermischung legen. Mit dem Weißwein ablöschen und zugedeckt auf kleinem Feuer etwa 8 Minuten pochieren. Zur gewünschten Dicke einreduzieren lassen. Würzen mit Salz und Pfeffer. Die Saiblinge aus der Wärme nehmen und auf die Platte anrichten. Mit der Sauce überziehen und servieren.
Als Beilage eignen sich Salzkartoffeln vorzüglich.

Anmerkung
Zuletzt können unter die Sauce noch zwei Eßlöffel Schlagrahm gezogen werden. Es entsteht so eine sämige Sauce.

Tuiles aux amandes

Prenez 150 gr. d'amandes, hachées régulièrement, 150 gr. de sucre en poudre, 3 blancs d'oeufs, 20 gr. de farine; grillez les amandes hachées pendant 10 minutes au four modéré, sur plaque non graissée; battez ensemble le sucre et les blancs d'oeufs dans un bol, faites une pâte légère, mais pas en neige; ajoutez-y peu à peu la farine sèche et tamisée; battez encore une minute, ajoutez les amandes en tournant la pâte avec une cuillère de bois pour la rendre légère et unie. Faites de petits tas de pâte, comme une noix, sur une plaque de tôle huilée, en espaçant suffisamment les petits tas.
Prenez la plaque à deux mains et frappez quelques coups secs contre la table pour étendre un peu la pâte. Cuisez les tuiles au four doux, d'une couleur café au lait pâle; la pâte s'étend encore au four; une fois cuites, détachez-les avec un grand couteau et posez les à mesure sur le rouleau à gâteau pour leur donner la forme bombée de la tuile en appuyant dessus avec la main. Conservez-les dans une boîte de fer-blanc.

Jura

1979

Der Kanton Jura ist das jüngste selbständige Bundesglied der Schweizerischen Eidgenossenschaft, gleichzeitig aber auch eines der ältesten Staatswesen auf dem Boden der heutigen Schweiz. Im Jahre 999 erhielt der Bischof von Basel das Gebiet als weltliche Herrschaft geschenkt; so auch gelangte der Bischofsstab ins Wappen des Juras. Das Fürstbistum Basel, wie man das Territorium in der Folge nannte, verbündete sich 1484 mit den Eidgenossen, ohne daß der Bischof aber seinen Status als Fürst des Deutschen Reiches aufgegeben hätte. Nach der Reformation der Stadt Basel verlegte der Kirchenfürst seine Residenz nach Pruntrut (Porrentruy), und bis in die Gegenwart hinein ist der Jura ein katholischer Staat geblieben.
1815 beschlossen die Großmächte am Wiener Kongreß, das einst so mächtige Bern für den Verlust der früheren Untertanengebiete Aargau und Waadt zu entschädigen, und gegen den Willen der Berner wurde ihrem Kantonsgebiet das Territorium des Fürstbistums einverleibt – ein Danaergeschenk, wie einige weitsichtige Berner mit Recht voraussahen. Die Jurassier konnten und wollten sich mit dieser Verschacherung ihrer Heimat «in höherem Interesse» nicht abfinden, und schon bald gruppierten sich «Los von Bern»-Bewegungen. Erst in den 60er und 70er Jahren des 20. Jahrhunderts aber entwickelte sich allmählich ein komplizierter demokratischer Prozeß, der über mehrere Volksabstimmungen im Kanton Bern, in der betroffenen Region und in der Gesamtschweiz schließlich zur Etablierung des neuen selbständigen Kantons Jura im Jahr 1979 führte.
Das Kantonsgebiet reicht von den Höhen des Juragebirges bis weit in die Ebene zwischen Burgund und Elsaß. In den Freibergen besteht immer noch eine tradi-

tionelle Alp- und Viehwirtschaft, und berühmt ist vor allem die Pferdezucht. Auf offener Weide finden die Pferde dort weiten Auslauf zwischen breit hingeduckten Bauernhöfen und kleinen Waldpartien. Der Maler Albert Schnyder hat in vielen Bildern dieser Stimmigkeit von Pferden, Menschen und einmaliger Landschaft Ausdruck verliehen.
In den Tälern des östlichen Kantonsteils spielt die Uhrenindustrie immer noch eine wichtige volkswirtschaftliche Rolle. Hier liegt auch der Hauptort Delsberg (Delémont), Sitz von Regierung und Parlament des Kantons. Französischer «esprit» prägt die mit Vehemenz ausgetragenen politischen Debatten, und jedem, der sie schon mitverfolgt hat, muß klarwerden, daß diese lebhaften Jurassier mit dem behäbigen Bernertum ihre Mühe hatten.
Im Tal des Doubs, das streckenweise den Charakter eines «Canyons» annimmt, liegt das malerische Städtchen St. Ursanne mit dem kleinen alten Kloster und einem sehenswerten Kreuzgang. Die Kirche selbst ist ein bemerkenswertes Zeugnis des romanisch-gotischen Übergangs; gemäß den Steinmetzzeichen haben mehrere Meister des Basler Münsters an diesem Bauwerk gearbeitet.
In mancher Beziehung ist die Küche des Juras mit jener der Alpenkantone vergleichbar, da Milch- und Käsewirtschaft einen wichtigen Rang einnehmen. Andererseits sind die Jurassier den französischen Einflüssen sehr offen, nicht nur in literarischen und politischen Belangen, sondern auch bezüglich ihrer Eßkultur. Neben einfachen Speisen wie etwa der «Omelette jurassienne» finden wir raffiniert zubereitete Fischgerichte, liefern doch die Gewässer des Juras, allen voran der Doubs, auch in Zeiten zunehmender Umweltbelastung nach wie vor Forellen und Krebse in großer Zahl. Daneben werden Fleischgerichte mit reichhaltiger landeseigener Gemüseplatte sowie Eierspeisen und Geflügel nach französischer Art in vielen kleinen, eher unscheinbar wirkenden Gasthäusern in ausgezeichneter Qualität angeboten.
Einen eigenen Weinbau in größerem Maße haben die Jurassier nicht; der größte Teil ihres Kantons ist klimatisch dazu nicht geeignet. Aber man kennt und schätzt die guten Tropfen des nahen Burgund sowie vom Neuenburger- und Genfersee.

Kalbshaxen

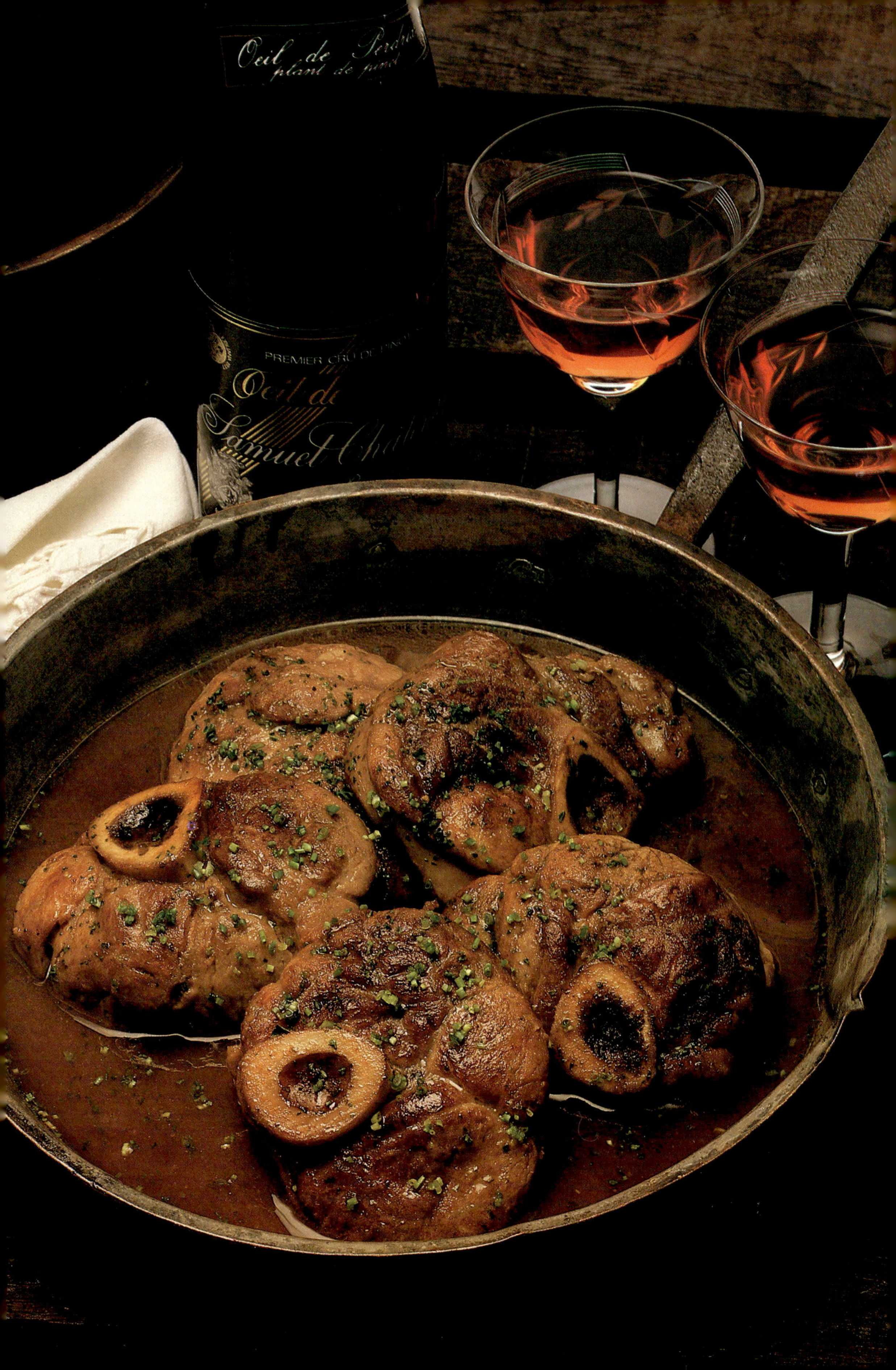
Oeil de Perdrix
plant de pinot
PREMIER CRU DE PINOT

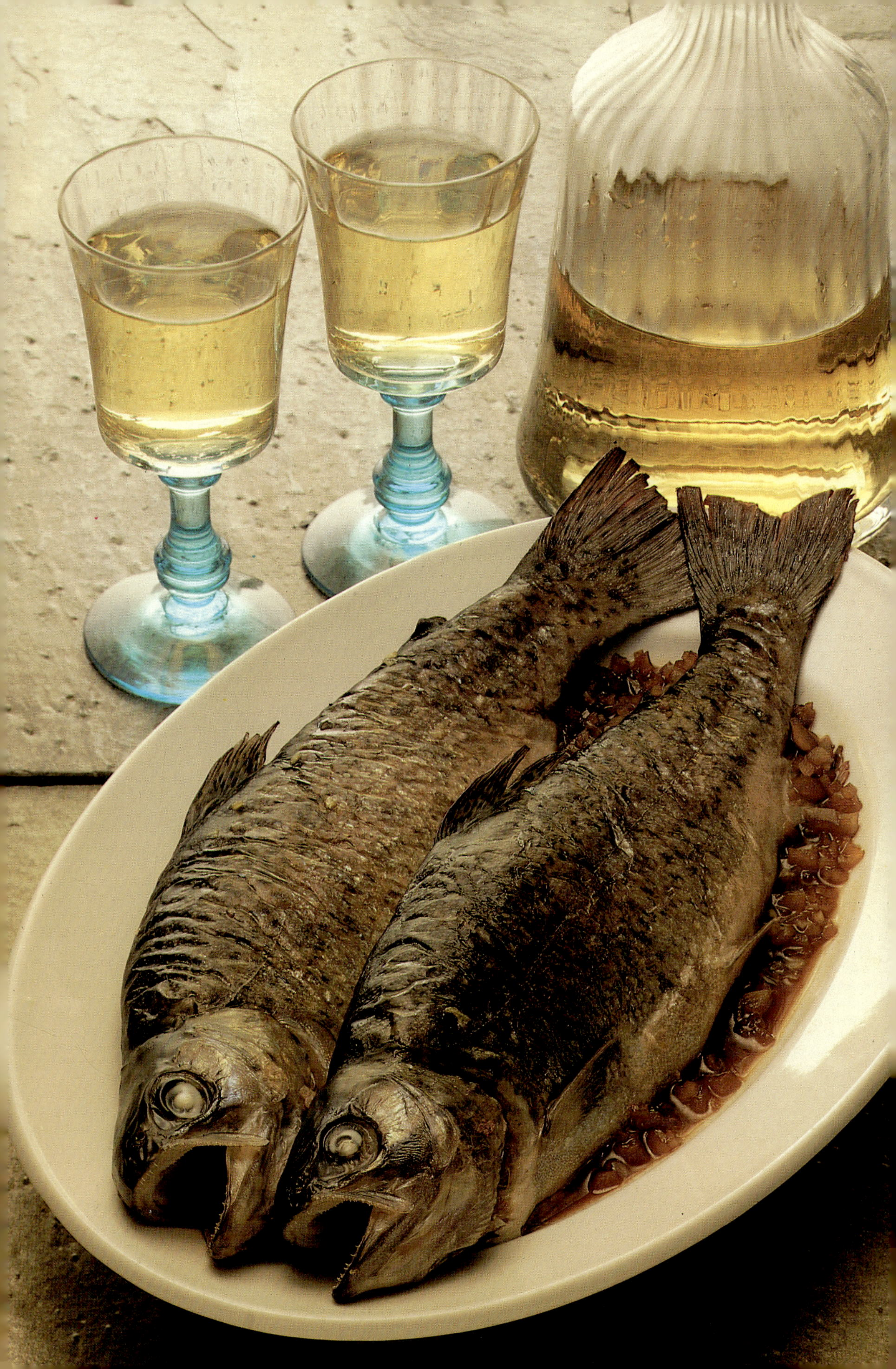

Forellen aus dem Doubs

4	Forellen, fertig ausgenommen
1	kleine Zwiebel
	Salz, Pfeffer
	wenig gehackte Petersilie
2 dl	Rotwein aus der Bielerseegegend
150 g	Butter

Die ausgenommenen Forellen werden innen mit Salz und Pfeffer gewürzt und mit wenig gehackter Petersilie gefüllt. Die kleine Zwiebel fein hacken, in eine flache Pfanne streuen und die Forellen darauflegen. Diese mit dem Rotwein übergießen, auf den Siedepunkt bringen und den Wein anzünden. Brennen lassen, bis das Feuer wieder erlischt. Zudecken und langsam durchziehen lassen. Die Fische aus dem Sud nehmen und warm stellen. Den restlichen Fond (Sud) weiter einreduzieren, durch ein Haarsieb geben und die weiche Butter unter festem Rühren beigeben. Nach Belieben mit Salz und Pfeffer würzen und die Sauce über die Fische gießen.

Voressen mit Jura-Pilzen

800 g	Schweinsvoressen
4 dl	Fleischbouillon
3 dl	Weißwein
2	Zwiebeln
2	Karotten
1	kleiner Sellerieknollen
300 g	frische Steinpilze
300 g	frische Waldchampignons
50 g	Butter
150 g	geräucherter Speck

2 dl Fleischbouillon und 1 dl Weißwein in die Pfanne geben und erhitzen. Die Fleischstücke in die Flüssigkeit geben und darin kochen. Ist die Flüssigkeit ganz einreduziert, das Fleisch im eigenen Fett bzw. Saft anbraten. Öfters wenden und mit Mehl bestäuben.
Sobald das Fleisch allseitig schön angebraten ist, mit dem restlichen Wein ablöschen und mit der Bouillon auffüllen und fertigkochen. Die Zwiebel fein hacken, die Karotten und Sellerie in kleine Würfelchen schneiden, der Sauce beigeben und weiterkochen. Die Pilze waschen, in Scheiben schneiden und in Butter andünsten, mit Salz und Pfeffer würzen. Den Speck in kleine Würfelchen schneiden und im eigenen Fett goldgelb braten. Die Pilze und den Speck zu dem fertiggegarten Voressen geben und nach Belieben mit Salz und Pfeffer nachwürzen.
Mit Rösti oder Kartoffelstock servieren.

Forellen aus dem Doubs

Omelette jurassienne

130 g	Mehl
1 ½ dl	Milch
½ dl	Rahm
1 Prise	Salz
4	Eier
50 g	Magerspeckwürfeli
3 EL	Butter
½	Zwiebel
200 g	Gemüse, vorgekocht (Rüebli, Erbsen, Spinat, Blumenkohl, etc.)
2	Kartoffeln (in der Schale knapp weichgekocht)
150 g	Jura-Käse, kleingewürfelt

Mehl, Milch, Rahm, Salz und Eier zu einem Omelettenteig verrühren. Eine Stunde ruhen lassen. Die Speckwürfelchen in der Pfanne mit 3 EL Butter anziehen, die geschnittene halbe Zwiebel beifügen und 1–2 Minuten dünsten, dann die kleingeschnittenen Gemüse und Kartoffeln portionenweise beigeben. Alles gut vermengen. Die Käsewürfeli dazugeben, Omelettenteig darübergießen und die Omelette beidseitig ausbacken.

Mijeule *(Kirschen-Gratin)*

500 g	Kirschen
4	alte Weggli
4 dl	Milch
3	Eier
120 g	Zucker
	Zeste einer halben Zitrone
80 g	Butter
2 TL	Backpulver
2 EL	Mehl
1 Prise	Salz

Die Weggli zerkleinern, mit der warmen Milch übergießen und einige Minuten ziehen lassen. Die Eier in eine Schüssel geben und zusammen mit dem Zucker schaumig rühren. Die Butter erwärmen und dazugießen. Die Brot-Milch-Mischung zu einem Brei verrühren und der Masse beigeben. Die Zitronenschale, das Backpulver und das abgesiebte Mehl dazumischen.
Den Teig in eine gut bebutterte Gratinform geben und darauf die entsteinten Kirschen geben. Im vorgeheizten Ofen bei 200°–220° 45 Minuten backen.

Kulinarische Exkurse

Rösti: jedem seine eigene

Rösti ist das typischste Schweizer Kartoffelgericht. Bei den Zürcher und Berner Bauern wurde sie im 18. Jahrhundert als währschaftes Frühstück gegessen. Eine große Platte voll Rösti wurde in die Mitte des Tisches gestellt. Jeder begann mit dem eigenen Löffel auf seiner Seite davon abzustechen. Dabei war es Brauch, den Löffel mit der Rösti in die weite Tasse mit dem Milchkaffee zu tunken und so den Genuß der ersten Mahlzeit des Tages noch zu steigern; eine Mahlzeit, die so richtig Energie gab für die Arbeit auf dem Hof.
Schon bald fand die Rösti auch in anderen Kantonen Verbreitung und wurde nicht mehr nur als Bauernfrühstück gegessen, sondern beispielsweise bis heute als klassische Beilage zum bekannten «Züri-Gschnätzlete». So gab es auch bald die verschiedensten Arten von Rösti.
Die Grundzubereitung unterscheidet sich in folgendem:
Man kann *rohe* Kartoffeln (für 4 Personen etwa 1 Kilo) schälen, durch eine grobe Raffel lassen, leicht salzen und in Butter langsam goldgelb backen lassen.
Die andere weitverbreitete Methode ist, die Kartoffeln zu *schwellen,* sie dann schälen und durch die Röstiraffel lassen und ebenfalls in Butter backen, die Kartoffeln leicht salzen.
Bei beiden Zubereitungsarten ist wichtig, daß die Rösti nicht zu starker Hitze ausgesetzt ist und in einer glatten, rutschigen Pfanne zubereitet wird. Denn sobald sie auf der einen Seite goldgelb ist, wird sie gekehrt und auf der andern Seite schön knusprig gebraten.
Für die Zubereitung kann man auch, falls keine Röstiraffel vorhanden ist, die Kartoffeln in sehr dünne Scheiben schneiden; es macht nichts, wenn diese dabei zerfallen.

Hier einige bekannte Röstivariationen:

Berner Rösti
Kleine Speckwürfelchen in Butter anbraten, mit den geraffelten Kartoffeln überdecken, vorsichtig untereinandermengen, zu einem flachen Kuchen formen und backen.

Schaffhauser Rösti
Hallauer Schinkenwurst wird halbiert, in feine Streifen geschnitten, in Butter angebraten, die Kartoffeln beigegeben und gebacken.

Berner Käserösti
Den Kartoffelscheiben wird etwa 100 g in Würfeli geschnittener Greyerzerkäse beigegeben, mit ½ dl Milch beträufelt und gebacken.

Tessiner Rösti
Der südliche Bewohner der Schweiz fügt der Rösti neben den Speckwürfeli noch frischen Rosmarin bei.

Glarner Rösti
Bei den Glarnern wird 1 – 2 Eßlöffel geriebener Schabziger unter die Rösti gemischt.

Appenzeller Rösti
Die Appenzeller vermischen die geraffelten Kartoffeln zur Hälfte mit gekochten Hörnli und einer Handvoll Speckwürfeli, dazu werden am Schluß feine Würfelchen von Appenzellerkäse beigefügt. Als Beilage wird zu dieser Rösti frisches Apfelmus gegessen.

Zwiebelrösti
Zwiebeln werden fein gehackt, in Butter gedämpft und unter die geraffelten Kartoffeln vermischt, danach gebacken.

Knoblauchrösti
Der Liebhaber des Knoblauchs gibt in Butter angedämpfte Knoblauchscheiben unter die Kartoffeln.

Neuenburger Rösti
Im Kanton der Pilze wird die Rösti mit solchen angereichert; vor allem mit jungen, kleinen Eierschwämmli und etwas gehackter Petersilie.

Vielerorts ist die Rösti auch ein Hauptgericht, so zum Beispiel im Zürcher Oberland: Die fertige, goldgelbe Rösti wird mit gebratenen Speckscheiben und mit würzigem Käse belegt und im Ofen überbacken. Zur Krönung gibt es ein Spiegelei obenauf.
Jede Rösti kann mit den verschiedensten Schweizer Käsen belegt und überbakken werden.
Bei der herbstlichen Metzgete wird die Rösti zur Schlachtplatte mit Apfelstückli gegessen. – Die Variationsmöglichkeiten der Rösti sind also, wie man sieht, fast unerschöpflich, und der Phantasie sind kaum Grenzen gesetzt.

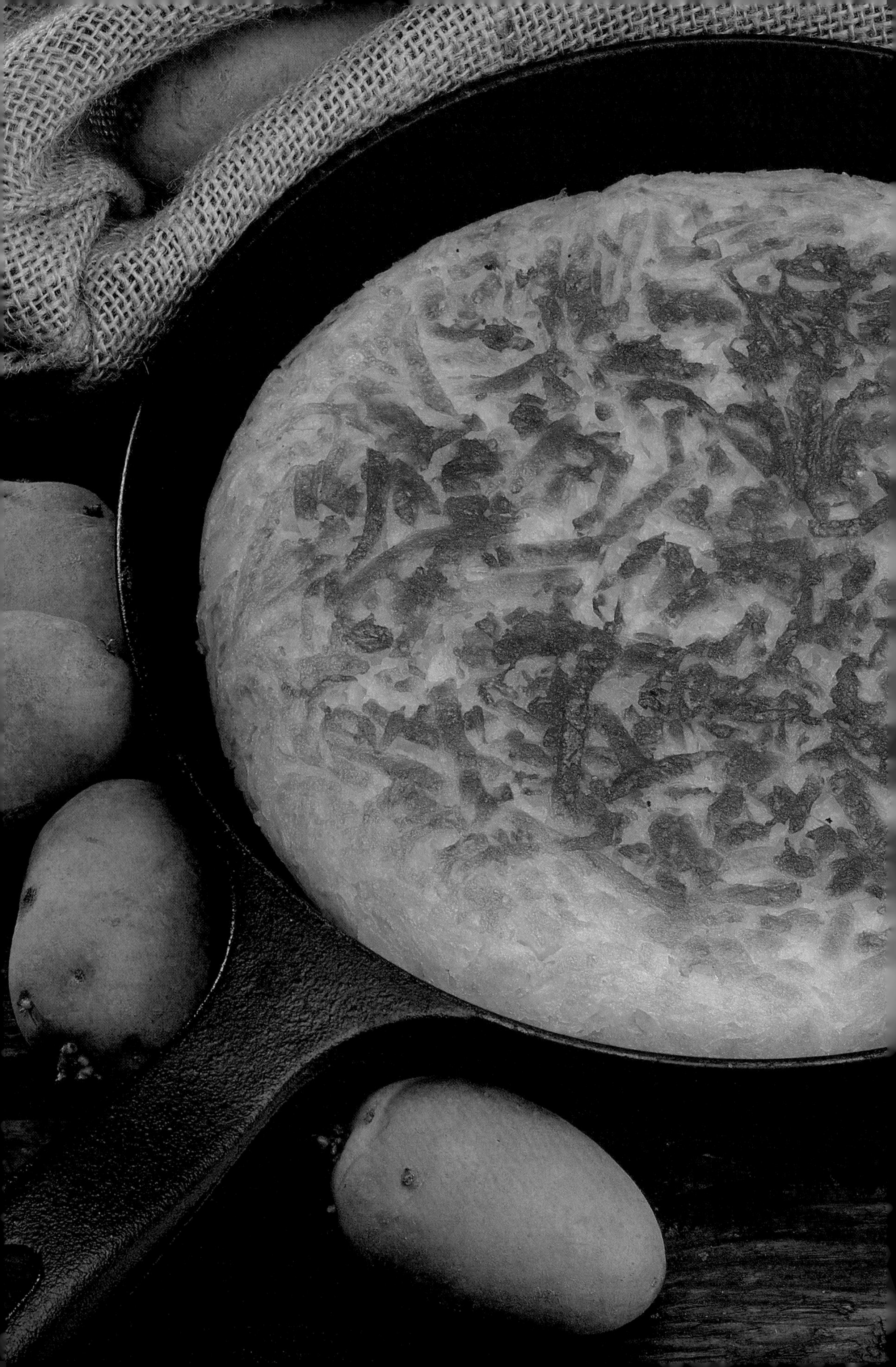

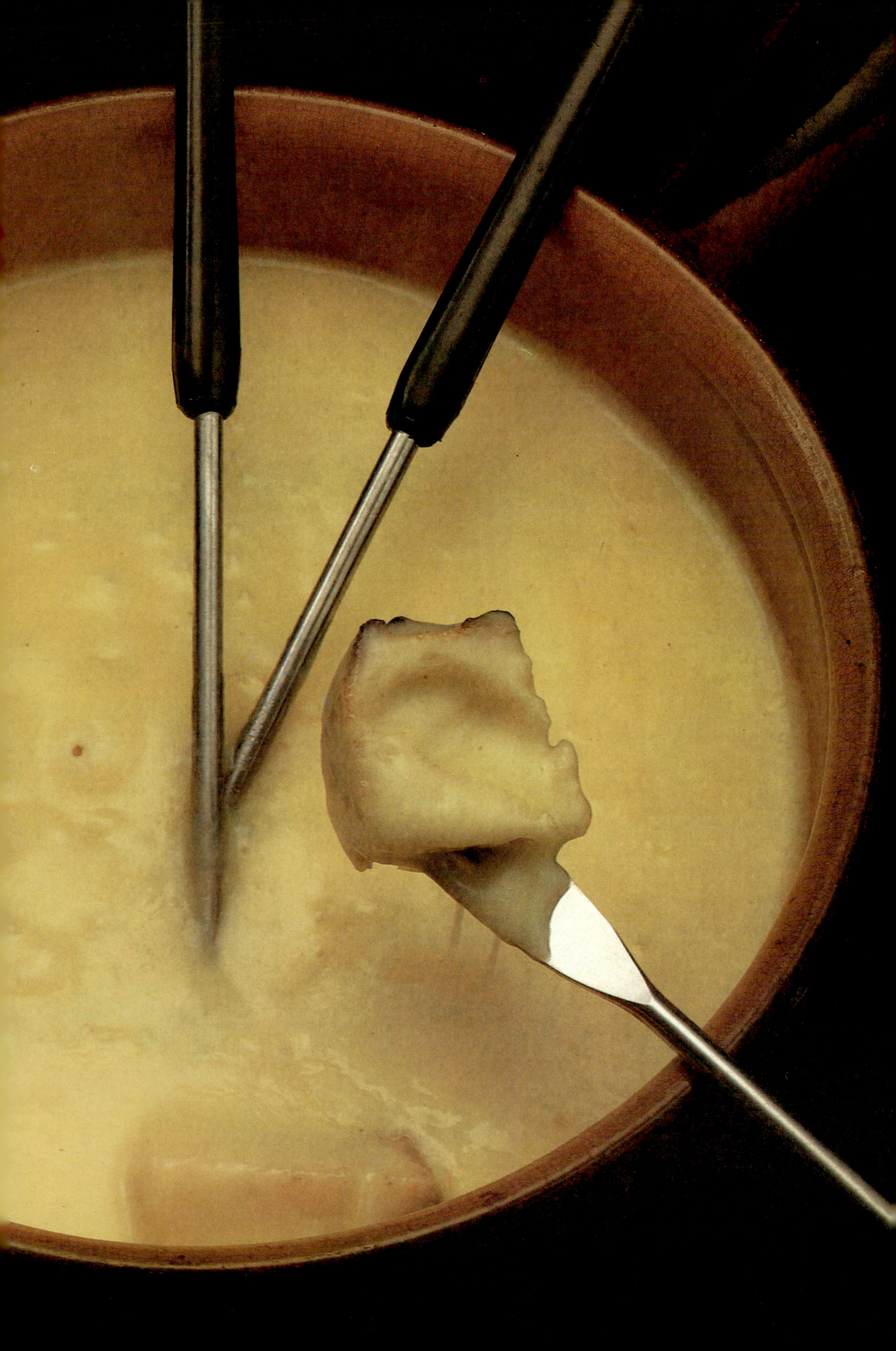

Fondue

Das Käsefondue wird vielfach als Schweizer Nationalgericht betrachtet. Alter und Herkunft des Fondues sind ungewiß. So wie wir es heute kennen, wurde es jedenfalls erst nach dem Ersten Weltkrieg notiert.
Vorfahren unseres Fondues gab es die verschiedensten. Bereits bei Homer, im 11. Gesang der Ilias, ist von einem Gericht aus geriebenem Ziegenkäse, Wein von Pramnos und Weißmehl die Rede.
1848 schreibt Jean-Anthelme Brillat-Savarin in seiner berühmten Lehre über die Tafelfreuden, der «Physiologie des Geschmacks», über das Fondue: «Das Fondue stammt aus der Schweiz. Es besteht lediglich aus Rühreiern mit Käse, die in einem von Erfahrung und Brauchtum bestimmten Verhältnis miteinander vermischt werden.»
Auch das Fonduerezept des Herrn Troillet, Landvogt von Moudon, hat mit unserem heutigen Fondue höchstens eine entfernte Ähnlichkeit:

«Wiegt die Eier, die ihr, entsprechend der Zahl eurer Gäste, verwenden wollt. Nehmt ein Stück guten Gruyère, das ein Drittel, und ein Stück Butter, das ein Sechstel der Eier wiegt. Schlagt und rührt die Eier gut in die Pfanne, tut die Butter dazu und dann den geriebenen Käse. Setzt die Pfanne auf ein kräftiges Feuer und rührt mit einem Holzspachtel so lange, bis die Mischung genügend dick und weich ist und Fäden zieht. Tut wenig oder gar kein Salz hinein, je nach dem Alter des Käses, aber pfeffert kräftig, denn das gehört unbedingt dazu. Tragt auf einer vorgewärmten Schüssel auf, schafft den besten (weißen) Wein herbei, von dem gehörig getrunken werden muß – und ihr werdet Wunderdinge erleben!»

Daß Weißwein nicht nur dazu getrunken, sondern auch zur Zubereitung des Fondues verwendet wurde, hat sich erst im Laufe der Zeit eingebürgert, obschon sich bereits 1699 im Kochbuch der Anna Margarethe Gessner ein Fonduerezept mit Wein findet, das später anscheinend in Vergessenheit geraten ist:

«Käss mit Wein zu kochen
Thu ein halb glässlein voll wein in ein blaten auf die Glutpfann und thu gschabnen oder zeribnen feissen, alten käs darein; ist er aber lind, dass er sich nit schaben oder zereiben lasst, so schneid ihn so dünn du kanst und lass ihn im wein kochen, biss er gantz zergangen und man den wein im kusten nit mehr gspürt. Dann dunke brot darein und iss ihn also mit dem brot. Aber du musst allzeit ein wenig glüht darunter lassen, sonst wird er bald wider hart.»

Mein Käsefondue

Ob das heutige Fondue eine «Erfindung» der Neuenburger, der Fribourger, der Waadtländer, der Genfer oder der Walliser sei, bleibe dahingestellt. Zubereitet wird es in jedem Fall im Caquelon, dem bekannten Tongeschirr. Entscheidend sind natürlich die Käsesorten, die verwendet werden.

Hier das *Grundrezept* (für 4 Personen):

    600 g reifen Käse, gerieben (z. B. Appenzeller od. Greyerzer u. Emmentaler)
    3 dl   Weißwein, wenn möglich aus der betreffenden Region
    3 TL   Maizena / Speisestärke
            Kirschwasser, nach Belieben
    2   Knoblauchzehen, Pfeffer aus der Mühle, Muskatnuß gemahlen

Dazu: Brot in Würfel geschnitten

Das Caquelon mit dem gepreßten Knoblauch ausreiben, den Weißwein dazugeben und aufkochen. Den geriebenen Käse im Sturz beigeben und unter Rühren schmelzen lassen. Die Stärke / Das Maizena mit dem Kirsch auflösen und dazugeben. Unter starkem Schwingen aufkochen lassen. Wenn zu wenig gerührt wird, besteht die Gefahr, daß das Fondue scheidet. Mit Pfeffer und Muskat würzen und servieren. Das Caquelon wird auf einen Spirituskocher auf den Tisch gestellt, so daß das Fondue leicht weiterköchelt. Mit den fest auf die Fonduegabel gesteckten Brotwürfeln rühren, damit das Fondue sämig bleibt.

Einige Punkte, die man sich merken sollte:
- Es wird immer halb so viel Wein wie Käse verwendet. Pro Person rechnet man zwischen 150 und 200 Gramm Käse.
- Man sollte stets reifen Käse verwenden.
- Anstelle von Kirsch können andere gebrannte Wasser verwendet werden.
- Sollte das Fondue zu dick sein, so fügt man unter Rühren etwas Weißwein bei.
- Ist es zu dünn, kann es mit in Wein angerührtem Maizena nachgebunden werden.
- Sollte es einmal scheiden: mit einem Schwingbesen tüchtig aufschwingen und mit in Weißwein angerührtem Maizena binden.
- Da frisches Brot schwer verdaulich ist, darf das Brot ruhig zwei Tage alt sein. Man schneidet dieses in mundgerechte Stücke. Pro Person rechnet man etwa 180 Gramm Brot.

Fondue-Käse

Greyerzer. Dieser berühmte Westschweizer wurde schon im 12. Jahrhundert in den Alpkäsereien der Abtei Rougemont hergestellt.
Emmentaler. Der bekannteste Schweizer Käse, der König der Käse, gehört zu den Hartkäsen. Durch die lange Lagerung entwickelt er sein spezielles Aroma, das im Fondue dann gut zur Geltung kommt.
Freiburger Vacherin. Dieser cremige Käse gibt dem Fondue ein herrlich rahmiges, mildes Aroma, das man nicht beschreiben kann, sondern nur genießen.
Appenzeller. Der urchige, rassige Halbhartkäse, nach einem geheimen Rezept gemacht, gibt ein eigenwilliges, würziges Aroma, das im Fondue sehr gut zur Geltung kommt.

Sbrinz. Der extraharte Innerschweizer ist einer der ältesten Käse der Schweiz. Er wird heute noch nach alter Väter Sitte und überliefertem Rezept in der Innerschweiz hergestellt.
Raclettekäse. Allein im Wallis gibt es verschiedene Raclettekäse, das heißt, die Käse aus den einzelnen Berggegenden; diese Ursprungsbezeichnungen sind in die Rinde eingeprägt.
Schweizer Tilsiter. Er stammt hauptsächlich aus dem Thurgau. Es gibt den milden mit der grünen und den rezenten mit der roten Etikette.
Glarner Schabziger. Von diesem Kräuterkäse sollte man nicht zuviel fürs Fondue verwenden, da er einen ausgeprägten würzigen Geschmack hat.
Der Geschmack des Fondues wird, wie gesagt, weitgehend durch die Käsemischung bestimmt. Hier nun einige Fondue-Varianten, mit verschiedenen Käsemischungen. Die Zubereitung bleibt die im Grundrezept angegebene.

Fondue-Varianten
Waadtländer Fondue: Waadtländer Weißwein und Greyerzerkäse von Laiben unterschiedlicher Reifegrade.
Appenzeller Fondue: Hier wird spritziger Weißwein und 800 g Appenzellerkäse verwendet; anstelle von Kirsch anderer Obstbranntwein.
Innerschweizer Fondue: 300 g Sbrinz, 300 g rezenter Schweizer Tilsiter und 200 g Raclettekäse.
Walliser Fondue: Im Wallis nimmt man Fendant, 400 g Greyerzer, 200 g Emmentaler und 200 g Raclettekäse. 3 Tomaten werden kreuzweise eingeschnitten, 10 Sekunden in heißes Wasser getaucht, geschält, entkernt und gehackt dem Fondue beigegeben.
Glarner Fondue: 500 g Greyerzer, 250 g Emmentaler und 50 g Glarner Schabziger.
Ostschweizer Fondue: Statt Weißwein wird Apfelwein verwendet; die Käsemischung besteht aus 400 g Appenzeller und 400 g rezentem Tilsiter; anstelle von Kirsch ein wenig Apfelschnaps.

Mit Gewürzen wie Kümmel, Curry oder grünem Pfeffer kann das Fondue nach eigenem Geschmack gewürzt werden. Auch in Butter gedämpfte und am Schluß beigegebene Pilze wie Champignons, Steinpilze und Eierschwämme schmecken ausgezeichnet. Nicht zu vergessen sind die vielen Kräuter wie Estragon, Dill, Schnittlauch und Liebstöckel, jedoch sollte jeweils nur eine Kräutersorte verwendet werden.
Zum Fondue schmeckt ein trockener, herber Weißwein aus der Gegend des verwendeten Käses am besten, oder – für empfindlichere Mägen – ist ein guter Schwarztee zu empfehlen. Ein Gläschen Kirsch zwischendurch hilft verdauen und schmeckt erst noch ausgezeichnet.
Nicht vergessen: Zum Rühren das Brot *fest* an die Gabel stecken, denn eine alte Fondue-Regel sagt, daß jedes Brotstückchen, welches sich von der Gabel löst, seinen Besitzer zu einer guten Flasche Wein verpflichte!

Brot

Die Geschichte der Menschheit als die Geschichte des Brotes zu bezeichnen wäre wohl übertrieben. Unbestritten ist aber die zentrale Bedeutung des Brotes im Leben vergangener Jahrhunderte. Das spiegelt sich in Brauchtum und Glaube der Völker wider. Brot ist das Sinnbild der Nahrung schlechthin und bis heute eines der wichtigsten Grundnahrungsmittel.
Der Weg vom über 5500 Jahre alten «Urbrot» der Pfahlbauer, einem gesäuerten Getreidebreifladen, der zwischen heißen Steinen und Asche gegart wurde, bis zu den heutigen Brotformen ist ein weiter.
Wurde der Fladenteig lange genug stehengelassen, trat eine Gärung ein, die den Teig lockerte. Durch Ausbacken desselben bekam man das Brot. Da in warmen Ländern die Gärung sehr rasch eintrat, war die Technik der Brotbereitung dort schon früh bekannt. Von Ägypten gelangte sie nach Griechenland, wo sie durch verschiedene Zusätze (Milch, Eier, Fett, Honig, Gewürze) und durch bessere Backöfen verfeinert wurde. Den Gott Dionysos verehrten die Griechen als Erfinder des getriebenen Brotes. So wurden an den Dionysien zu seinen Ehren große Schaubrote bei den Prozessionen mitgeführt. Die Römer übernahmen die griechische Kunst der Brotbereitung; sie verehrten Pan als Erfinder des Brotes. Zu Beginn des 4. Jahrhunderts gab es in Rom bereits 250 Bäckereien! Die Ausgrabungen von Pompeji legen Zeugnis ab von deren Einrichtungen und Größe.
Im 8. Jahrhundert verdrängte das Brot in Mitteleuropa weitgehend den Getreidebrei. Das Backen wird ein selbständiges Gewerbe. Seit der Bildung der Bäckerzünfte im 13. und 14. Jahrhundert unterlag die Ausübung des Gewerbes strengen Vorschriften, deren Übertretung hart bestraft wurde. «Zahlreiche Bestimmungen befassen sich mit der Qualität des Brotes, der Brotlagerung und der Verkaufszeit; unter anderem war die Beimischung von Bohnenmehl sowie Hopfen verboten. Das Brot wurde mit Sauerteig getrieben; der Pfister Waser im Höfli besaß als einziger Zürcher das Privileg, ‹gehopftes Brot›, Brot, das mit Hefe angetrieben wurde, herzustellen.»
Solche Einschränkungen sind für die heutigen Bäcker unvorstellbar. Die Variation der Brotsorten ist schier unübersehbar. Jede Region hat ihre Brotrezepte. Im Laufe der letzten Jahrzehnte hat sich die Beliebtheit und somit die Herstellung vieler Sorten über die jeweiligen Kantonsgrenzen hinaus verbreitet. Im folgenden werden einige der beliebtesten Brote vorgestellt.

Bündner Roggenbrot

«Der Roggenring stellt eine althergebrachte Gebäckform dar, wie sie ab und zu heute noch von Bergbauern gefertigt wird, um dann als Wochen- oder gar Monatsvorrat an Stangengestellen aufgehängt und gelagert zu werden. Im südlich gelegenen Puschlav wird dieses Ringbrot Brasciadela genannt. Dabei wird vornehmlich helles Roggenmehl und als Gewürz Anis eingesetzt.»

(«Schweizer Bäckerei»)

3 dl	Wasser
15 g	Hefe
10 g	Salz
400 g	helles Roggenmehl
100 g	Ruchmehl

Die Zubereitung erfolgt wie unten beschrieben.
Den Teig auf eine Länge von etwa 40 cm wurstförmig ausziehen und die Enden miteinander verbinden.
Mit einem Messer dreimal einschneiden und im Ofen etwa 40 – 45 Minuten bakken.

Brotteigzubereitung mit Hefe
Das Salz im lauwarmen Wasser auflösen und die zerbröckelte Hefe darin aufquellen lassen. Mit dem Mehl einen Kranz machen und das Hefewasser nach und nach unter das Mehl verarbeiten.

Tessiner Brot

>   300 g   Grahammehl
>   200 g   Ruchmehl
>   2 TL   Salz
>   3 dl   Wasser
>   20 g   Hefe

Die Hefe im Wasser auflösen. Das Mehl in eine Schüssel geben, das Salz daruntermischen und langsam das Wasser mit der Hefe dazugeben. Das Ganze zu einem festen Teig verarbeiten. An einem warmen Ort, mit einem feuchten Tuch bedeckt, 2 Stunden aufgehen lassen.
Den Teig wie unten beschrieben formen, 20 Minuten ruhen lassen und im vorgeheizten Ofen bei 200° – 220° etwa 50 Minuten backen.
1. Den Teig in eine lange Wurst formen und gleichmäßige dicke Stücke davon schneiden.
2. Diese Stücke in der Mitte einschneiden.
3. Diese nebeneinander in eine leicht gemehlte, längliche Form legen (oder ein kleines Backblech), die Teile eng aneinanderdrücken und das Brot backen.

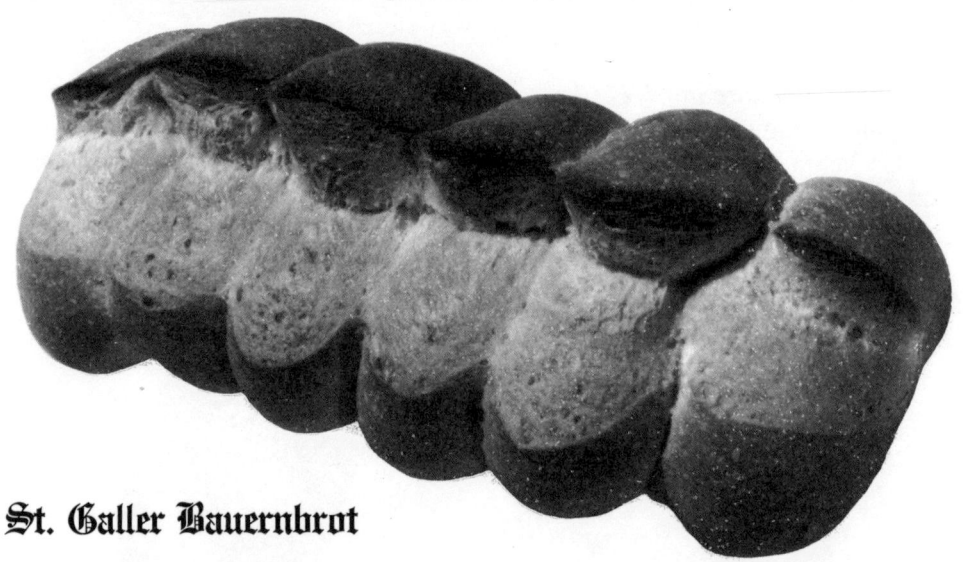

St. Galler Bauernbrot

>   1 kg   Vollmehl
>   500 g   Kartoffeln, geschwellt
>   10 g   Hefe
>   25 g   Salz
>   6 – 7 dl Wasser
>   Die Flüssigkeit ist abhängig von der Beschaffenheit des Mehles und der Kartoffeln.

Die Kartoffeln schwellen. Am besten einen Tag ruhen lassen, dann schälen und fein reiben. Hefe und Salz in separatem Wasser auflösen. Das Hefewasser wird

dem Mehl und den geriebenen Kartoffeln beigegeben und zu einem Teig verarbeitet. Das Salzwasser ebenfalls dazugeben und das Ganze 10 Minuten gut durchkneten.
Bedecken mit einem feuchten Tuch und 2 ½ Stunden an einem warmen Ort gehen lassen. Nochmals gut durchkneten und zu einem runden Laib formen. Auf ein gemehltes Backblech legen und mit Mehl bestäuben, nochmals kurz ruhen lassen.
1 ¼ – 1 ½ Stunden bei 200° backen.

Basler Ruchbrot

400 g	Ruchmehl
100 g	Grahammehl
50 g	Roggenmehl
50 g	Kleie
3 ½ dl	Wasser
20 g	Hefe
2 TL	Salz

Die Mehlsorten mit dem Salz gut vermischen. Die Hefe im Wasser auflösen und dem Mehl beigeben. Alles zu einem festen, nicht klebrigen Teig verarbeiten. Die Teigkugel mit einem feuchten Tuch bedecken und 2 Stunden an einem warmen Ort gehen lassen. Den Teig zu einer Kugel formen und diese von Hand flachdrücken und zu einem ovalen Laib aufrollen. Die Oberfläche mit einem Messer ½ cm tief schräg einschneiden. Nochmals 20 Minuten ruhen lassen und dann im vorgeheizten Ofen bei 200° – 220° ungefähr 50 Minuten backen.

Obwaldnerbrot

    3 dl   Wasser
   10 g   Salz
   15 g   Hefe
 500 g   Ruchmehl

Den Teig wie üblich zubereiten, in eine lange Form bringen. Zugedeckt etwa eine Stunde an einem warmen Ort stehen lassen. Im mittelheißen Ofen backen. Sofort mit heißem Wasser überglänzen.

Emmentaler Zopf

  800 g   Weißmehl
3 ½ dl   Milch
   30 g   Hefe
 100 g   Butter
   15 g   Salz
     1   Ei
     2   Eigelb

Die lauwarme Milch mit der Hefe durchrühren, das gesiebte Mehl beigeben und gut durchkneten. Salz und Ei verrühren und zusammen mit der weichen Butter dem Teig beigeben. Weiterkneten, bis der Teig schön glatt und nicht mehr klebrig ist. Den Teig an einem warmen Ort, bedeckt mit einem feuchten Tuch, 15 Minuten gehen lassen. Danach den Teig zweiteilen und zu einem Zopf flechten. Nochmals eine halbe Stunde stehen lassen, mit dem Eigelb bestreichen und im vorgeheizten Ofen bei 200° – 220° etwa 40 Minuten backen.

Aargauer Rüeblitorte

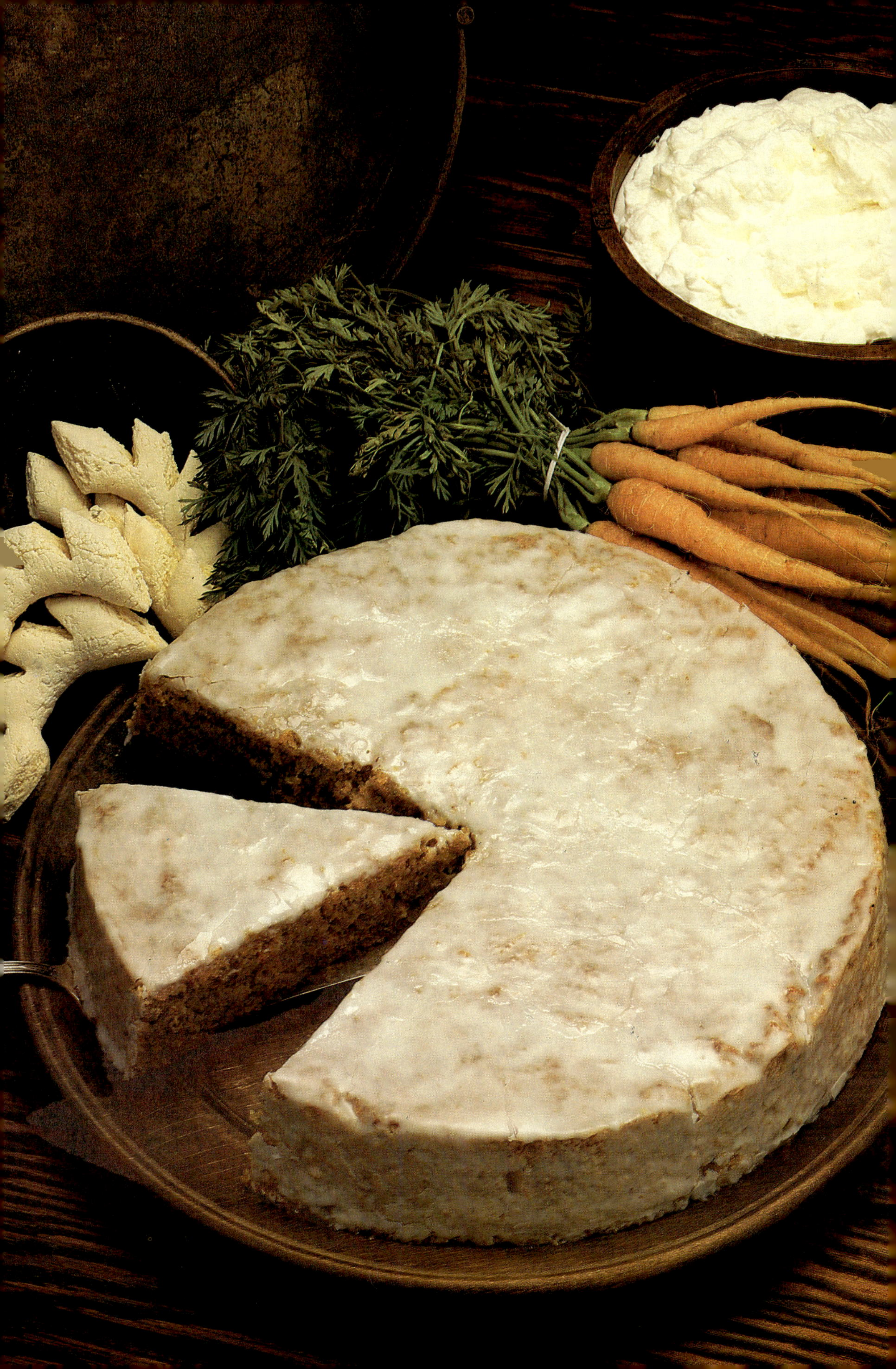

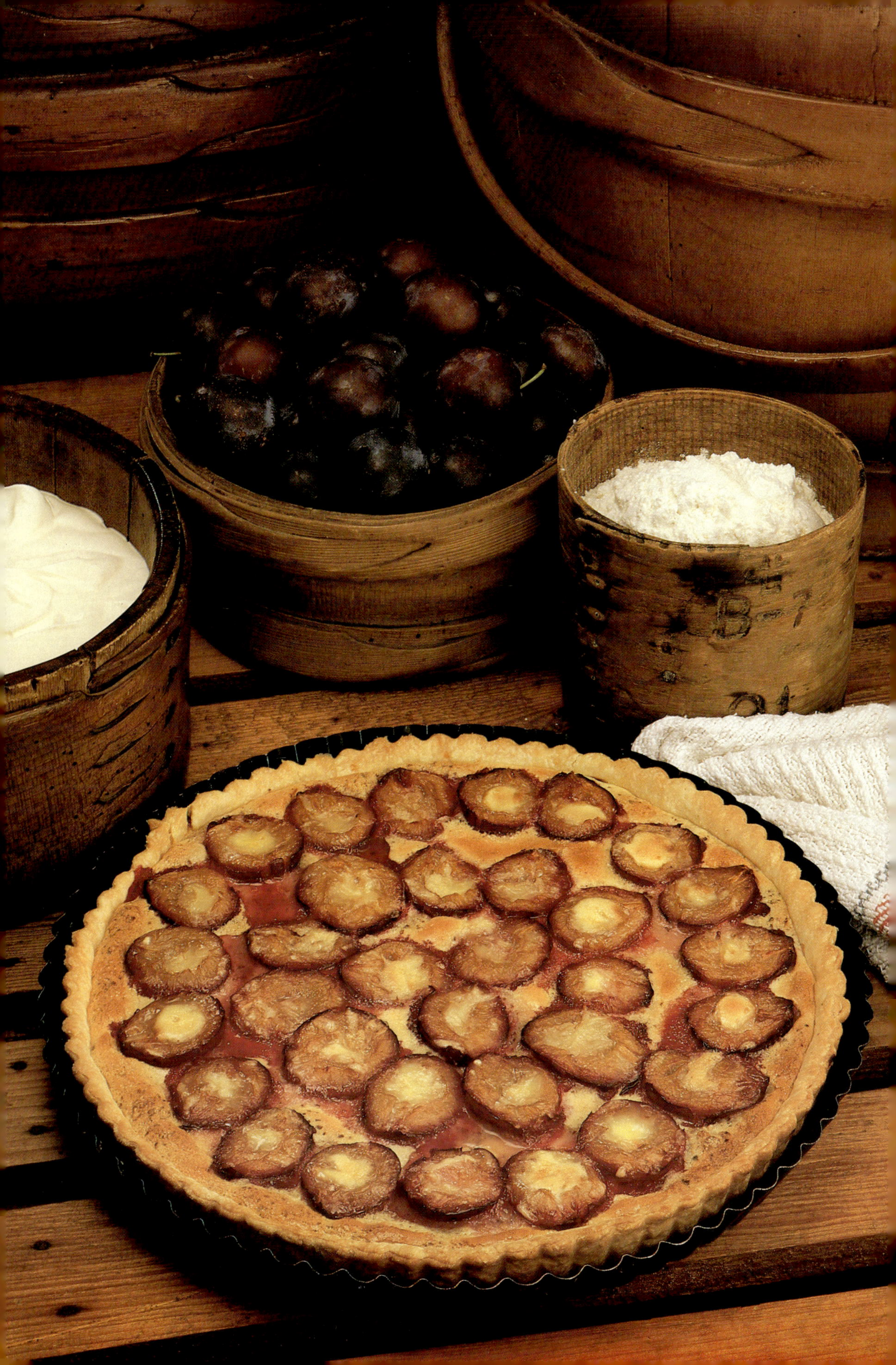
B-7

Freiburgerbrot

3 dl   Wasser
10 g   Salz
15 g   Hefe
150 g   Halbweißmehl
150 g   Ruchmehl
200 g   helles Roggenmehl

Die Brotzubereitung wie üblich.
Nach dem zweiten Durchkneten den Teig zu einem flachen Laib abdrücken. Nochmals aufgehen lassen, und dann im mittelheißen Ofen backen. Vorher noch leicht mit Mehl bestäuben und ein quadratisches Muster einschneiden.

Zwetschgenwähe

Jurabrot

«Zur Gründung des neuen Kantons kreierten die Bäckermeister ein neues, dekorativ wirkendes Brot. Das Jurabrot weist von der Form her gewisse Gemeinsamkeiten auf mit demjenigen aus Genf, dem Waadtländer Carrelé und dem Walliser Roggenbrot. Das leicht gewölbte Jurabrot zeichnet sich vor allem durch eine feine und rösche Kruste aus.» *(«Schweizer Bäckerei»)*

    3 dl   Wasser
    10 g   Salz
    15 g   Hefe
    500 g   Mehl

Den Teig wie üblich zubereiten.
Die runden Teigstücke auf einem Tuch absetzen und nach kurzer Ruhezeit leicht flachdrücken. Nach etwa halber Garzeit die Konturen des Jurawappens einzeichnen, leicht mit Mehl stäuben und fertigbacken.

Birchermüesli

Bei einem Nationalgericht läßt sich selten genau feststellen, wann, wo und wie es entstanden ist. – Nicht so beim Birchermüesli, das in die Geschichte der Schweizer Küche eingegangen ist und weit über die Landesgrenzen hinaus bekannt ist. Allerdings war es auf dem Speisezettel der 1897 gegründeten Bircher-Benner-Klinik in Zürich nicht als «Birchermüesli» zu finden, sondern als «Früchtediätspeise». Diese kam so häufig auf den Tisch, daß man bald nur noch von der «Spys», der Speise schlechthin, sprach. Im Bircher-Benner-Kochbuch ist darüber zu lesen:
«Im Grunde führte Dr. Bircher-Benner mit dem ‹Bircher-Müesli›, wie der Volksmund die Speise dann getauft hat, einen Brauch seiner Heimat wieder ein; denn es war in obstreichen Gegenden der Schweiz früher Sitte gewesen, kleinere Mahlzeiten, namentlich das Abendmahl, einfach aus Obst, Kornmus und Milch bestehen zu lassen, wozu oft noch Nüsse kamen. Das Obst bestand aus Äpfeln, Birnen, Beeren oder Dörrobst, je nach der Jahreszeit, das Kornmus aus Dinkel, Hafer oder Gerste, und die Milch war meistens frischgemolken und ungekocht. Obst – Korn – Milch, die Komponenten des ‹Müesli› sind ein altehrwürdiger und auch ein überaus natürlicher Dreiklang der Diätetik, mit den Nüssen zusammen ein Vierklang. Früher allerdings wurden diese Nahrungsmittel meistens unzerkleinert gegessen oder vielmehr mit kräftigen Zähnen zermahlen und im Innern des Körpers, statt in der Küche untereinandergemischt ... Das ‹Bircher-Müesli› ... gefiel so sehr, daß Dr. Bircher-Benners Patienten es bei sich einführten, daß Freunde und Bekannte sie nach dem Rezept fragten, und daß es so in weite Bevölkerungskreise eindrang, lange bevor die Zubereitung in dem kleinen, 1924 erschienen Buche ‹Früchtespeisen und Rohgemüse› (Wendepunkt Verlag), eingehend beschrieben wurde. Viele Gaststätten in der Schweiz führten das Müesli ein. In Lausanne oder Genf verlangt der Gast ‹un birche›, oft ohne eine Ahnung vom Ursprung der Speise zu haben. Es kann einem geschehen, daß man in einer einsamen Sennhütte der Hochalpen unversehens mit einer Müeslimahlzeit bewirtet wird oder auch auf einer tropischen Plantage. Henry Ford beschritt (nach Zeitungsmeldungen) den ‹Müeslipfad›, ein Professor in Mailand servierte es etwa seinen Gästen als ‹Dolce Sorpresa›, und in England heißt es einfach das ‹Swiss musli›. Es ist wieder so etwas wie eine Nationalspeise geworden.»

Original-Birchermüesli

1 Portion

        2 – 3   kleinere, ganze Äpfel
        1 EL   geriebene Mandeln, Hasel- oder Baumnüsse
        1 EL   Haferflocken, 12 Stunden eingeweicht in 3 EL Wasser
                    Zitronensaft einer halben Zitrone
        1 EL   Kondensmilch, gezuckert

Die Kondensmilch und den Zitronensaft mit den Haferflocken (samt Wasser) mischen. Die Äpfel mit Haut, Gehäuse und Kernen auf dem Apfelreibeisen unter kräftigem Druck reiben. Rasch unter den Brei mischen, damit sie schön weiß bleiben. Am Schluß die geriebenen Nüsse darüberstreuen.
Im Laufe der Jahre ist das Birchermüesli natürlich vielfach abgewandelt worden. Jede Hausfrau hat ihr eigenes Rezept.
Meine Mutter reicht das Birchermüesli beispielsweise mit frischen Saisonfrüchten und Beeren an. Zudem verwendet sie zum Einweichen der Haferflocken Milch und verfeinert danach diesen Haferbrei mit einem Fruchtjoghurt und mit Rahm.
Im Sommer eine leichte, erfrischende Mahlzeit.

Süße Kuchen und Wähen

In keinem andern Land gibt es so viele Arten von Kuchen und Wähen wie in der Schweiz. Jeder Kanton hat seine Wähe, denn die landwirtschaftlichen Erzeugnisse finden Eingang in die Speisekarte, also auch in Kuchen und Wähen. Als Beispiele seien nur die Bölledünne, die Schaffhauser Zwiebelwähe, und die Cholera, ein Walliser Kartoffel-Käse-Kuchen, erwähnt.
In den Kantonsrezepten sind einige Rezepte gesalzener Kuchen und Wähen angegeben. Hier nun die Grundrezepte für süße Wähen, für die man fast alle Saisonfrüchte verwenden kann.
Für den Teigboden wird entweder ein Blätterteig oder ein geriebener Teig verwendet. Den ersteren kauft man in einer Konditorei oder einem Lebensmittelgeschäft. Die Zubereitung des geriebenen Teigs steht im Kapitel «Einfache Grundrezepte».
Das Kuchenblech wird immer gebuttert und gemehlt, mit dem Teig ausgelegt und mit einer Gabel gestupft. Den Teigboden kann man individuell mit geriebenen Haselnüssen und/oder mit Rosinen ausstreuen. Zum Auslegen eignen sich viele Früchte, je nach Saison, angefangen von Äpfeln, Aprikosen, Zwetschgen, Kirschen und Rhabarber. Die letzteren werden jedoch kurz in kochendes Wasser getaucht oder 2 Minuten gedämpft.

Nachdem nun die Früchte auf dem etwa 3 mm dick ausgewallten und mit Haselnüssen bestreuten Teigboden ausgelegt sind, wird der Guß zubereitet.

Auch hier gibt es einfache und etwas teurere Variationen.
Guß I

3 dl	Milch
1 EL	Maizena
3	Eier
50 g	Zucker

Guß II

2 dl	Milch
1 dl	Rahm
2 EL	Maizena
2	Eier
50 g	Zucker

Guß III

1 dl	Milch
2 dl	Rahm
2 EL	Maizena
2	Eier
50 g	Zucker

Je nach Geschmack kann dem Guß noch mehr Zucker beigefügt werden.

Die luxuriöse Variante ist folgende:

2 ½ dl	Rahm
3	Eier
50 g	Zucker
20 g	Vanillezucker
1 Prise	Zimtpulver

Sämtliche Gußzutaten werden vermengt, gut durchgerührt und auf die Früchte gegossen. Nun wird der Kuchen im vorgeheizten Ofen bei 180° etwa 40 Minuten gebacken.
Frucht- und gesalzene Wähen sind in fast allen Bäckereien am Freitag erhältlich. An diesem Tag werden sie vielerorts auch als Hauptmahlzeit gegessen.

Eingemachtes

Das Einmachen war für unsere Großmütter selbstverständlich. Denn damals gab es noch keine Konserven. Während der Jahreszeit des betreffenden Gemüses oder der Frucht wurden diese eingemacht und waren dann das ganze Jahr über frisch griffbereit.
Einkochen und Einlegen ist in den letzten Jahren wieder in Mode gekommen. Mit solchen Gläsern im Vorrat kann unangemeldeter Besuch jederzeit bewirtet werden. Selbstgemachte Marmelade, Essigfrüchte oder Rumtöpfe, in hübsche Gläser abgefüllt, sind auch originelle Geschenke.

Merkpunkte zum Einkochen und Sterilisieren
Die Gläser müssen vorher ganz heiß und gut ausgewaschen werden. Die Gummiringe werden in kaltem Wasser eingeweicht und kurz vor Gebrauch in Wasser aufgekocht.
Rohes Einmachgut kann man bis knapp unter den Rand einfüllen. Vorgegartes jedoch benötigt einen mindestens 1 cm hohen Rand. Pürierte Sachen sollten einen Platz von mindestens 4 cm haben, da sich das Einmachgut beim Sterilisieren ausdehnen kann.
Die Ränder müssen stets sauber sein, daher empfiehlt es sich, mit einem Trichter einzufüllen. Den Deckel des Einmachglases mit dem Gummiring versehen und über das Glas geben. Mit dem Bügel gut verschließen.
In einer hohen Pfanne leere Eierschachteln auslegen, mit Wasser auffüllen und auf den Siedepunkt bringen. Füllt man kaltes Einmachgut in das Glas, so gibt man die Gläser in heißes Wasser. Werden sie aber mit heißem Kochgut gefüllt zum Sterilisieren, so gibt man sie in kaltes Wasser und bringt es erst dann auf den Siedepunkt. Die Gläser in die Pfanne einfüllen. Sie dürfen sich jedoch nicht berühren. Das Wasser sollte zu ¾ an die Gläser reichen. Nun hält man das Wasser auf der gewünschten Temperatur, am besten mit einem Küchenthermometer und sterilisiert es die verlangte Zeit.

Gemüse einmachen

Grüne Bohnen

    2 kg   Bohnen
              etwas Salz

Die Bohnen gut waschen, rüsten und entfädeln. Senkrecht und dicht aneinandergereiht in die Gläser füllen. Wasser mit etwas Salz aufkochen und über die Bohnen gießen. Die Gläser gut verschließen und knapp 2 Stunden sterilisieren.

Frische Steinpilze

    Menge nach Belieben

Die Steinpilze rüsten und je nach Größe vierteln oder halbieren. Salzwasser mit einem Spritzer Zitrone auf den Siedepunkt bringen und die Pilze 2 Minuten darin kochen. Mit einer Schaumkelle aus dem Sud nehmen und in die Gläser verteilen. Den Sud etwa 10 Minuten einkochen lassen und dann über die Pilze gießen. Die Gläser gut verschließen und 60 Minuten sterilisieren.

Schwarzwurzeln

    6 kg   Schwarzwurzeln
              (ergeben etwa 25 Portionen)

Die Schwarzwurzeln unter fließendem Wasser gut schälen und in zirka 5 cm lange Stücke schneiden, je nach Dicke auch noch halbieren. Die Schwarzwurzeln in Salzwasser 10 Minuten gut kochen. Dann in die Gläser abfüllen und mit dem Kochsud übergießen und verschließen. Während zwei Stunden sterilisieren.

Blumenkohl

    5 Köpfe   Blumenkohl
                (ergeben etwa 20 Portionen)

Den Blumenkohl rüsten und in die einzelnen Röschen zerlegen. Im Salzwasser mit einer Prise Zucker 3 Minuten kochen. Den Blumenkohl in die Gläser geben und mit dem Kochsud bis knapp an den Rand auffüllen. Die Gläser werden 60 Minuten sterilisiert.

Spargel

Menge nach Belieben

Die Spargeln gut schälen und auf die Größe der Gläser zuschneiden. Schwaches Salzwasser aufkochen lassen, den Spargel hineingeben und kurz überwallen lassen. Aus dem Wasser nehmen und zur Seite stellen. Inzwischen ein zweites Mal Salzwasser aufkochen, frisches, und die Spargel ein zweitesmal überbrühen lassen. Vorsichtig, mit den Köpfen nach unten, dicht aneinander in die Gläser abfüllen. Mit dem kochenden Sud bis knapp unter den Rand auffüllen. Die Gläser gut verschließen und 60 Minuten sterilisieren.

Erbsli und Rüebli

2 kg junge Karotten
4 kg frische Erbsen

Die Karotten schälen, in Würfel oder Stengel schneiden, oder wenn es ganz junge oder kleine sind, ganz lassen. Die Erbsen aus der Schale lösen und in kaltem Wasser waschen. Die Erbsen und Karotten vermischen und in die Gläser abfüllen. Wasser mit wenig Salz aufkochen, in die Gläser gießen und knapp 2 Stunden sterilisieren.

Tomatenmark

(Konzentrat, auch für Suppe verwendbar)

6 kg Fleischtomaten

Die vollreifen Tomaten im kaltem Wasser waschen, gut trockenreiben und in kleine Würfel zerschneiden. In eine Pfanne geben und unter Rühren aufkochen und dabei leicht zerdrücken. Sobald die Tomaten zu Mus werden, stärkere Hitze geben und ein wenig einkochen lassen. Das Tomatenmark durch ein feines Sieb gießen und in die Gläser abfüllen. Während 30 Minuten sterilisieren.

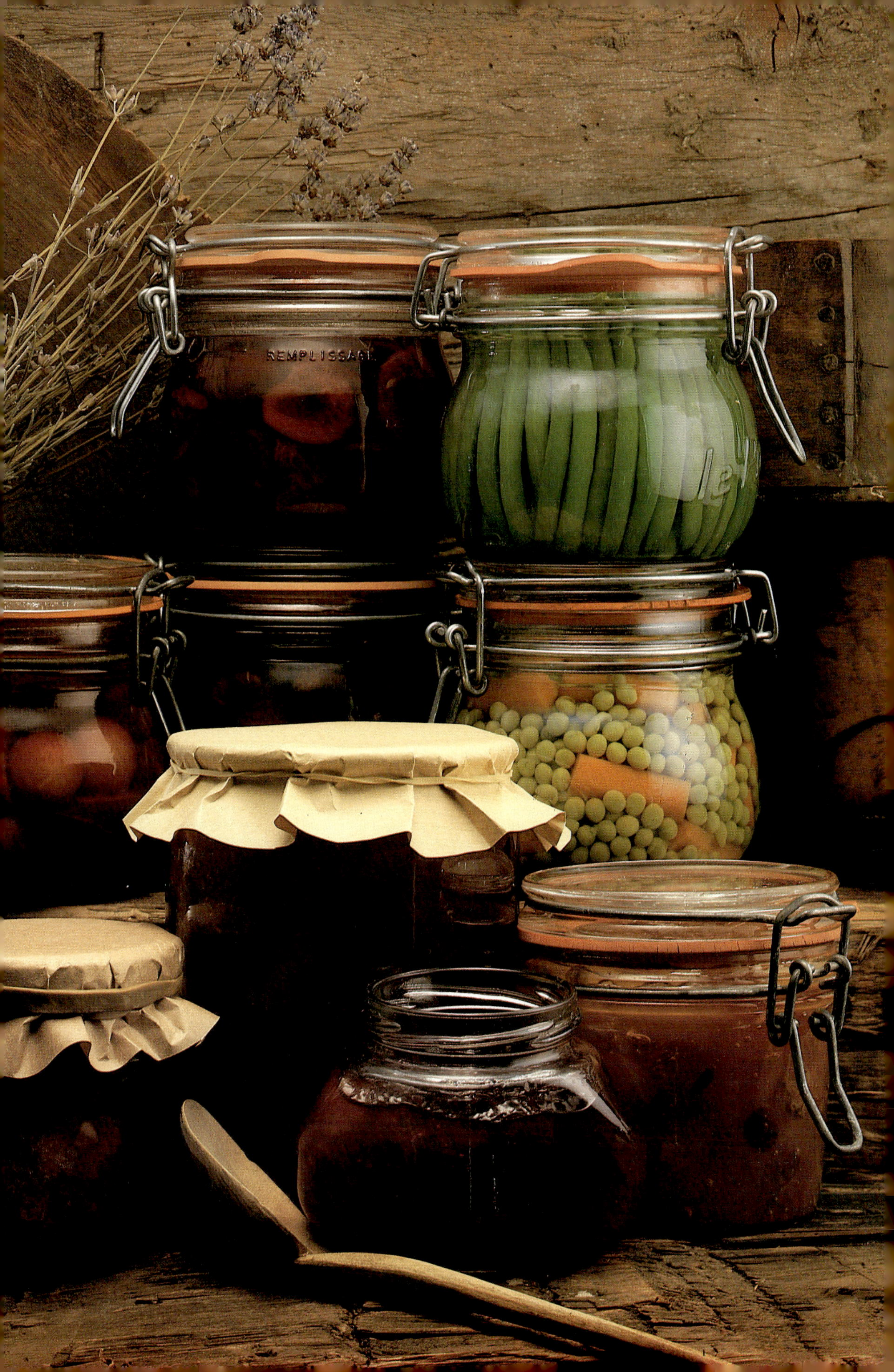

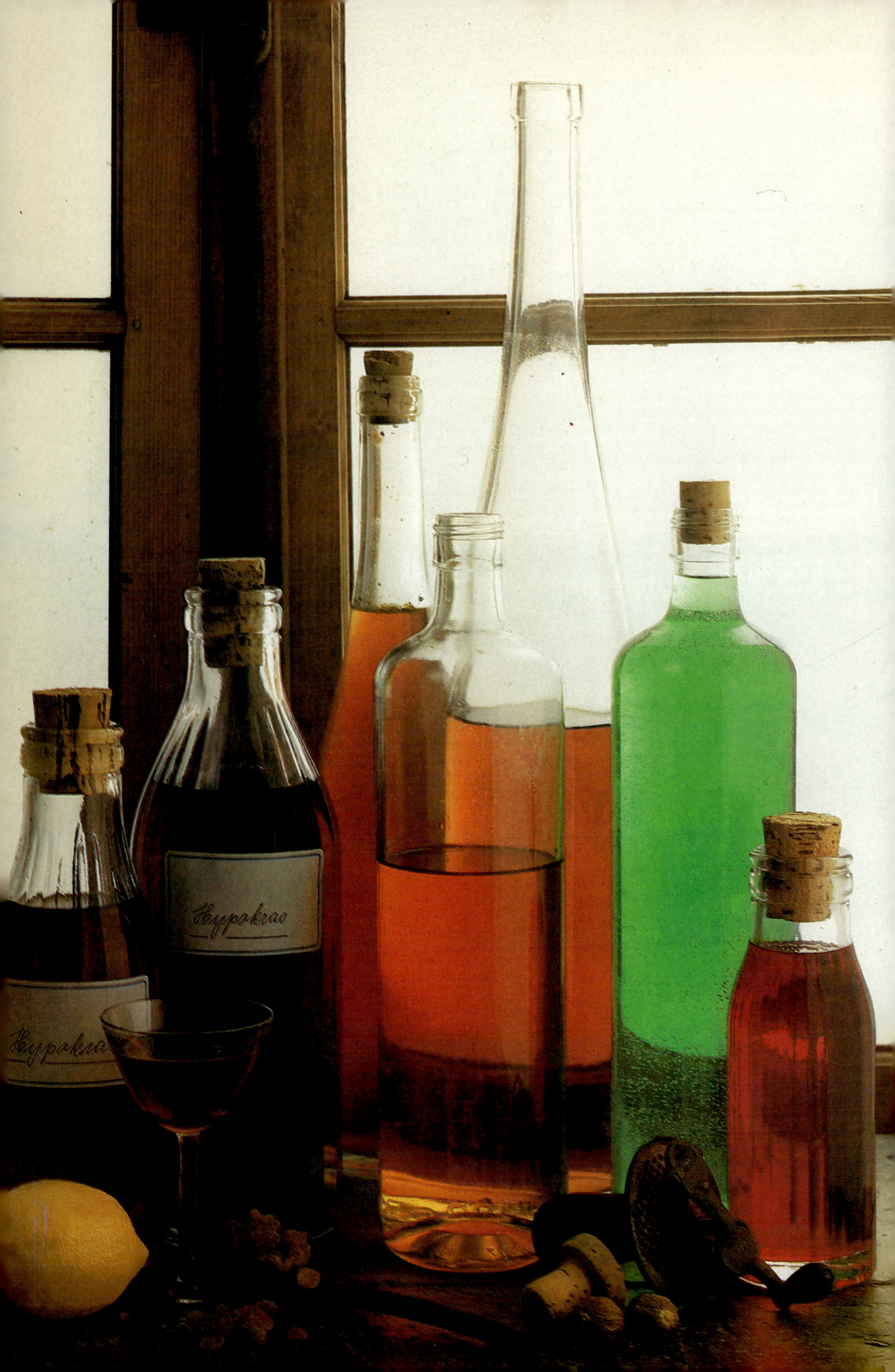
Hypokras
Hypokras

Kompotte

Omas Zwetschgenkompott

  2 kg Zwetschgen
  1 kg Zucker
   2 Zimtstengel

Die Zwetschgen halbieren und entsteinen. Den Zucker und 3 dl Wasser aufkochen, die halbierten Zwetschgen dazugeben und so lange kochen, daß sie noch leicht knackig sind. Aus dem Zuckerwasser nehmen und in die Gläser verteilen. Den Kochsud einkochen zum Sirup und über die Zwetschgen in die Gläser gießen.

Preiselbeerkompott

  1 kg rote Preiselbeeren
 250 g Zucker
 250 g brauner Kandiszucker

Die Preiselbeeren entstielen und, wenn nötig, waschen. Den Zucker mit 2 dl Wasser aufkochen, die Preiselbeeren dazugeben und 1 – 2 Minuten kochen. Die Beeren aus dem Saft nehmen und in die Gläser verteilen. Die Zuckerlösung dicklich einkochen und über die Beeren gießen.

Aprikosenkompott

  1 kg Aprikosen
 600 g Zucker

Die Aprikosen waschen, halbieren und entkernen. Den Zucker und 3 dl Wasser aufkochen, die Aprikosen dazugeben und so lange kochen, daß sie noch leicht knackig sind, mit der Schöpfkelle herausnehmen und in die Gläser geben. Den Saft dicklich einkochen und über die Aprikosen in die Gläser gießen.

Eingemachtes Apfelmus

Gute, säuerliche Äpfel werden gewaschen und in kleinere Stücke geschnitten, ohne Schale und Kernhaus zu entfernen, mit ganz wenig Wasser in gut verzinnter Pfanne recht weich gekocht und durch ein Sieb getrieben.
Hernach werden auf ½ kg Mus ¼ kg Zucker (je nach Säure der Äpfel mehr oder weniger) 1 Stückli ganzer Zimmet, einige Gewürznelken und nach Belieben die Schale

Hausgemachte Getränke

einer Zitrone zugefügt, alles zusammen auf schwachem Feuer so lange eingekocht, bis das Mus etwas dick ist. Hierauf wird es in Gläser oder Steintöpfe gefüllt, mit einem in Kirschwasser getauchtem Papier bedeckt und gut zugebunden und verschlossen.

Nimmt man einen Teil süße Äpfel, so kann bedeutend Zucker erspart werden. Einen sehr guten Geschmack erhält es, wenn einige Quitten dazugenommen werden. Es ist dies die billige Confitüre.

Einlegen in Alkohol

Rotweinpflaumen

- 2 kg Pflaumen
- 2 dl guter Rotweinessig
- 1 kg Zucker
- 2 Gewürznelken
- 1 Lorbeerblatt
- 1 Zimtstengel
- 6 dl Rotwein

Die Pflaumen mit einem Tuch abreiben und gleichmäßig mit einer Gabel oder Nadel einstechen. Den Essig, den Wein, den Zucker und die Gewürze aufkochen, die Pflaumen dazugeben und 10 Minuten kochen lassen. Ist nur eine kleine Pfanne vorhanden, so ist das Ganze in zwei bis drei Portionen zu kochen.

Die Pflaumen aus dem Sud nehmen und in einen Steintopf oder ein hohes Glas legen. Den Sud etwa 20 Minuten einkochen lassen, über die Pflaumen gießen und abkühlen lassen. Danach luftdicht verschließen und mindestens 4 Monate ziehen lassen.

Eingelegte Kirschen

- 1 kg reife Kirschen
- 250 g Zucker
- Saft einer halben Zitrone
- 1 l gutes Kirschwasser

Die Kirschen waschen und einzeln gut trockenreiben. Entstielen und je nach Wunsch auch entkernen. (Mit Stein zerfällt jedoch die Kirsche weniger leicht.) Den Zucker mit den Kirschen vermischen und in die Gläser abfüllen. Den Zitronensaft zum Kirschwasser geben und alles sorgfältig temperieren, jedoch keinesfalls kochen. Nun den Kirsch über die Kirschen geben und die Gläser sorgfältig verschließen. Mindestens 3 Monate lagern und dann zum Dessert genießen, beispielsweise zu Vanilleeis.

Getränke

Tee

Der Tee wurde von den Portugiesen im 16. Jahrhundert in Südostasien entdeckt. Von hier gelangten erste Proben nach Holland, wo er von den Ärzten gepriesen wurde und sich sein Verbrauch rasch steigerte. Besonders große Verbreitung erlebte er im 17. Jahrhundert in England. In Deutschland und Italien dagegen fand er nur zögernd Anklang. Die Schweizer tranken bis zu diesem Zeitpunkt ihre eigenen Tees, die sie mit getrockneten Kräutern, Blüten und Beeren aufbrühten. Im Ausland wurden diese Getränke bekannt als

Schweizertee

Hier einige Rezepte:
Im Geschmack dem echten Tee sehr nahe kommt der Abguß von *Brombeer- und Erdbeerblättern*. Diese werden vor der Blüte der Pflanze gepflückt, in Säckchen aufgehängt und an einem schattigen Ort in Zugluft getrocknet.
Auf einen Liter Wasser verwendet man etwa 10 Gramm der getrockneten Blätter. Zubereitet wird er wie üblich: Wasser aufkochen, zu den getrockneten Blättern geben, 15 Minuten ziehen lassen und durch ein Sieb in die Tasse gießen.

Lindenblüten

sollen gepflückt werden, sobald die Blüte richtig entfaltet ist. Man breitet sie an einem schattigen Ort, am besten auf dem Estrich, auf Papieren aus. Dann füllt man sie nach einigem Antrocknen in Säckchen und hängt diese an einem zugigen, luftigen Ort auf.
Man füllt damit dichtgedrängt die gewohnten Teeäpfel oder nimmt auf einen Liter Wasser 10 Gramm getrocknete Blätter. Diese gibt man in stark kochendes Wasser und läßt sie 10–15 Minuten ziehen.

Apfeltee

Getrocknete, dünn abgeschälte Apfelschalen und Apfelkerne läßt man 20 Minuten in anfangs kochendem Wasser ziehen, siebt es und genießt das Getränk, das einen feinen Obstgeschmack hat, erkaltet oder heiß mit Zucker und Zitronensaft.

Tee von Hagebuttenkernen

Die Hagebutten werden aufgeschnitten, die Kernchen mit einem kleinen Löffelchen herausgeschabt und, im Schatten ausgebreitet, getrocknet. Auf einen Liter kaltes Wasser gibt man einen Eßlöffel getrocknete Kernchen. Das kalte Wasser mit den Kernchen wird langsam auf den Siedepunkt gebracht und dann eine Stunde lang leise gekocht. Den Tee kann man noch anreichern mit Zucker oder Zitronensaft und natürlich durch ein Tuch passieren.
Dieser Tee ist ein wohltuendes und durststillendes Getränk für Fieberkranke, aber auch für jeden Gesunden.

Kamillen

Man pflückt die offenen Blüten, legt sie an einen sauberen, wenn möglich schattigen Ort auf Papier. Man verwendet sie gleich wie die Lindenblüten.
Kamillen ist wegen seiner wärmenden Eigenschaft bei Erkältungskrankheiten besonders gefragt. Eine andere Möglichkeit, die Erkältung zu stoppen, ist das Inhalieren von Kamillendämpfen. Man verwendet die doppelte Menge Kamillen, läßt die Blüten 15 Minuten kochen, gibt etwas Salz dazu. Über den Topf gibt man ein Tuch, darunter hält man den Kopf und inhaliert so die Kamillendämpfe.

In der Schweiz wie im Ausland förderten vor allem die Ärzte den einheimischen und den importierten Tee. Im Laufe des 17. und 18. Jahrhunderts setzte sich, gegen anfänglichen Widerstand, der Genuß von Tee und Kaffee immer mehr durch. Wer in der Gesellschaft Geltung haben wollte, trank Tee – und natürlich Kaffee.

Kaffee und Schweizer Frühstück

Wurde der Kaffee anfänglich als Heilmittel in Apotheken verkauft und waren die *Bündner Zuckerbäcker* die ersten, die 1680 in Venedig Kaffeehäuser einrichteten, so wurde der Kaffee rund hundert Jahre später zum Volksnahrungsmittel und zum Schweizerischen Nationalgetränk.

Von den Hauptmahlzeiten hat das «Z'morge» oder Frühstück vom Mittelalter bis heute die größte Wandlung mitgemacht.
Die Alten Eidgenossen pflegten ihr «Müesli», einen Getreidebrei, zu essen. In der zweiten Hälfte des 18. Jahrhunderts bürgerten sich gebratene Kartoffeln («prötleti Herdöpfel») als Morgenessen ein. Im Berngebiet wurden sie dann auf den Namen «Rösti» umgetauft (s. Kapitel «Rösti»).
Bereits Ende des 18. Jahrhunderts fand der Kaffee als Frühstücksgetränk große Verbreitung. «Am Morgen gab es Milchkaffee mit Brotbrocken, am Abend zur Abwechslung Brotbrocken mit Milchkaffee», berichtet ein Zeitgenosse.
Im Buch «Die Hausmutter» von 1857 wird die Kaffeezubereitung folgendermaßen beschrieben:

Gewöhnliche Kaffeebereitung

Man gibt etwa 4 gehäufte Eßlöffel voll gemahlenen Kaffee in den Sack einer Kaffeekanne oder auf das im oberen Aufsatze befindliche Siebchen einer Maschine, in welch letzterem Fall das Pulver mittels des Stampfers stark niedergedrückt werden muß, begießt ihn nach und nach mit 1 Schoppen siedendem Wasser oder sehr klarem Kaffeeabsude und läßt ihn vor dem Auftragen vollkommen durchlaufen. Der zurückbleibende Satz wird immer zum nächsten Aufguß abgesotten.

Kaffee-Extrakt

4 Loth gemahlener Kaffee wird mit kaltem Wasser zu einem Brei gemischt, zugedeckt und über Nacht stehen gelassen. Am anderen Tage gießt man ihn sorgfältig durch ein reines Läppchen in eine gut verschlossene Flasche.
Ein einziger Löffel dieser Tinktur gibt der Milch einen sehr guten Geschmack, ein Teil derselben zu 2 Teilen Wasser, bis zum Kochen erhitzt, den besten Kaffee.

Im Laufe der Zeit wurde ein reichhaltigeres Frühstück gegessen, besonders bei speziellen Anlässen. Der Emmentaler Pfarrer und Dichter *Jeremias Gotthelf* beschreibt in der Erzählung «Die schwarze Spinne» das Frühstück bei einer Kindstaufe: «Neben den Käse stellte sie die mächtige Züpfe, das eigentümliche Berner Backwerk, geflochten wie die Zöpfe der Weiber, schön braun und gelb, aus dem feinsten Mehl, Eiern und Butter gebacken, groß wie ein Jähriges und fast ebenso schwer; und oben und unten pflanzte sie noch zwei Teller. Hochaufgetürmt lagen auf denselben die appetitlichen Küchlein, Habküchlein auf dem einen, Eierküchlein auf dem andern. Heiße, dicke Nidel stund in schön geblümten Hafen zugedeckt auf dem Ofen, und in der dreibeinigen, glänzenden Kanne mit gelbem Deckel kochte der Kaffee. So harrte auf die erwarteten Gevattersleute ein Frühstück, wie es Fürsten selten haben und keine Bauern auf der Welt als die Berner. Tausende von Engländern rennen durch die Schweiz, aber weder einem der abgejagten Lords noch einer der steifbeinichten Ladies ist je ein solches Frühstück geworden.»

Auch heute noch genießt das Schweizer Frühstück, von den Engländern und Amerikanern «Swiss Z'morge» genannt, einen ausgezeichneten Ruf. Das «Alltagsfrühstück» besteht in der Regel aus Brot, Butter, Konfitüre, Käse, einem Dreiminuten-Ei – und natürlich Kaffee.

Angereichert wird dieses Frühstück mit diversen Brot- und Käsesorten, Fruchtsäften, Schinken, Wurstarten, Birchermüesli ... ein Frühstück, das dem von Jeremias Gotthelf beschriebenen bernischen Bauernfrühstück kaum nachsteht!

Alkoholische Getränke

Maitrank

    1 l   alter Weißwein
200 g   Zucker
          ein Strauß blühender Waldmeister*
          Zeste einer Orange
          eine halbe Stange Zimt
          Erdbeerblüten
          einige schwarze Johannisbeerblätter

Zucker, Waldmeisterblüten und Gewürze in eine Schüssel geben, mit dem Weißwein übergießen und eine halbe Stunde zugedeckt ziehen lassen. Nach Belieben kann man die Kräuter noch länger ziehen lassen und erzielt dann einen um so kräftigeren Geschmack. Dann passiert man den Trank durch ein Haarsieb oder ein Tuch.

* Waldmeister wird auch das Maikraut und die Maiblume genannt; eine Buchenwaldpflanze mit weißen Blütchen und borstigen Früchtchen ist wegen ihres Gehalts an Kumarin-Würze besonders geschätzt.

Glühwein

    1 l   alter Rotwein
  ¼ l   Wasser
   ½   Stengel Zimt
    2   Gewürznelken
200 g   Zucker
          geriebene Schale einer Zitrone

Sämtliche Zutaten in eine Pfanne geben und aufkochen, durch ein Sieb passieren und gleich servieren.

Bischoff

3–4	schöne Orangen
1	Zimtstengel
8	Gewürznelken
1,2 l	Rotwein
80 g	Zucker

Die Orangen werden mit einem Messer eingeschnitten und die Nelken und der Zimtstengel darin eingesteckt. Dann steckt man die Orangen auf einen Holzstab und bratet sie auf Kohlen, gibt sie in eine Schüssel und übergießt sie mit dem Rotwein. An einem warmen Ort zugedeckt 6 Stunden stehen lassen.
Die Orangen werden aufgeschnitten und ausgepreßt, zusammen mit dem Zucker wird der Saft der Orangen kurz aufgekocht und dann zu dem Wein gegeben. Alles wird durch ein feines Tuch passiert.

Kardinal

Die dünn abgeschnittene Schale von einigen bitteren Orangen wird in heißen weißen Wein gelegt, gehörig mit Zucker versüßt und mit einem Stückchen Zimmet gewürzt. Dieses Getränk läßt man einen halben Tag in einer gut zugedeckten Porzellanschüssel stehen und serviert es kalt in Gläsern.

Hypokras *(Basler Neujahrstrunk)*

3 l	guter Rotwein
1 l	Weißwein
400 g	Zucker
3	Zimtstengel
1 Msp.	Muskatnuß, gerieben
1 Prise	Ingwerpulver
	Schale einer Zitrone
5	Gewürznelken
50 g	Rosinen

Die Gewürze in ein Mulltüchlein einbinden und zusammen mit 1 l Wein zur Hälfte einkochen. Dann den Zucker und den restlichen Wein hinzugeben und kurz auf den Siedepunkt bringen. Den Wein in eine Korbflasche einfüllen und das Gewürzsäcklein an einer Schnur in die Flasche hängen und zwei Wochen ziehen lassen.
Von Zeit zu Zeit muß die Flasche sorgfältig geschüttelt werden. Verschlossen wird sie lediglich mit einem locker daraufgesetzten Korken.

Fruchtweine

Die gut ausgereiften Beeren werden von Hand oder mit der Maschine ausgepreßt. Dann werden 1 l Saft, 2 l Wasser und ½ – 1 kg Zucker in ein Geschirr gegeben und zugedeckt, bis der Zucker vergangen ist.
Der Saft wird in ein recht sauberes gutes Fäßchen geschüttet, die Zuckerlösung hinzugegossen. Das Fäßchen darf nicht spundvoll sein, weil der Wein stark gährt und durch Überlaufen ein Teil verloren ginge. Das Gefäß wird nun in eine Temperatur von 10 bis 15 Grad gebracht, das Spundloch mit einem umgestülpten Glas bedeckt und so ruhig der Gärung überlassen. Ist der Wein ruhig geworden, wird ein Spund eingeschlagen und der Wein bis zum Frühjahr liegengelassen.
Man kann ihn dann in Flaschen füllen, jedoch ist es besser, ihn nochmals in ein anderes Faß spundvoll zu leeren und erst, wenn er ganz klar ist, auf Flaschen abzuziehen. Je älter er ist, um so besser.

Rhabarberwein

Etwa 3 kg Rhabarber gut rüsten, in kleine Stücke schneiden und zusammen mit 500 g Zucker, je nach Säure der Rhabarber etwas mehr, zu einem Mus kochen. 5 l guten Schweizer Weißwein dazugeben und ganz kurz aufkochen. Wegen der Säure eine Probe machen und wenn nötig etwas Zucker hinzugeben. Den Weißwein mit dem Rhabarber in ein großes Sterilisierglas einfüllen und gut verschließen.
1 – 2 Monate an einem kühlen Ort stehen lassen, dann durch ein Tuch passieren und zum Apéro trinken. Das Fruchtfleisch des Rhabarbers kann aber auch im Wein gelassen werden.
Will man den Wein länger aufbewahren, so sterilisiert man ihn während 40 Minuten. Hierfür nimmt man eine hohe Pfanne, gibt leere Eierschachteln auf den Boden, gießt Wasser hinzu und bringt es auf den Siedepunkt. Dann stellt man das Glas hinein und läßt es 40 Minuten auf dieser Temperatur sterilisieren.

Brombeerwein

>   3 kg   ausgereifte Brombeeren
>   6 l   Schweizer Rotwein
>   500 g Zucker

Die Brombeeren gut auspressen und mit dem Zucker vermischen. Einen Tag ziehen lassen und dann zusammen mit dem Rotwein knapp auf den Siedepunkt bringen. Je nach Geschmack muß man vielleicht auch hier etwas Zucker nachgeben. Dann füllt man den Fruchtwein in die Sterilisiergläser oder Flaschen ab. Je nach Bedarf beläßt man die Gläser so oder sterilisiert sie wie beim Rhabarberwein beschrieben.

Quittenliqueur

Gut gereinigte Quitten werden mit den Schalen auf dem Reibeisen gerieben und 24 Stunden stehen gelassen. Dann werden sie ausgepreßt und der Saft wieder 24 Stunden stehen gelassen. Zu 5 Schoppen hellem Saft nimmt man 4 Schoppen Kirschengeist, gießt es zusammen in einen Kolben, gibt 1 Pfund feinen Zucker, 1 Loth Zimmet, 1 Loth grob gestoßene Nelken, die Schale einer Pomeranze, die Schalen von zwei Zitronen, 50 Pfirsichkerne und 50 bittere Mandeln grob geschnitten dazu, stellt den Kolben an einen mäßig warmen Ort, schüttelt ihn täglich tüchtig hin und her und filtriert den Liqueur nach 14 Tagen durch Fließpapier.

Heidelbeerliqueur

    2 kg   Heidelbeeren
    3 l   Branntwein
    750 g   Zucker

Die Heidelbeeren in ein großes Sterilisierglas geben und den Branntwein dazugießen. Gut verschließen und das Glas auf dem Balkon während drei bis vier Wochen an der Sonne stehen lassen. Von Zeit zu Zeit etwas rütteln.
Nach dieser Zeit gießt man den Branntwein durch ein Tuch und preßt dabei die Heidelbeeren möglichst gut aus, gibt Saft und Branntwein wieder in die große Flasche. Den Zucker mit 2 dl Wasser zum Faden kochen und ebenfalls in die Flasche gießen, gut durchrühren und 3 Tage abstehen lassen. Dann wird der Liqueur in Flaschen abgefüllt.

Himbeersirup

Originalrezept vom Kochbuch der Frau Engelberger, 1893

Schöne reife Himbeeren werden in einem irdenen Geschirr etwas zerdrückt, 3 bis 4 Tage zum Gären in den Keller gestellt, dann der Saft durch ein Tuch gedrückt und über Nacht zugedeckt in den Keller gestellt.
Sodann läutere man gleichschwer Zucker wie Saft, gebe letzteren sorgfältig zu, indem man den Bodensatz zurückläßt, koche das Ganze unter gehörigem Abschäumen klar und hell, was ungefähr 15 Minuten in Anspruch nimmt, nehme hierauf den Saft vom Feuer, lasse ihn etwas abkühlen, fülle ihn sodann in Flaschen, pfropfe diese gut zu, umbinde die Pfropfen fest mit Bindfaden und bewahre den Saft an einem kühlen Orte auf.

Kirschensirup

    6 kg   Kirschen
    1 kg   Zucker

Schöne, schwarze, vollreife Kirschen werden entstielt und samt den Kernen in einem Mörser gestoßen, in ein Geschirr gegeben und für 3 Tage in den Keller gestellt.
Dann wird der Saft durch ein Tuch gepreßt und über Nacht im Keller stehen gelassen. Den Zucker in eine Pfanne geben und mit 4 dl Wasser zum Faden kochen. Den Saft hinzugeben, weiterkochen und sorgfältig abschäumen, bis der Sirup klar ist.
Nach dem Abkühlen in die Flaschen abfüllen und an einem kühlen Ort lagern.

Erdbeersirup

    5 kg   reife Erdbeeren
    800 g   Zucker

Die Erdbeeren fein pürieren, in eine Schüssel geben und für 3 Tage in den Keller stellen. Dann den Saft durch ein Tuch abpassieren und wiederum über Nacht in den Keller stellen. 5 dl Wasser mit dem Zucker zum Faden kochen und mit dem Saft vermischen. Wiederum aufkochen und gut abschäumen, bis der Sirup klar ist. Dieser Kochprozeß dauert etwa 15 Minuten. Dann läßt man den Sirup etwas abkühlen und füllt ihn in die Flaschen ab, pfropft diese mit den Zapfen gut zu und bewahrt sie an einem kühlen Ort auf.

«Wacholderlatweeri» – Wacholderlatwerge

    3 kg   Wacholderbeeren, entstielt
    750 g   Zucker

Die Beeren in einem Mörser oder einem Passevite pürieren und mit 6 l Wasser während 3 Stunden zu einer braunen Flüssigkeit kochen. Diesen Saft über Nacht in den Keller stellen, am andern Tag aufkochen und durch ein Sieb passieren. Den Zucker mit einem Liter Wasser gut aufkochen und mit dem Saft vermischen. Die fertige Latweeri in Gläser, Flaschen oder Steinguttöpfe abfüllen und gut verschließen. Die Wacholderessenz ist gut bei Erkältungen, Magenstörungen und wirkt wassertreibend.

Schokolade

Schweizer Schokolade – auf der ganzen Welt ein Begriff. Als François-Louis Cailler 1819 in Corsier bei Vevey die erste Schweizer Schokoladefabrik eröffnete, dachte noch niemand daran, daß die Schweiz dereinst das «Schokoladeland» der Welt würde.
Entdeckt wurde die bitter-süße Masse freilich nicht von Schweizern, sondern vor Hunderten von Jahren in Mexiko. Im 16. Jahrhundert brachte der spanische Eroberer Cortez sie mit nach Europa.
Geändert haben sich im Laufe der Jahre nicht nur die Qualität der Schokolade – noch vor hundert Jahren genoß man in Berlin eine Schokolade, die außer Kakao und Zucker Fleischextrakte enthielt –, sondern auch die Konsumgewohnheiten. Bis ins 17. Jahrhundert wurde Schokolade fast ausschließlich flüssig genossen, und zwar in konzentrierter Form und unter Zugabe von Pfeffer. Den Spaniern gelang es schließlich, aus der flüssigen feste Schokolade herzustellen.
Die Bündner, die ersten, die in Venedig Kaffeehäuser eröffneten und Kaffee als Genußmittel ausschenkten, waren auch die ersten, die der Schweizer Schokolade in Deutschland zu frühem Ruhm verhalfen. Das Bündner Brüderpaar Josty eröffnete 1792 in Berlin eine Konditorei und Schokoladefabrik, die bald in hohem Ansehen stand. 56 Jahre nach der Eröffnung der ersten Schokoladefabrik in Vevey gelang dem Schweizer Daniel Peter die Herstellung der ersten Milchschokolade. Ein paar Jahre später brachte der Berner Rodolphe Lindt die erste «zart schmelzende» Schokolade auf den Markt.
Allmählich wurde die Schweizer Schokolade weltweit zu einem Qualitätsbegriff. Um die Jahrhundertwende übernahm die Schweiz die Führung innerhalb der «Schokoladenationen» Deutschland, den USA, Frankreich, Großbritannien und dem ehemals klassischen Schokoladeland Spanien.
Dazu beigetragen haben nicht nur die oben erwähnten «Schokoladepioniere», sondern auch unzählige Confiseure, die mit viel Liebe und großem Erfindergeist mit der braunen, süßen Masse immer neue, verfeinerte Leckerbissen kreierten. Viele von diesen Confiseuren sind heute in Vergessenheit geraten, doch Namen wie Sprüngli, Teuscher oder Schober sind traditionsreiche Unternehmen mit internationaler Bedeutung.
Die Confiserie Sprüngli, bereits in der fünften Generation von einem Angehörigen der Familie Sprüngli geleitet, begeht 1986 ihr 150jähriges Jubiläum. Die 1836 vom Zuckerbäcker David Sprüngli übernommene kleine Konditorei Vogel an der Marktgasse ist zu einem weltweit bekannten Unternehmen gewachsen.

Die Confiserie Teuscher ist nicht nur in der Schweiz ein Begriff für Spitzenqualität und Kreativität, sondern auch in den USA, wo Adolf Teuscher mittlerweile über mehrere eigene Betriebe verfügt. Es scheint dort ein eigentlicher «Swiss chocolate-Boom» ausgebrochen zu sein. An Ostern und an Weihnachten beispielsweise läßt Teuscher bis zu 3000 Kilogramm Truffes pro Woche nach New York transportieren.
Die Geschichte des Zürcher Cafés Schober ist ein eigentliches Zuckerbäckermärchen. Es begann 1865, als Theodor Schober das Café seines Lehrmeisters übernahm. Bis heute ist dieses ein Inbegriff für höchste Qualität und Romantik. Wer im Café Schober bei einer Tasse heißer Schokolade, an Wintertagen vielleicht sich die Hände daran wärmend, und Kuchen sitzt, glaubt sich in eine süße Märchenwelt versetzt.
Schweizer Schokolade ist und bleibt Weltspitze. Natürlich erfreut sie sich nicht nur im Ausland großer Beliebtheit, sondern auch im Land selber. Die «Schoggi», wie die Schweizer sie nennen, ist längst – wie Rösti, Fondue oder Birchermüesli – zur Nationalspeise geworden.
Seit die Schokolade in Tafeln auf den Markt kam, hat sie Eingang gefunden in Süßspeisen verschiedenster Art. Im folgenden eine Auswahl von beliebten, traditionellen Schokoladerezepten, einigen sehr alten Rezepten aus den Anfängen des «Schokoladezeitalters» und Originalrezepten der berühmten Confiserien Sprüngli und Teuscher.

Heißi Schoggi – Schoggoladekafi

```
100 g   dunkle Schokolade
 6 dl   Milch
 2 EL   Zucker
    1   Eigelb
 2 dl   Rahm, zum Garnieren
```

Die Schokolade zerbröckeln und mit ½ dl Milch auf kleinem Feuer schmelzen lassen. Die Milch in die Pfanne geben und langsam aufkochen lassen. Das Eigelb und den Zucker verquirlen und mit der heißen Schokolade ablöschen. Knapp auf den Siedepunkt bringen und in die Tassen abfüllen. Den Rahm steif schlagen und mit dem Spritzsack eine Rahmrosette auf die heiße Schoggi spritzen.

Schokolade Charlotte Creme

(Altes Originalrezept der Confiserie Sprüngli)

Eigelb, Zucker und Milch erwärmen. Gelatine beifügen. Flüssige Schokolade beigeben und Masse abkühlen lassen. Rahm schlagen und der abgekühlten Masse beigeben.

Schokoladencake

160 g	Butter
160 g	Kristallzucker
15 g	Vanillezucker
5	Eier
1 Prise	Salz
80 g	Mehl
2 TL	Backpulver
120 g	Schokoladenpulver
30 g	Kakaopulver
100 g	gemahlene Mandeln
	Puderzucker, zum Bestäuben

Die Butter zusammen mit dem Zucker und dem Vanillezucker schaumig rühren. Nach und nach die verquirlten Eier und die Prise Salz beifügen. Das Mehl mit dem Backpulver mischen und zusammen mit dem Schokolade- und Kakaopulver unter die Masse mischen. Die geriebenen Mandeln darunterfügen. Eine Cakeform gut ausbuttern und mehlen. Die Masse einfüllen und glattstreichen. Im vorgeheizten Ofen bei 180° 45 – 50 Minuten backen.
Nachdem der Cake erkaltet ist, nach Belieben mit Staubzucker bestäuben.

Schoggi-Truffes

100 g	Tafelbutter
150 g	Milch
160 g	Rahm
875 g	dunkle Schokolade
200 g	dunkle Schokoladenstreusel
150 g	flüssige dunkle Schokolade

Die Milch zusammen mit dem Rahm und der Butter aufkochen, die dunkle Schokolade stückchenweise hinzugeben und schmelzen lassen. Gut durchrühren und nach Belieben mit Alkoholaroma, Kirsch oder Apfelschnaps parfümieren. Die Masse erkalten lassen. Dann immer ein wenig in den Spritzsack abfüllen und mit einer glatten Tülle lange Würste spritzen. Diese in kleine Stücke schneiden und zu kleinen Kügelchen formen. Die Kugeln wieder in den Kühlschrank stellen. Nun ein grobmaschiges Gitter vorbereiten, das heißt auf den Tisch stellen, rechts davon die flache Schüssel mit den Schokoladenstreuseln und weiter rechts die Schüssel mit der lauwarmen, flüssigen dunklen Schokolade. Die Kügelchen aus dem Kühlschrank nehmen, in die flüssige Schokolade tauchen und mit Hilfe der Gabel in den Schokoladenstreuseln wenden und auf das Gitter geben, wo die überflüssige Schokolade abtropft auf ein unterliegendes Blech.

Schokoladenschaum (Mousse au chocolat)

- 80 g Zucker
- 4 Eigelb
- 4 Eiweiß
- Saft einer halben Orange
- 120 g Schokolade, bitter
- 3 dl Schlagrahm
- 30 g Tafelbutter

Die Schokolade in eine Schüssel geben und im Wasserbad schmelzen lassen. In der Zwischenzeit die Eigelbe und den Zucker schaumig rühren, den Orangensaft und die geschmolzene, aber nicht zu heiße Schokolade beigeben. Sofort mit dem Schneebesen gut durchrühren. Die Butter und den Kaffee darunterschwingen.

Die Ei-Schokoladenmasse in den Kühlschrank stellen und nicht vergessen, immer wieder zu rühren, da sich sonst Klümpchen bilden. Ist die Masse kalt, also noch geschmeidig, nimmt man sie aus dem Kühlschrank. Die Eiweiß zu steifem Schnee schlagen. Den Rahm ebenfalls schlagen und sorgfältig unter die kalte Schokoladenmasse melieren. Dann gibt man das steife Eiweiß in kleinen Mengen unter die Masse.

Den Schokoladenschaum direkt in Gläser abfüllen, oder auch in eine Schüssel geben, kühl stellen und nachher portionenweise schöpfen.

Chocolat-Kopf

(Aus dem Neuen Berner Kochbuch von 1843)

Man nimmt ¼ Maß gut Nidlen, setzt diese mit 1 Loth Gelatine und 4 Loth Zucker aufs Feuer und rührt sie fleißig auf, damit die Gelatine sich am Boden nicht ansetze. Ist die Nidlen aufgewallet, so wird sie angerichtet, und wenn die Gelatine nicht ganz aufgelöst ist, wird sie noch in die Nidlen gethan. — dann werden 14 Loth guter Chocolat mit ein wenig kaltem Wasser in einer Pfanne auf schwaches Feuer oder Glut gesetzt, läßt ihn schmelzen und rührt ihn ganz zart an, bis gar kein Knölli mehr ist und er zu einem dicken Brei geworden; dann wird die mit der Gelatine aufgekochte Nidlen darein gerührt, und 4 ganze, wohlgeklopfte Eier, die mit ein wenig zurückbehaltener, kalter Nidlen verdünnt sind, darein gethan und auf etwas stärkerem Feuer immer gerührt, bis sie kocht, dann sogleich in einen irdenen Hafen angerichtet und noch weitergerührt, bis sie kalt ist. Alsdann wird ein Model durch kaltes Wasser gezogen, und wenn es ein wenig vertropfet hat, wird die ganze Masse darein gethan, über Nacht im Model gelassen und an einen kühlen Ort gestellt; ehe man es auftragen will, wird das Model auf eine Platte umgewälzt und mit Sorgfalt ab dem Kopf gehoben und eine Vanille Creme darum gethan.

Schokoladentorte

Biskuit

7	Eigelb
3 EL	warmes Wasser
15 g	Vanillezucker
100 g	Zucker
150 g	dunkle Schokolade
7	Eiweiß
50 g	Zucker
120 g	Mehl
2 TL	Backpulver
150 g	Butter
2 EL	Maizena
6 EL	Aprikosenkonfitüre

Glasur

100 g	dunkle Schokolade
30 g	Butter
100 g	Puderzucker

Die Eigelbe und das warme Wasser in eine Schüssel geben und mit dem Schneebesen schaumig schlagen. Nach und nach Vanille- und Kristallzucker hinzurühren. Die Schokolade reiben und langsam unter die sämige Eimasse rühren. Die Eiweiße zu steifem Schnee schlagen und während des Schlagens eine Prise Salz und 50 g Zucker langsam dazugeben. Den Eischnee vorsichtig, mit Hilfe eines Holzspatels, unter die Eigelbmasse melieren. Das Mehl mit dem Maizena und dem Backpulver mischen und ebenfalls vorsichtig unter die Masse mischen. Die Butter zerlassen und, wenn sie erkaltet ist, unter die Masse geben. Die Springform buttern und mehlen und mit der Masse füllen. Im vorgeheizten Ofen bei 180° etwa 45 Minuten backen.

Nach dem Erkalten das Biskuit in der Mitte durchschneiden und den unteren Teil mit der Aprikosenkonfitüre füllen, den oberen Teil daraufsetzen. Die obere Seite und den Rand dünn mit der Aprikosenkonfitüre bepinseln.

Die Schokolade und die Butter für die Glasur werden mit wenig heißem Wasser geschmolzen, den Puderzucker beigeben und zu einer dickflüssigen Masse verrühren. Die Torte vollständig mit dieser Glasur überziehen.

Chocolatkuchen

(Aus dem Neuen Berner Kochbuch von 1843)

Eine Tafel Chocolat-Pate wird rapiert, ½ Pfund Zucker mit ¼ Pfund geschälten Mandeln gestoßen, ein wenig zerschnittene Vanille oder wenn man will Zimmet dazu gethan. Dies alles wird nun mit dem zu Schnee geschwungenen Weißen von 4 Eiern angerührt, dann eine gute oder zwei kleine Handvoll Semmelmehl in den Teig gerührt; in ein mit frischer Butter sehr wohl bestrichenes Schäli gethan und im Oefeli in gelinder Wärme gebacken, so daß er durch und durch gebacken werde.

Nußpraliné

(Originalrezept der Confiserie Teuscher)

    200 g   Haselnüsse
    100 g   Kristallzucker
       1   Tafel (100 g) dunkle oder helle Schokolade

Zuerst die Haselnüsse geschält im Ofen rösten, bis sie gleichmäßig hellbraun sind. Dann 100 g Kristallzucker bei größter Hitze ständig umrühren, bis er flüssig, aber noch nicht braun ist. Die Nüsse beigeben und umrühren, bis sich eine Schicht Zucker um die Nüsse bildet. Dann die Schokolade im Wasserbad schmelzen, die Nüsse beigeben und wieder umrühren, bis sich die Schokoladehülle bildet. Nun kann man nur noch die Nüsse in beliebiger Art zusammenstellen und abkalten lassen.

Truffel-Cake

(Altes Originalrezept der Confiserie Sprüngli)

Haselnußmasse mit Eigelb schaumig rühren. Eiweiß und Zucker zu Schnee schlagen. Beide Massen miteinander melieren. Mehl und Kakaopulver absieben und beifügen, flüssige Butter einmelieren.
Biscuit mit zwei Lagen Canache füllen und mit Couverture einstreichen. Mit Couverture und Kakaobutter überpinseln und mit Kakao bestauben. Rillen eindrücken und zum Schluß rundum mit Couverture couvrieren.

Schokoladencreme

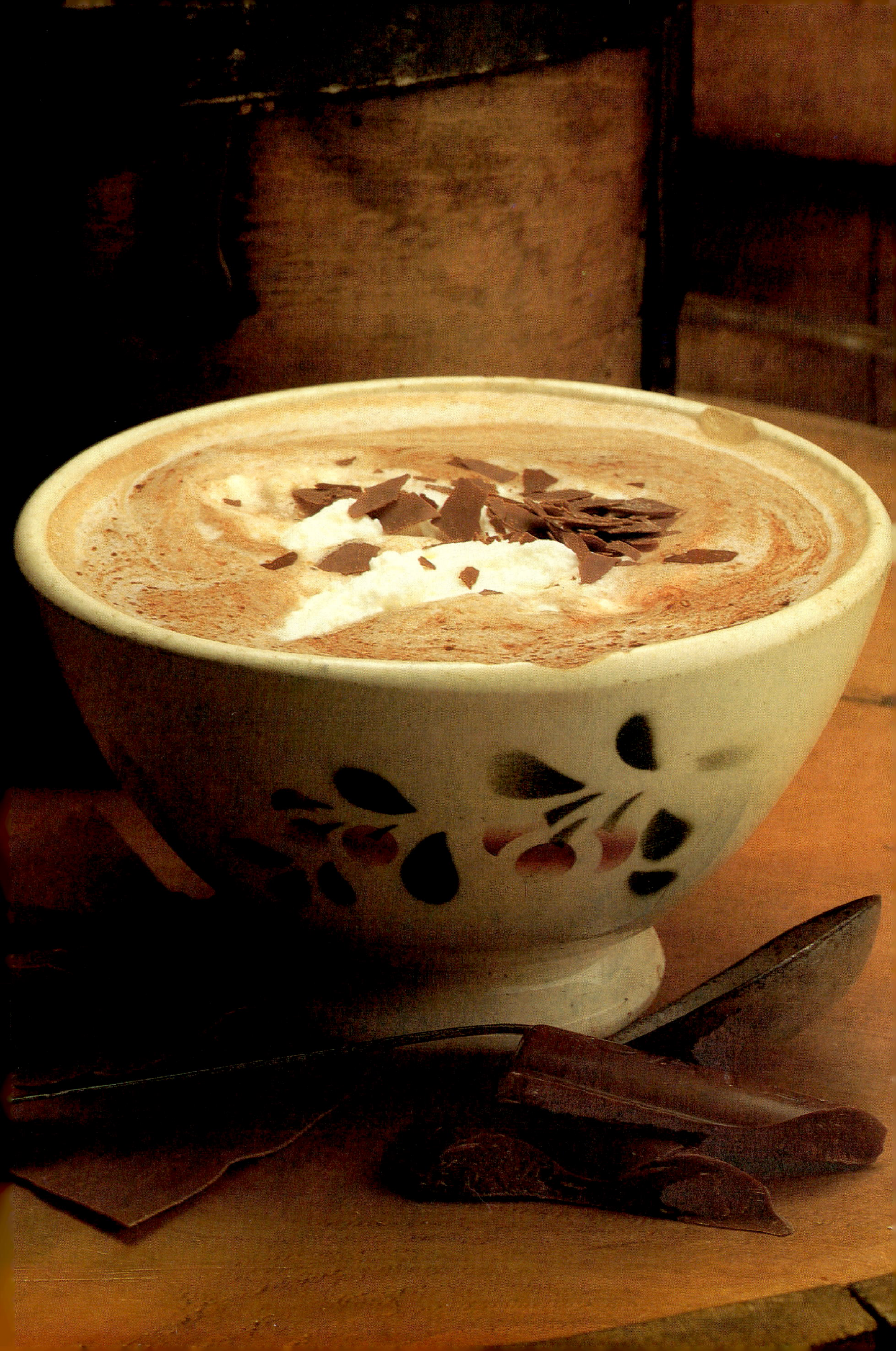

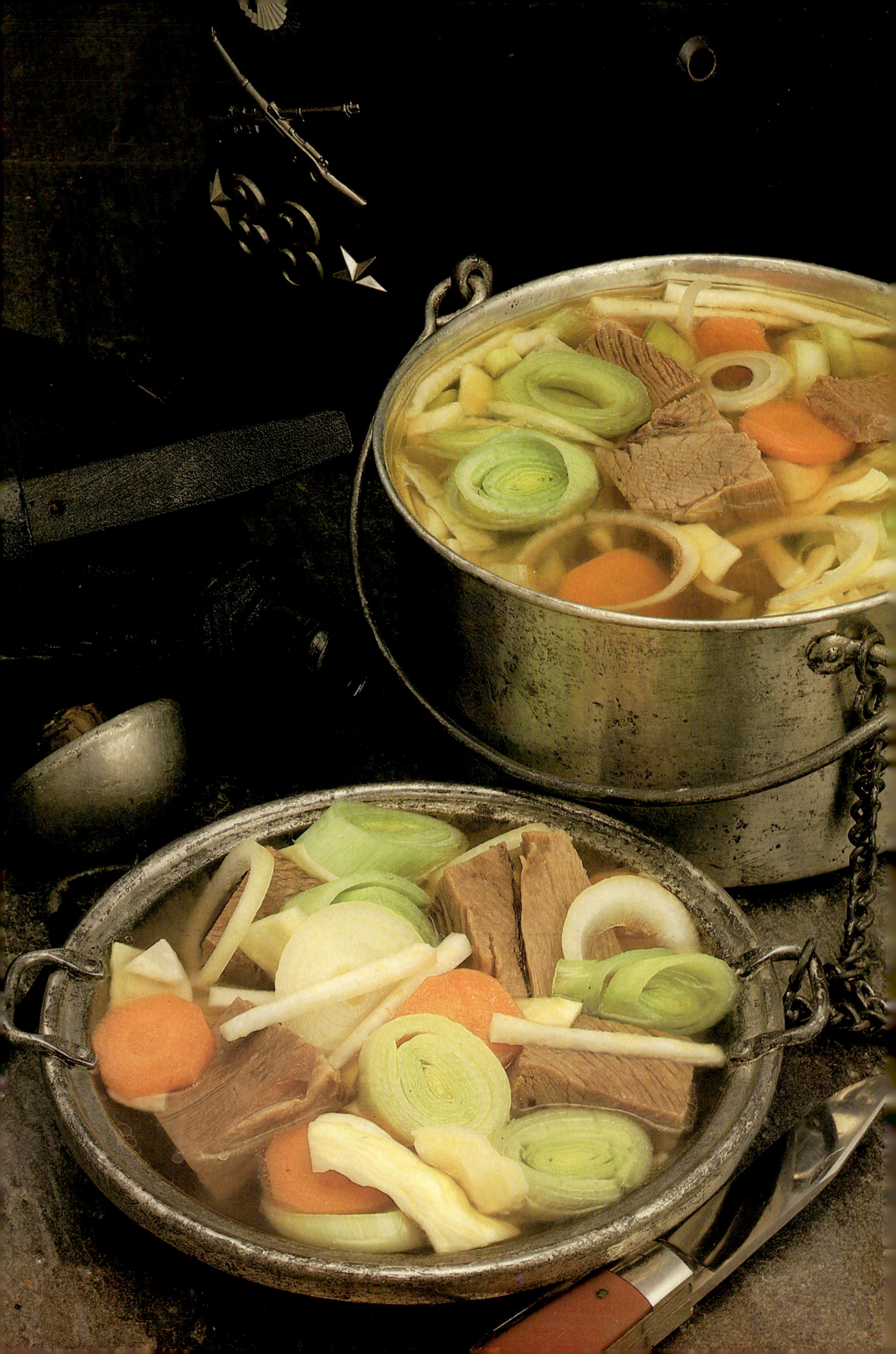

Schweizer Wein

Die Weinbaugebiete der Schweiz umfassen etwa 14 000 Hektaren. Davon entfallen 11 000 Hektaren auf die Westschweiz, 2 000 Hektaren auf die Ostschweiz und 1 000 Hektaren auf die Südschweiz. Das Weinbaugebiet der Westschweiz deckt sich weitgehend mit der französischsprachigen Schweiz mit Ausnahme der Weinbauregion Bielersee. Die Ostschweiz umfaßt alle Weinbaugebiete der deutschsprachigen Schweiz, also auch die nordwestlichen und zentralen Landesteile bis an den bernischen Thunersee. Zur Südschweiz zählen die italienischsprachigen Gebiete Tessin und das bündnerische Misox.
In der Westschweiz dominiert unter den weißen Gewächsen der Chasselas (im Wallis: Fendant), unter den roten Gamay und Pinot noir. Die Südschweiz produziert fast ausschließlich den roten Merlot. In der Ostschweiz werden der weiße Riesling × Sylvaner (nach dem Züchter auch «Müller-Thurgau» genannt) und der Blauburgunder bevorzugt.
Der höchstgelegene Weinberg Europas befindet sich im Oberwallis bei Visperterminen; auf 1 150 m ü. M. gedeiht hier der *Heida-Gletscherwein,* ein goldfarbener, würziger Weißwein aus einer sehr alten Rebsorte. Das ganze Wallis ist durch Klima und geografische Lage für den Weinbau prädestiniert; einige seiner Rotweine gehören zur europäischen Spitzenklasse und sind mit den edelsten Gewächsen Frankreichs und Italiens vergleichbar.
Die drei wichtigsten und größten Weinregionen des Kantons Waadt liegen im Genferseegebiet: *La Côte* zwischen Genf und Lausanne, *Lavaux* zwischen Lausanne und Montreux und *Chablais* im Rhonetal zwischen Genfersee und Kanton Wallis. Die hier wachsenden Weißweine aus Chasselas-Trauben werden unter der Sammelbezeichnung «Dorin» vertrieben. Die Weine der La Côte sind spritzig, leicht und fruchtig. Man findet hier neben großen Weingütern, auf denen der Wein direkt vom Besitzer abgefüllt wird, vor allem die genossenschaftliche Verwertung. – Im Lavaux gedeihen die edelsten Schweizer Weißweine, die sich international mit jedem anderen Gewächs messen können. Sie sind noch trockener als die Weine der Côte; man bezeichnet sie oft als «männlich» im Gegensatz zu den «weiblichen» der westlichen Region. Die Weine des Chablais stehen jenen des Lavaux nicht nach, sind jedoch keine Seegewächse mehr; der Boden am Alpenrand gibt ihnen einen leichten Feuersteingeschmack. Im Gebiet des *Neuenburgersees* werden die Weine im Frühjahr von der Hefe weg in die Flaschen abgezogen. Deshalb bilden sie beim Einschenken durch die austretende Kohlensäure den von Kennern erwarteten «Stern». Die weißen und hellroten («Oeil de Perdrix») Neuenburger Weine sind spritzig und haben viel

Rasse; die roten Weine aus dieser Region sind den gehaltvollen Gewächsen der französischen Côte d'Or verwandt.

Weingeografisch gehört das ganze Gebiet von Basel bis zum Bündner Rheintal zur «*Ostschweiz*». Hier wird für die Rotweinbereitung nur der Blauburgunder angebaut, und die Produktion macht über 75% des gesamten Ertrages aus. Am rechten Zürichseeufer und im Bündner Rheintal («Herrschaft») gedeihen diese

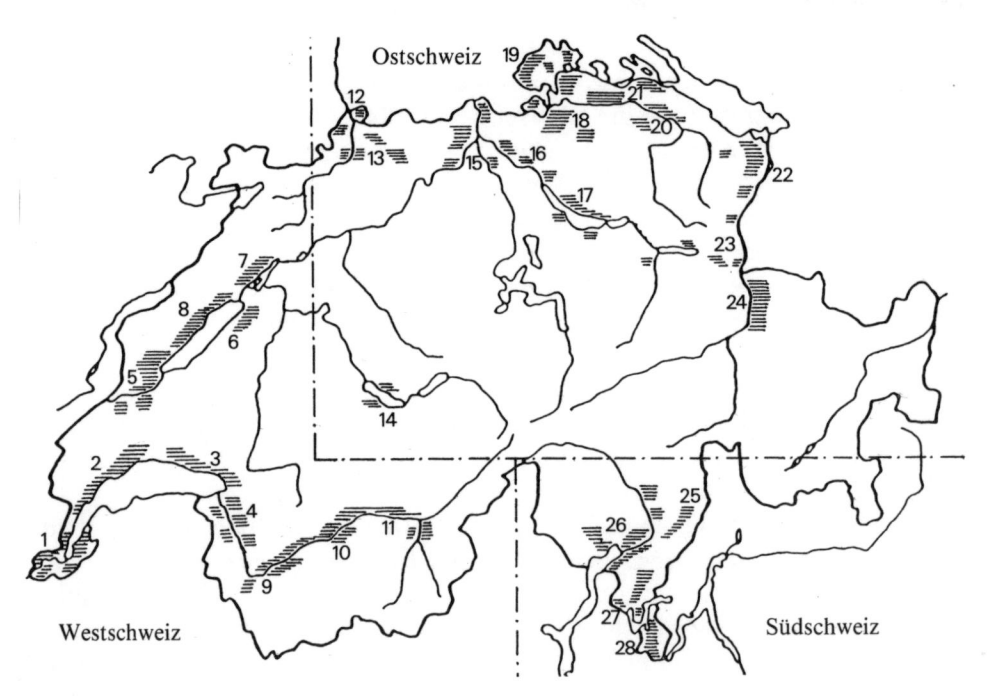

Die Weinbaugebiete der Schweiz

Westschweiz
1 *Genf*
2 *La Côte (Waadt)*
3 *Lavaux (Waadt)*
4 *Chablais (Waadt)*
5 *Coteaux du Jura (Waadt)*
6 *Vully, Murtensee (Waadt, Freiburg)*
7 *Bielersee (Bern)*
8 *Neuenburgersee (Neuenburg)*
9 *Unterwallis*
10 *Mittelwallis*
11 *Oberwallis*

Südschweiz
25 *Misox (Graubünden)*
26 *Sopraceneri (Tessin)*
27 *Luganese (Tessin)*
28 *Mendrisiotto (Tessin)*

Ostschweiz
12 *Riehen (Baselstadt)*
13 *Baselland*
14 *Thunersee (Bern)*
15 *Aargau*
16 *Limmattal (Zürich)*
17 *Zürichsee (Zürich, St. Gallen)*
18 *Weinland (Zürich)*
19 *Schaffhausen*
20 *Thurtal (Thurgau)*
21 *Untersee (Thurgau)*
22 *Rheintal (St. Gallen)*
23 *Oberland (St. Gallen)*
24 *Bündner Herrschaft (Graubünden)*

Weine besonders gut, da einerseits der See mit seiner Reflektion und anderseits der Föhn die Traubenreife positiv beeinflussen. Ausschließlich die Rotweine vom Zürichsee dürfen sich «Clevner» nennen; sie sind zusammen mit den Gewächsen aus der Bündner Herrschaft besonders rund und gehaltvoll und stehen in guten Jahren einem leichten Burgunder nicht nach.

Eine Spezialität der Ostschweiz, besonders der Region Zürichsee, ist der weiße «Riesling × Sylvaner», seit Anfang des 20. Jahrhunderts die dominierende Weißweinsorte in der deutschen Schweiz. Besonders begehrt sind seine Vertreter vom Arenenberg am Bodensee und von der Halbinsel Au am Zürichsee; letztere werden gehegt von den Spezialisten der Ingenieurschule für Obst-, Wein- und Gartenbau in Wädenswil. Diese Spitzenweine sind nur in sehr beschränkter Menge und in ausgewählten Restaurants erhältlich.

Die «Geburtsurkunde» der Schweizer Weine

Im Rahmen der Kontrollen, welche durch den Bund und die Kantone eingeführt wurden, stellen die zuständigen Inspektoren alljährlich im Herbst Zehntausende von Kontrollbescheinigungen über das eingebrachte Traubengut aus – die «Geburtsurkunde» jedes Schweizer Weins.

Für jeden Teil der Ernte, der der Kelterung zugeführt wird, notiert die Kontrollstelle dessen «Zivilstand»: Traubensorte, eingelieferte Menge, Zuckergehalt, Herkunft und allenfalls die Appellation (Weinbaugemeinde, Weinberg, Weingut etc.). Auch der Name des Besitzers sowie das Datum, an welchem die Kontrolle stattfand, dürfen nicht fehlen.

Der ganze Werdegang des aus diesem Traubengut bereiteten Weins läßt sich somit ohne Unterbruch von der Kelterung bis auf den Tag, an welchem er auf den Tisch des Konsumenten gelangt, zurückverfolgen. Dies bietet eine bemerkenswerte Gewähr für dessen Echtheit.

35 Rebsorten für eine große Anzahl Weine

Laut dem Bundesratsbeschluß über das Rebsortenverzeichnis dürfen folgende Rebsorten angebaut werden:

Empfohlene weiße Rebsorten: Aligoté, Amigne, Petite Arvine, Weißer Burgunder, Chardonnay, Chasselas, Freisamer, Humagne, Marsanne blanche (Ermitage), Muscat blanc, Pinot gris (Malvoisie/Ruländer), Räuschling, Riesling × Sylvaner, Riesling, Savagnin blanc (Paien, Heida), Sémillon, Sylvaner, Traminer.

Vorläufig zugelassene weiße Rebsorten: Auxerrois, Chenin blanc, Completer, Elbling, Sauvignon.

Empfohlene rote Rebsorten: Blauer Burgunder, Gamay, Merlot.

Vorläufig zugelassene rote Rebsorten: Bondola, Cabernet-Sauvignon, Färbertrauben, Freisa, Malbec, Rouge du Pays (VS), Rouge de la Loire, Seibel, Syrah.

(Information Schweizer Rebbau)

Was ißt der Schweizer Soldat?

Verantwortlich für das Verpflegungswesen in der Schweizer Armee ist das «Oberkriegskommissariat (OKK)» unter der Leitung eines Offiziers im Generalsrang. Trotz des martialischen Namens ist diese Dienstabteilung im Verteidigungsdepartement nichts anderes als die oberste Buchhaltungsstelle der Armee; ihr obliegt auch die Abrechnung über die Unterkünfte sowie die Munitionsversorgung. Aber besonders wichtig in Friedenszeiten ist die Vorsorge für einen eventuellen Kriegsfall. Treibstoff- und Nahrungsmittelvorräte müssen von vielen Wirtschaftsunternehmungen angelegt werden. Diese sogenannten «Pflichtlager» werden vom OKK bestimmt und auch kontrolliert. Unter der Ägide des OKK legt die Armee ihre eigenen Vorräte an. Da jedes Jahr Hunderttausende von Schweizer Wehrmännern ihren Militärdienst leisten müssen, hat das OKK Gelegenheit, der Truppe jeweils die ältesten Konserven, Teigwaren und übrigen Nahrungsmittel als «Pflichtkonsum» zuzuteilen. Die Soldaten essen also die alten Ravioli, Konfitüre, Käse, Fleischkonserven etc., damit die Armeevorräte durch frische Produkte ergänzt werden können. Den dienstleistenden Einheiten ist strikte untersagt, sogenannte «Pflichtkonsumartikel» wie Mehl, Reis, Teigwaren auf dem freien Markt einzukaufen.
Damit ist bereits ein wesentlicher Teil des Menüs der Schweizer Soldaten vorgegeben. Dem für den Speisezettel in der Kompanie verantwortlichen Unteroffizier, dem Fourier, wird vom OKK ein bestimmter Pflichtkonsum vorgeschrieben und auch administrativ belastet. Den Rest der benötigten Lebensmittel, vor allem Frischprodukte wie Gemüse, Salat, Fleisch, Brot kauft der Fourier bei Vertragslieferanten ein – zu vom OKK festgesetzten Preisen.
Für die ganze Verpflegung, inkl. Pflichtkonsumartikel, stand 1985 pro Tag und Mann ein Betrag von Fr. 5.65 zur Verfügung. Die Erstellung des Menüplans für einen dreiwöchigen Militärdienst erfordert vom Fourier nicht nur ausgefeilte Rechenkünste, sondern ist zudem eine wahre Risikofahrt zwischen der Skylla des Pflichtkonsums und der Charybdis der vom Soldaten gewünschten modernen Ernährung.
Im großen und ganzen ißt der Schweizer während des Militärdienstes nicht wesentlich anders als im Zivilleben. Beliebt sind Würste aller Art, die heiß oder kalt mit Kartoffelsalat, Teigwaren, Reis oder Brot geboten werden. Die Kunst des Küchenchefs besteht darin, den vielen Konserven (Pflichtkonsum!) den Charakter von Konserven zu nehmen. Es gibt wahre Meister darin, den Büchsenkäse zu schmackhaften Käseschnitten, Käsekuchen, Fondue oder gar zu einem Soufflé zu verarbeiten; oder aus dem Büchsenfleisch ein Ragout an Rot-

weinsauce mit Kräutern und Risotto zu zaubern. – Die echten Spitzenköche findet man oft nicht in ****Hotels, sondern morgens um fünf Uhr im dampfenden Küchenwagen an einem entlegenen Waldrand.

Nur ein einziges Menü aus der Militärküche ist eine wirkliche Spezialität, der legendäre «Spatz». Um den Genuß authentisch zu erleben, sollte man den Spatz aus der Gamelle essen oder wenigstens aus einem Blechteller. Zum Zerteilen des Fleisches benützt man das Schweizer Armeetaschenmesser (große Klinge), gegessen wird mit dem Blechlöffel:

Spatz

1 kg	*gut durchzogenes Rindfleisch*	
	(Brust- oder Federstück)	
200 g	*Karotten*	
200 g	*Lauch*	
200 g	*Sellerie*	
200 g	*Kabis oder Kohl*	
3	*Zwiebeln*	
	Salz, Pfeffer, Lorbeerblätter, Gewürznelken, Muskat	

Das Fleisch in ca. 30 gr schwere Würfel schneiden.

In einer großen Pfanne 3 Liter Wasser aufkochen, Fleisch und Salz dazugeben und 40 Minuten vorkochen. Fleißig abschäumen.

Dann das kleingeschnittene Gemüse beigeben. 3 Lorbeerblätter und 5 Gewürznelken in ein feines Tüchlein wickeln und an einer Schnur befestigt in den Kochtopf hängen. 30 bis 40 Minuten weiter kochen lassen. Schließlich nochmals würzen mit wenig Muskat, Pfeffer aus der Mühle und eventuell Salz.

Heiß in Gamelle oder Blechteller anrichten. Dazu gibt es ein Stück angetrocknetes Brot.

Einfache Grundrezepte

Geriebener Teig

> 200 g Weißmehl
> 1 große Prise Salz
> 1 dl Wasser
> 80 g Butter

Die Butter zusammen mit dem Mehl zwischen den Händen fein zerreiben. Diese Mehl-Buttermischung zu einem Kranz formen und langsam das Wasser, in welchem das Salz aufgelöst ist, dazugeben und gut untereinanderarbeiten.

Fleischbrühe

Eine Fleischbrühe kann am besten zubereitet werden, wenn ein Stück Siedfleisch mitgekocht wird.
Gemüse wie Karotten, Sellerie, Lauch, Zwiebeln rüsten, in große Würfel schneiden und das Fleisch mit den Gemüsen in eine Pfanne geben und mit kaltem Wasser auffüllen. Wenn möglich zwei oder drei Markknochen mitkochen. Nun Kräuter (Lorbeerblatt, Petersilienstengel) beigeben und leicht salzen. Den aufschäumenden Schmutz regelmäßig abschöpfen und das Ganze je nach Größe des Fleisches eine bis zwei Stunden leise kochen lassen. Falls kein Siedfleisch mitgekocht wird, nimmt man etwa 2 kg Kalbsknochen oder Rinderknochen, füllt diese mit 3 Liter Wasser und natürlich den Gemüsen auf.
Nachdem das Fleisch aus der Brühe genommen wurde, passiert man diese durch ein feines Sieb und würzt nach Wunsch mit Salz und Pfeffer.

Fleischsauce

Auf einem stabilen Blech Kalbsknochen im Ofen schön braun rösten, danach die Knochen vom Blech nehmen und in eine hochrandige Pfanne geben.
Nun Sellerie, Karotten und Zwiebeln rüsten, in Würfel schneiden, auf das Blech geben und diese im Ofen gut anbraten. Das Ganze mit etwas Mehl stäuben und es noch ein wenig im Ofen lassen. Danach die Gemüse mit einem Rotwein ablöschen und das Ganze zu den Knochen gießen. Auffüllen mit Wasser, die Gewürze (Salz, Pfeffer, Majoran und Lorbeerblatt) beigeben und gut zwei Stunden kochen lassen.
Das Ganze passieren und nach Wunsch noch etwas würzen. Es sollte eine kräftige braune Sauce geben.

Anhang

Kleines Schweizer Sprachbrevier

auswallen – ausrollen, auswalzen
Bappen – Brei
Baumnüsse – Walnüsse
Böllen – Zwiebeln
Bratenfond – Bratensatz
Bünteli – Bündel
Chabis, Kabis – Kohl, Kraut
Chäs – Käse
Chilbi – Kirchweih
Chräbeli – Anisgebäck
Chuchi – Küche
Chüechli – kleine Kuchen
Chüngel – Kaninchen
Fladen – flache Kuchen
Geschnetzeltes – fein geschnittenes Fleisch
Grotto – Weinschenke im Tessin
Gschwellti – Schalenkartoffeln
Guetzli – Biskuit, kleines Gebäck
Hörnli – kleine gebogene Makkaroni
Kartoffelstock – Kartoffelpüree

Leckerli – rechteckiges Honiggebäck
Magrone – Makkaroni
Maizena – Maispuder
Maroni – Kastanien
Meertrübeli – Johannisbeeren
Müesli – Mus
Nidel, Nidle, Nitlä – Sahne, Rahm
Öpfel – Apfel
Omelette – Pfannkuchen
Passevite – Passiermaschine
passieren – durch ein Sieb streichen
Plätzli – Schnitzel; Teigstück
Polenta – Maisbrei
Räben – Kohlrüben
Rahm – Sahne
Rippli – geräucherte oder gesalzene Schweinsrippe
Rüebli – Karotten
Salbine – Salbei
Schübling – große Brühwurst
Suurchrut – Sauerkraut

Benützte und weiterführende Literatur

Allemann, Fritz René: *26mal die Schweiz,* München 1985
Auf der Maur, Franz/Niederhauser, Markus: *Schweiz – gestern und heute,* Bern 1983
Bircher, Ralph: *Ursprünge der Tatkraft,* Erlenbach-Zürich 1982
Birchler, Linus: *Vielfalt der Urschweiz,* Olten 1969
Borer, Eva Maria: *Alte und neue Küche in der Schweiz,* Zürich 1971
Brillat-Savarin, Jean-Anthelme: *Physiologie des Geschmacks,* München 1962
Bührer, Peter: *Reise in Schweizer Klöster,* Wallisellen 1984
Eggenberger, Walter: *Schweizer Weinatlas,* Basel 1975
Flüeler, Niklaus (Hrsg.): *Schweizer Rebbau, Schweizer Wein,* Zürich 1980
Freizeitland Schweiz. Aral Auto-Reisebuch, Zürich 1983
Gotthelf, Jeremias: *Werke in 9 Bänden,* hrsg. von Werner Juker, Erlenbach-Zürich 1962–1966
Hauser, Albert: *Vom Essen und Trinken im alten Zürich,* Zürich 1962
Hauser, Albert: *Wald und Feld in der alten Schweiz,* Zürich 1972
Hess, Leopold: *Vom Essen und Trinken und altem Geschirr in der Schweiz,* Zürich 1956
Hoffmann-Krayer, Eduard/Geiger, Paul: *Feste und Bräuche des Schweizervolkes,* Zürich 1940
Kaeser, Walter: *Geographie der Schweiz,* Bern 1965
Keller, Andreas: *Switzerland's Place among its Winegrowing Neighbours,* Swissair Gazette Nr. 8, Zürich 1985
Kunz-Bircher, Ruth: *Bircher-Benner Kochbuch,* Zürich/Frankfurt o. J.
Lehmann, Hans: *Die gute alte Zeit. Bilder aus dem Leben unserer Vorväter,* Neuenburg o. J.
Liebenau, Theodor von: *Das Gasthof- und Wirtshauswesen der Schweiz in älterer Zeit,* Zürich 1891
Luck, Murray J. (Hrsg.): *Modern Switzerland.* The Society for the Promotion of Science and Scholarship Inc., Palo Alto 1978
Maggi AG: *Hundert Küchenspezialitäten aus allen Kantonen,* Zürich o. J.
Meyer, Peter (Hrsg.): *Berge um den Vierwaldstätter See.* Berge. Das internationale Magazin der Bergwelt Nr. 11, Wabern-Bern 1985
Morel, Andreas: *Zu Quellen für Speise und Trank um die Wende des Mittelalters;* in: Archäologie der Schweiz, Heft 3, Basel 1985
Müller, Arthur/Kurmann, Hans: *Lozärner Kafi,* Luzern 1977
Peyer, Ernst/Eggenberger, Walter: *Weinbuch,* Zürich 1977

Pichard, Alain: *Land der Schweizer,* Frauenfeld 1978
Richemont, Bäcker- und Konditorenfachschule (Hrsg.): *Schweizer Bäckerei,* Luzern 1985
Schaufelberger, Walter: *Der Alte Schweizer und sein Krieg,* Zürich 1966
Vogler, Werner (Stiftsarchivar St. Gallen): *Vortrag vor Kulturvereinigung «Kunst- und Museumsfreunde» Wil und Umgebung,* 3. Dezember 1981
Wackernagel, Hans Georg: *Altes Volkstum der Schweiz,* Basel 1959

Verzeichnis der Abbildungen im Text

S. 13: *Wilhelm Tell mit Sohn Walter. Kostüm anläßlich eines Volksfestes im 19. Jahrhundert.*
S. 16: *Ehepaar bei der Mahlzeit. Holzschnitt, Zürcher Kalender 1508 (Graphische Sammlung der Zentralbibliothek Zürich).*
S. 17: *Knaben essen Brei mit Holzlöffeln aus einer Holzschale. Teilwiedergabe eines Holzschnitts, Zürcher Kalender 1508 (Graphische Sammlung der Zentralbibliothek Zürich).*
S. 19: *Alpkäserei im 16. Jahrhundert. Sennen beim Herstellen von «Handkäse». Holzschnitt aus: Johannes Stumpf, «Schweizer Chronik», Zürich 1548.*
S. 22: *Bergtouristen erhalten frische Milch von einer Sennerin. Harper's Weekly, 1876.*
S. 24: *Bewirtung in der Bauernstube. Kupferstich von Joliot, 1834 (Zentralbibliothek Luzern).*
S. 26: *Entenjagd. Zeichnung nach einem Glasgemälde von H. Hör, ca. 1560. Aus: Hans Lehmann, «Die gute alte Zeit».*
S. 28: *Das Zisterzienserkloster Maris stella bei Wettingen, Kanton Aargau. Zeichnung nach einem Kupferstich von Matthäus Merian, ca. 1640. Aus: Hans Lehmann, «Die gute alte Zeit».*
S. 31: *Titelkupfer von Jost Amman zu Anna Wecker, «Ein köstlich new Kochbuch» ..., 1597.*
S. 35: *Tanzende Bauern. Zeichnung nach anonymer Vorlage, Ende 16. Jahrhundert. Aus: Hans Lehmann, «Die gute alte Zeit».*
S. 40: *Mädchen beim Kuhmelken. Holzschnitt aus dem «[H]Ortus Sanitatis» des Johannes de Cuba, Mainz 1491.*
S. 47: *Älteste bekannte Darstellung von Tells Apfelschuß. Holzschnitt aus der «Kronica» des Petermann Etterlin, Basel 1507.*
S. 214: *Die Weinbaugebiete der Schweiz.*
Die Vignetten zu den «Rezepten der Kantone» stammen aus dem «Mercurius Helveticus» von J. Jacob Wagner, 3. Auflage, Zürich 1701, außer «Basel» und «Porrentruy» (Kanton Jura), die dem Historisch-Biographischen Lexikon der Schweiz entnommen sind (mit freundlicher Genehmigung des Verlages Victor Attinger, Neuchâtel).
Die farbige Abbildung auf dem Vorsatz stammt vom Photoglob AG, Zürich.
Die Abbildungen auf den S. 185 – 190 sind dem Buch «Schweizer Bäckerei» der Fachschule Richemont/Luzern entnommen.

Die Gerichte nach Rezeptgruppen

Suppen
Basler Mehlsuppe 38, *120a*
Brot- und Bettlersuppe 140
Bündner Gerstensuppe 134
Busecca 152
Chnödelsuppe, Wollishofer 57
Erbsensuppe 29
Fleischbrühe 218
Gerstensuppe, Bündner 134
Grießsuppe, Waadtländer 159
Gsöd-Suppe 122
Hafersuppe 21
Kabissuppe *72b*, 80
Käsesuppe, Einsiedler 80
Käsesuppe, St. Galler 128, *136b*
Kuttelsuppe, Tessiner 152
Linsensuppe 106
Mehlsuppe, Basler 38, *120a*
Mehlsuppe, braune 30
Reissuppe 29
Sammetsuppe 129
Schoppa da giotta 134
St. Galler Käsesuppe 128, *136b*
Waadtländer Grießsuppe 159
Weinsuppe 30
Weißrübensuppe 107
Wollishofer Chnödelsuppe 57

Fischgerichte
Äschen, gedämpfte 117
Basler Salm 111
Bondelles, Neuenburger 168
Eglifilets Arenenberg 146
Forellen aus dem Doubs *176b*, 177

Forellenfilets Zuger Art 96, *96a*
Gedämpfte Äschen aus dem Rhein 117
Omble chevalier nach Genfer Art 174
Salm, Basler 111

Eintopfgerichte
Amriswiler Buuretopf 146, *160a*
Bohneneintopf *72b*, 87
Buzebappe 107, *112a*
Capuns 136, *144a*
Gefüllter Böllen 118
Häfelichabis, Urner 76
Kabisbündel, Zuger *88a*, 97
Kastanien-Eintopf 153
s'Köch 90
Laubfrösche 112
Leberknödel 29
Linseneintopf 72
Ofetori, Nidwaldner 85
Pot-au-feu, Waadtländer 158
Räbe mit Schwinigs 97
Schnitz und drunder 141
Stunggis 86
Urner Häfelichabis 76
Waadtländer Pot-au-feu 158
Zuger Chabisbünteli *88a*, 97

Fleisch- und Wurstgerichte
Bauernbratwurst, St. Galler 128
Berner Platte *48b*, 62
Bündner Teller 134, *144a*
Chügelipastete, Luzerner *64a*, 69
Chüngel in der Beize 123

Coniglio alla ticinese 152, *160b*
Emmentaler Lammvoressen 64
Escalope agaunoise 164
Gebackenes Gitzi 81
Gebratene Tauben 148
Gedämpftes Huhn 81
Gefüllte Kalbsbrust 142
Gemspfeffer, Urner 43
Genfer Schweinsvoressen 173
Geschnetzeltes nach Zürcher Art *48a*, 56
Gitzi, gebackenes 81
Hasenpfeffer 63
Hühnerpastete 33
Huhn, gedämpftes 81
Kachelfleisch 147
Kalbfleischpastete 98
Kalbsbrust, gefüllt 142
Kalbshaxen 168, *176a*
Kalbsschnitzel mit Schinken und Tomaten 164
Kaninchen in der Beize 123
Kutteln nach Schaffhauser Art 117
Lammvoressen, Emmentaler 64
Leberspieß 108, *112a*
Lummelibraten 111, *112b*
Luzerner Chügelipastete *64a*, 69
Martinigans 91
Pastete von Kalbfleisch 98
Ratsherrentopf, Zürcher 57
Rehpfeffer, Zuozer 135
Rindszunge an weißer Sauce 87
Saucisses au foie mit Lauchgemüse 159
Saurer Mocken 101
Schaffleisch mit Rüben 130
Schlatheimer Rickli 119

Schweinehals, Thurgauer 147
Schweinsvoressen, Genfer 173
Spatz *212b*, 217
Tauben, gebratene 148
Thurgauer Schweinehals 147
Urner Gemspfeffer 43
Voressen mit Jura-Pilzen 177
Zürcher Ratsherrentopf 57
Züri Gschnätzlets *48a*, 56
Zuozer Rehpfeffer 135

Käsegerichte
Fondue, Grundrezept *180b*, 182
Fondue-Varianten 183
Fribourger Käsefondue 103
Käsesoufflé nach Genfer Art *144b*, 172
Käsesuppe, Einsiedler 80
Käsesuppe, St. Galler 128, *136b*
Raclette 165
Spargeln Walliser Art 164, *168b*
St. Galler Käsesuppe 128, *136b*

Fleischlose Gerichte
Altes Glarner Gericht 92
Apfelrösti 130
Cholera 166
Cholermues 86
Eier, gefüllte 32
Fenz 20
Fotzelschnitten 38
Glarner Gericht, altes 92
Gomser Cholera 166
Maluns 136
Omelette jurassienne 178
Rheintaler Türkenriebel 129
Rispor *64b*, 76
Rys und Pohr *64b*, 76
Schnitz und Härdöpfel *72a*, 88
Türkenriebel, Rheintaler 130

Beilagen
Blumenkohl, eingemacht 195
Bohnen 64
Chilbisenf *96b*, 103
Chnöpfli, grüeni 91
Erbsli und Rüebli, eingemacht 196
Grießbrei, Unterländer 21
Grüeni Chnöpfli 91
Grüne Bohnen, eingemacht 195
Kartoffelstock 24, 173
Leberknöpfli, Thurgauer 148
Moutarde de Bénichon 103
Müsli 56
Rösti, nach Zürcher Landfrauen Art *48a*, 55, *180a*
Rösti-Variationen 179, 180
Salbinechüechli 56
Sauerkraut 61
Schneckenbutter 30
Schwarzwurzeln, eingemacht 195
Solothurner Krausi 107
Spargel, eingemacht 196
Steinpilze, eingemacht 195
Thurgauer Leberknöpfli 148
Tomatenmark, eingemacht 196
Unterländer Grießbrei 21

Reis-, Mais- und Teigwarengerichte / Gesalzene Kuchen
Älplermagronen 75
Bölledünne 118, *120b*
Chäshörnli 122, *136a*
Käsekuchen, Walliser 166
Lebertorte, Luzerner 71
Milchreis 77
Polenta 154
Risotto con funghi 153
Spinatfladen, Neuenburger 169

Gebäck
Aargauer Rüeblitorte 142, *188a*
Apfeltorte, Thurgauer 149
Appenzeller Biberfladen 124
Appenzeller Rahmfladen 124
Badener Chräbeli 143
Basler Brunsli 46, 113
Basler Leckerli 113
Basler Ruchbrot 187
Berner Herzen 66
Berner Osterfladen 66
Biberfladen, Appenzeller 124
Birnbrot, Bündner 138
Birnbrot, Glarner *88b*, 94
Blechkuchen 170
Bricelets 160, *168a*
Brotteigzubereitung mit Hefe 185
Brottorte, Tessiner 156
Brunsli, Basler 113
Bündner Birnbrot 138
Bündner Roggenbrot 185
Chocolatkuchen 212
Chräbeli, Badener 143
Dreikönigskuchen 36
Emmentaler Zopf 188
Freiburgerbrot 189
Freiburger Hefen Kuchen 104
Fribourger Safranbrot *96b*, 102
Geriebener Teig 218
Glarner Birnbrot *88b*, 94
Glarner Pastete 93
Grittibänz 44
Hefen Kuchen, Freiburger 104
Honigleckerli 45
Jurabrot 190
Kapuzinerbrötli 104
Kirschtorte, Zuger 98
Klostertorte, St. Galler 131
Lebkuchen, Luzerner 72
Lebkuchen, Weggiser 31
Magenbrot 42
Mailänderli 46
Meertrübelichueche, Seeländer 67
Mürbe Torte der Jungfer Rödel 138
Nillon-Kuchen 161
Nußkuchen, Urner 78
Obwaldnerbrot 188
Osterfladen 30
Osterfladen, Berner 66
Pfarrhaustorte, Zürcher 58
Rahmfladen, Appenzeller 124
Rosinenbrot, Waadtländer 160
Rüeblitorte, Aargauer 142, *188a*

Safranbrot, Fribourger *96b*, 102
La sagra del paese 156
Schmelzbrötli 169
Schokoladencake 209
Schokoladentorte 211
Schweizer Kuchen 148
Schwyzer Batzen 82
Seeländer Meertrübelichueche 67
Stachelbeertorte 32
St. Galler Bauernbrot 186
St. Galler Klostertorte 131
Tabakrollen 92
Tarte au vin vaudoise 161
Tessiner Brot 186
Thurgauer Apfeltorte 149
Truffel-Cake 212
Tuiles aux amandes 174
Urner Nußkuchen 78
Waadtländer Rosinenbrot 160
Weggiser Lebkuchen 31
Weinkuchen, Waadtländer 161
Willisauer Ringli 73
Zigerkrapfen 37
Zürcher Pfarrhaustorte 58
Zuger Kirschtorte 98

Süßspeisen
Apfelkompott 122
Apfelmus 122, *136a*, 197
Aprikosenkompott 197
Bachis 141
Basler Pfnutli 112
Birchermüesli 192
Blätz 37
Brännti Creme 82
Britschner Nytlä 77
Buure Strübli 83
Chocolat-Kopf 210
Chüffeli 37
Conterser Bock 137
Cucheôle 102
Fasnachtsküchlein 37
Gebrannte Creme 82
Grießauflauf, süßer 22
Holderezune 131
Holundermus, Toggenburger 131
Karthäuserklötze 39
Kirschen-Gratin 178
Marzipan 58
Meiringer Meringues 65
Mijeule 178
Mousse au chocolat 210
Nußpraliné 212
Öpfelchüechli 141
Pfaffenmocken 39
Preiselbeerkompott 197
Rotweinpflaumen, in Alkohol eingelegt 198
Schoggi-Truffes 209
Schokolade Charlotte Creme 208
Schokoladenschaum 210
Vermicelles 155
Weinschnitten 30, 108
Zwetschgenkompott 197

Getränke
Apfeltee 200
Bischoff 203
Brombeerwein 204
Erdbeersirup 206
Fruchtweine 204
Glühwein 202
Hagebuttentee 200
Heidelbeerliqueur 205
Himbeersirup 205
Hypokras 203
Kamillentee 200
Kardinal 203
Kirschensirup 206
Lindenblütentee 199
Maitrank 202
Quittenliqueur 205
Rhabarberwein 204
Schoggi, heissi 208
Schokoladenkaffee 208
Schweizertee 199
Wacholderlatweeri 206

Die Gerichte alphabetisch

Aargauer Rüeblitorte 142, *188a*
Älplermagronen 75
Äschen, gedämpfte 117
Altes Glarner Gericht 92
Amriswiler Buuretopf 146, *160a*
Apfelkompott 122
Apfelmus 122, *136a*, 197
Apfelrösti 130
Apfeltee 200
Apfeltorte, Thurgauer 149
Appenzeller Biberfladen 124
Appenzeller Rahmfladen 124
Aprikosenkompott 197

Bachis 141
Badener Chräbeli 143
Basler Brunsli 46, 113
Basler Leckerli 113
Basler Mehlsuppe 38, *120a*
Basler Pfnutli 112
Basler Ruchbrot 187
Basler Salm 111
Bauernbratwurst, St. Galler 128
Berner Herzen 66
Berner Osterfladen 66
Berner Platte *48b*, 62
Biberfladen, Appenzeller 124
Birchermüesli 192
Birnbrot, Bündner 138
Birnbrot, Glarner *88b*, 94
Bischoff 203
Blätz 37
Blechkuchen 170
Blumenkohl, eingemacht 195
Bölledünne 118, *120b*
Bohnen 64
Bohneneintopf *72b*, 87
Bondelles, Neuenburger 168
Brännti Creme 82
Bricelets 160, *168a*

Brischtner Nytlä 77
Brombeerwein 204
Brot 184–190
Brotteigzubereitung mit Hefe 185
Brottorte, Tessiner 156
Brot- und Bettlersuppe 140
Brunsli, Basler 113
Bündner Birnbrot 138
Bündner Gerstensuppe 134
Bündner Roggenbrot 185
Bündner Teller 134, *144a*
Busecca 152
Buure-Strübli 83
Buuretopf, Amriswiler 146, *160a*
Buzebappe 107, *112a*

Capuns 136, *144a*
Chäshörnli 122, *136a*
Chilbisenf *96b*, 103
Chnödelsuppe, Wollishofer 57
Chnöpfli, grüeni 91
Chocolat-Kopf 210
Chocolatkuchen 212
Cholera 166
Cholermues 86
Chräbeli, Badener 143
Chüffeli 37
Chügelipastete, Luzerner *64a*, 69
Chüngel in der Beize 123
Coniglio alla ticinese 152, *160b*
Conterser Bock 137
Cucheôle 102

Dreikönigskuchen 36

Eglifilets Arenenberg 146
Eier, gefüllte 32
Eingemachtes 194–198, *196a*

Einkochen 194
Emmentaler Lammvoressen 64
Emmentaler Zopf 188
Erbsensuppe 29
Erbsli und Rüebli, eingemacht 196
Erdbeersirup 206
Escalope agaunoise 164

Fasnachtsküchlein 37
Fenz 20
Fleischbrühe 218
Fleischsauce 218
Fondue *180b*, 181–183
Fondue, Grundrezept 182
Fondue-Käse 182
Fondue-Varianten 183
Forellen aus dem Doubs *176b*, 177
Forellenfilets Zuger Art 96, *96a*
Fotzelschnitten 38
Freiburgerbrot 189
Freiburger Hefen Kuchen 104
Fribourger Käsefondue 103
Fribourger Safranbrot *96b*, 102
Früchte, eingemachte 197, 198
Fruchtweine 204
Frühstück, Schweizer 200, 201

Gebackenes Gitzi 81
Gebrannte Creme 82
Gebratene Tauben 148
Gedämpfte Äschen aus dem Rhein 117
Gedämpftes Huhn 81
Gefüllte Kalbsbrust 142
Gefüllter Böllen 118
Gemspfeffer, Urner 43

Gemüse, eingemachte 195, 196
Genfer Schweinsvoressen 173
Geriebener Teig 218
Gerstensuppe, Bündner 134
Geschnetzeltes nach Zürcher Art *48a,* 56
Getränke *196b,* 199–206
Getränke, alkoholische 202–205
Gitzi, gebackenes 81
Glarner Birnbrot *88b,* 94
Glarner Gericht, altes 92
Glarner Kräuterkäse 91
Glarner Pastete 93
Glühwein 202
Gomser Cholera 166
Grießauflauf, süßer 22
Grießbrei, Unterländer 21
Grießsuppe, Waadtländer 159
Grittibänz 44
Grüeni Chnöpfli 91
Grüne Bohnen, eingemacht 195
Grundrezepte, einfache 218
Gsöd-Suppe 122

Häfelichabis, Urner 76
Hafersuppe 21
Hagebuttentee 200
Hasenpfeffer 63
Hefen Kuchen, Freiburger 104
Heidelbeerliqueur 205
Himbeersirup 205
Holderezune 131
Holundermus, Toggenburger 131
Honigleckerli 45
Hühnerpastete 33
Huhn, gedämpftes 81
Hypokras 203

Jurabrot 190

Kabisbündel, Zuger *88a,* 97
Kabissuppe *72b,* 80
Kachelfleisch 147
Käsefondue, Fribourger 103
Käsekuchen, Walliser 166
Käsesoufflé nach Genfer Art *144b,* 172
Käsesuppe, Einsiedler 80

Käsesuppe, St. Galler 128, *136b*
Kaffee 200, 201
Kaffee-Extrakt 201
Kalbfleischpastete 98
Kalbsbrust, gefüllt 142
Kalbshaxen 168, *176a*
Kalbsschnitzel mit Schinken u. Tomaten 164
Kamillentee 200
Kaninchen in der Beize 123
Kapuzinerbrötli 104
Kardinal 203
Karthäuserklötze 39
Kartoffelstock 24, 173
Kastanien, gebratene 154
Kastanien, gekochte 155
Kastanien-Eintopf 153
Kirschen-Gratin 178
Kirschen, in Alkohol eingelegt 198
Kirschensirup 206
Kirschtorte, Zuger 98
Klostertorte, St. Galler 131
s'Köch 90
Kompotte 197, 198
Kräuterkäse, Glarner 91
Kuchen, süße 192, 193
Kutteln nach Schaffhauser Art 117
Kuttelsuppe, Tessiner 152

Lammvoressen, Emmentaler 64
Laubfrösche 112
Leberknödel 29
Leberknöpfli, Thurgauer 148
Leberspieß 108, *112a*
Lebertorte, Luzerner 71
Lebkuchen, Luzerner 72
Lebkuchen, Weggiser 31
Lindenblütentee 199
Linseneintopf 72
Linsensuppe 106
Lummelibraten 111, *112b*
Luzerner Chügelipastete *64a,* 69
Luzerner Lebertorte 71
Luzerner Lebkuchen 72

Magenbrot 42
Mailänderli 46
Maitrank 202

Maluns 136
Maroni 154
Martinigans 91
Marzipan 58
Meertrübelichueche, Seeländer 67
Mehlsuppe, Basler 38, *120a*
Mehlsuppe, braune 30
Meiringer Meringues 65
Mijeule 178
Milchreis 77
Mousse au chocolat 210
Moutarde de Bénichon 103
Mürbe Torte der Jungfer Rödel 138
Müsli 56

Neuenburger Spinatfladen 169
Nidwaldner Ofetori 85
Nillon-Kuchen 161
Nußkuchen, Urner 78
Nußpraliné 212

Obwaldnerbrot 188
Öpfelchüechli 141
Ofetori, Nidwaldner 85
Omble chevalier nach Genfer Art 174
Omelette jurassienne 178
Osterfladen 30
Osterfladen, Berner 66

Pastete von Kalbfleisch 98
Pfaffenmocken 39
Pfarrhaustorte, Zürcher 58
Polenta 154
Pot-au-feu, Waadtländer 158
Preiselbeerkompott 197

Quittenliqueur 205

Raclette 165
Räbe mit Schwinigs 97
Rahmfladen, Appenzeller 124
Ratsherrentopf, Zürcher 57
Rehpfeffer, Zuozer 135
Reissuppe 29
Rhabarberwein 204
Rheintaler Türkenriebel 129
Rindszunge an weißer Sauce 87
Risotto con funghi 153

Rispor *64b,* 76
Rösti 179, 180, *180a*
Rösti, nach Zürcher Landfrauen Art *48a,* 55
Rösti-Varianten 179, 180
Rosinenbrot, Waadtländer 160
Rotweinpflaumen, in Alkohol eingelegt 198
Rüeblitorte, Aargauer 142, *188a*
Rys und Pohr *64b,* 76

Safranbrot, Fribourger *96b,* 102
La sagra del paese 156
Salbeiküchlein 56
Salbinechüechli 56
Salm, Basler 111
Sammetsuppe 129
Saucisses au choux 159
Saucisses au foie mit Lauchgemüse 159
Sauerkraut 61
Saurer Mocken 101
Schabziger 91
Schaffleisch mit Rüben 130
Schlatheimer Rickli 119
Schmelzbrötli 169
Schneckenbutter 30
Schnitz und drunder 141
Schnitz und Härdöpfel *72a,* 88
Schoggi, heissi 208
Schoggi-Truffes 209
Schokolade 207–212
Schokolade Charlotte Creme 208
Schokoladencake 209
Schokoladenkaffee 208
Schokoladenschaum 210
Schokoladentorte 211

Schoppa da giotta 134
Schwarzwurzeln, eingemacht 195
Schweinehals, Thurgauer 147
Schweinsvoressen, Genfer 173
Schweizer Frühstück 200, 201
Schweizer Kuchen 148
Schweizertee 199
Schweizer Wein 213–215
Schwyzer Batzen 82
Seeländer Meertrübelichueche 67
Solothurner Krausi 107
Spargel, eingemacht 196
Spargeln Walliser Art 164, *168b*
Spatz *212b,* 217
Spinatfladen, Neuenburger 169
Stachelbeertorte 32
Steinpilze, eingemacht 195
Sterilisieren 194
St. Galler Bauernbratwurst 128
St. Galler Bauernbrot 186
St. Galler Käsesuppe 128, *136b*
St. Galler Klostertorte 131
Stunggis 86
Süßer Grießauflauf 22

Tabakrollen 92
Tarte au vin vaudoise 161
Tauben, gebratene 148
Tee 199, 200
Tessiner Brot 186
Thurgauer Apfeltorte 149
Thurgauer Leberknöpfli 148
Thurgauer Schweinehals 147
Tomatenmark, eingemacht 196

Truffel-Cake 212
Türkenriebel, Rheintaler 130
Tuiles aux amandes 174

Unterländer Grießbrei 21
Urner Gemspfeffer 43
Urner Häfelichabis 76
Urner Nußkuchen 78

Vermicelles 155
Voressen mit Jura-Pilzen 177

Waadtländer Grießsuppe 159
Waadtländer Pot-au-feu 158
Waadtländer Rosinenbrot 160
Waadtländer Weinkuchen 161
Wacholderlatweeri 206
Wähen, süße 192, 193
Walliser Käsekuchen 166
Weggiser Lebkuchen 31
Wein, Schweizer 213–215
Weinbaugebiete der Schweiz 214
Weinkuchen, Waadtländer 161
Weinschnitten 30, 108
Weinsuppe 30
Weißrübensuppe 107
Willisauer Ringli 73
Wollishofer Chnödelsuppe 57

Zigerkrapfen 37
Zürcher Pfarrhaustorte 58
Zürcher Ratsherrentopf 57
Züri Gschnätzlets *48a,* 56
Zuger Chabisbünteli *88a,* 97
Zuger Kirschtorte 98
Zuozer Rehpfeffer 135
Zwetschgenkompott 197